西安汽车职业大学职业本科创新系列规划教材

职业素质与养成

主编 李 茜 魏云暖 祁艳丽

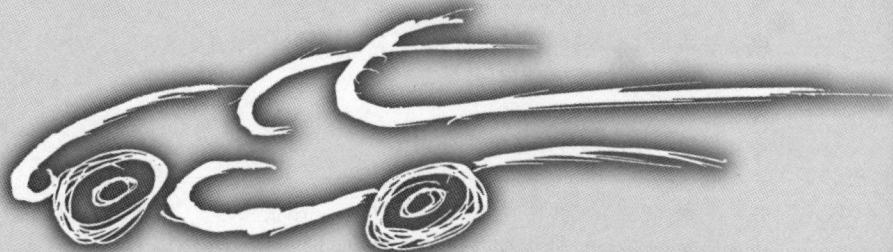

西安交通大学出版社
XI'AN JIAOTONG UNIVERSITY PRESS

图书在版编目(CIP)数据

职业素质与养成 / 李茜,魏云暖,祁艳丽主编.
西安:西安交通大学出版社,2024.12. -- ISBN 978 - 7 -
5693 - 3927 - 7

Ⅰ. B822.9

中国国家版本馆 CIP 数据核字第 2025ZS7814 号

书　　名	职业素质与养成	
	ZHIYE SUZHI YU YANGCHENG	
主　　编	李　茜　魏云暖　祁艳丽	
丛书策划	田　华	
责任编辑	王　娜	
责任校对	李　佳	
装帧设计	伍　胜	

出版发行　西安交通大学出版社
　　　　　(西安市兴庆南路 1 号　邮政编码 710048)
网　　址　http://www.xjtupress.com
电　　话　(029)82668357　82667874(市场营销中心)
　　　　　(029)82668315(总编办)
传　　真　(029)82668280
印　　刷　陕西印科印务有限公司

开　　本　787 mm×1092 mm　1/16　印张 20　字数 519 千字
版次印次　2024 年 12 月第 1 版　2024 年 12 月第 1 次印刷
书　　号　ISBN 978 - 7 - 5693 - 3927 - 7
定　　价　56.00 元

前　言

为适应经济社会发展,我国一直在探索职业教育一体化发展的路径,进行了职业教育体系建设的制度构建和政策设计。2019年国务院颁布的《国家职业教育改革实施方案》中要求"开展本科层次职业教育试点",探索职业教育本科层次办学模式。2020年《职业教育提质培优行动计划(2020—2023年)》要求进一步明确各层次职业教育办学定位和发展重点,把发展本科职业教育作为完善现代职业教育体系的关键一环。

本科层次职业教育的人才培养以职业需求为导向,以实践能力培养为重点,以产教融合为途径,致力于培养德、智、体、美、劳全面发展的高层次技术技能型人才。在培养过程中不仅注重培养学生的具体行业、具体岗位所需的职业能力,还注重培养学生的职业素养,价值观塑造、知识传授与能力培养三者并重,使学生具有良好的职业素养与品行,这也正是社会发展、企业发展所需人才应具备的素质。同时,在当今竞争激烈且多元化的职场环境中,职业素质已成为个人立足职场、谋求长远发展的核心要素。无论是初出茅庐的职场新人,还是渴望进一步提升自我的资深从业者,都迫切需要一套全面、系统且实用的知识体系来指导自己的职业成长之路。

基于上述需求,本教材精心编撰,旨在为广大读者提供涵盖管理技能、职场沟通、商务礼仪等多方面职业关键素养的综合性指南。本教材把所需的职业技能和素养进行了分类梳理,全书共分为上、中、下三篇:上篇为管理技能篇,中篇为职场沟通篇,下篇为商务礼仪篇。

管理技能篇:奠定职场成功的基石

管理作为组织运营的核心职能,贯穿于职业生涯的各个环节。"走进管理"剖析管理内涵、管理者技能与管理理论演变,涵盖自我与团队管理,帮助读者构建管理知识框架并实现自我提升与团队引领。"教你进行目标管理"强调目标的重要性,阐述其制定原则、实现过程等,为职场任务的推进进行导航。"教你如何设计组织结构"揭示文化对团队和企业的影响力。"如何激发员工积极性"涉及招聘、培训等多领域。"如何进行有效领导"探讨领导本质与多种理论,助力读者理解领导风格差异以提升领导力。"管理创新"着眼未来,解读创新含义、作用等,激发读者创新思维以应对职场变化。各章节相互关联,为读者提供全面系统的管理知识与实践指引,使其在管理领域不断成长与突破。

职场沟通篇:搭建职场人际的桥梁

"管理沟通面面观"借测试促进读者的反思沟通力,阐释沟通概念、障碍及管理与人际沟通异同,凸显沟通力在组织运营的关键作用。"知己知彼"专注沟通双方,助力读者认知自我、制定策略、掌握自我沟通法,剖析客体特点并给出与不同人员有效沟通的方法。"察言观色"助力读者捕捉非语言信号,增强沟通精准度。"有效倾听"传授实用倾听技巧,塑造优秀倾听者。"下笔有神"涵盖书面沟通各方面,详述常见写作形式规范。"能说会道"聚焦面谈与演讲,提升口头表达能力。各章节从不同维度全方位提升读者在职场沟通中的综合能力。

商务礼仪篇:塑造职场形象的名片

礼仪是职场交往中的无声语言,彰显个人素养与企业形象。礼仪篇包括求职应聘礼仪、职场交往及活动礼仪、餐饮宴请礼仪、汽车销售礼仪等全方位指导,帮助求职者在求职过程中脱颖而出,使读者在日常职场交往中展现出优雅与自信。

本教材体例独具匠心。各章节以"学习目标"引入,涵盖知识、能力与价值目标。"工作情境"构建真实职场场景,使学习者仿若亲历,真切体会职业素质的应用意义,开启思考探索之旅,激发解题热情与创造力。"名人名言"如智慧明灯,增添文化思想内涵,引发共鸣,激励追求卓越。"内容导航"以表格形式呈现,助力读者明晰章节架构、知识逻辑、重难点,规划学习路径,提升学习效率。达成知识整合内化的"工作任务书"是亮点所在,其中,"任务描述"明确要求目标,课前"理论分析"等环节促使读者主动思考规划,课后"优化方案"与"任务反思"推动总结反思,实现理论实践的螺旋上升。"案例分析"汇聚众多行业真实案例,读者借此汲取成败经验,拓展视野,强化职业洞察力与判断力。

本教材具有以下显著特点:一是系统性强,全面涵盖管理、沟通、礼仪等多方面职业素养内容,形成一个有机整体;二是实用性强,各章节内容紧密结合职场实际场景,提供大量可操作的方法、技巧与可借鉴的案例;三是前瞻性足,关注管理创新与未来发展趋势,培养读者的创新意识与适应能力;四是可读性优,语言简洁明了、通俗易懂,便于读者学习与理解。本教材不仅能够满足职业本科学生的学习需要,也可以满足职场员工、大中专院校师生日常工作和学习的需要。

本教材的编写分工:上篇管理技能篇由魏云暖编写,中篇职场沟通篇由李茜编写,下篇商务礼仪篇由祁艳丽编写。在编写过程中,我们充分调研了企业管理人员对职场中人员的素质要求,在这里特别感谢陕西京东信成供应链科技有限公司、华住酒店管理有限公司、西安蔚然汽车销售服务有限公司、沃尔玛(中国)陕西百货有限公司、西安顺丰速运有限公司、北京用友政务软件股份有限公司陕西分公司等企业人力资源部的各位管理者提供的宝贵意见和建议。在本教材的编写过程中,为了更好地帮助读者理解和应用相关知识,我们秉持着理论与实践相结合的原则,精心挑选并引用了一系列来自网络的实际案例。这些案例来源广泛,涵盖了众多专业领域的知名网站、行业权威论坛、资讯丰富的新闻平台及活跃的社交媒体社区等。在此,我们要向所有案例的原作者及提供这些案例的网络平台致以最诚挚的感谢。本教材还借鉴了国内外先进的职业教育理念与实践经验,紧密结合我国职场实际需求与人才培养目标,力求打造一本具有中国特色、符合时代发展要求的高质量职业素质教育教材。

我们衷心希望广大读者能够通过本教材的学习,全面提升自己的职业素质,养成良好的职业习惯与职业精神,在未来的职场舞台上绽放光彩,书写属于自己的辉煌篇章。无论是即将踏入职场的莘莘学子,还是渴望在职业生涯中实现突破与提升的在职人士,本教材都可以成为您的良师益友,陪伴您在职业发展的道路上砥砺前行,共同创造美好的未来。

目 录

上篇 管理技能篇

中篇　职场沟通篇

下篇 商务礼仪篇

上 篇

管理技能篇

第 1 章

走进管理　跟着大师学习管理思想

学习目标

知识目标：1.掌握管理的内涵和基本职能；

2.理解管理者应具备的素质和技能；

3.掌握自我管理的方法；

4.掌握团队管理的技巧与方法。

能力目标：1.能运用管理思想和理论去思考管理实践；

2.能运用管理理论分析解决管理问题；

3.能够自我管理；

4.学会团队管理。

价值目标：1.理解我国古代博大精深的管理思想；

2.有清晰的职业生涯规划；

3.养成自律的良好习惯；

4.具备良好的团队合作意识。

工作情境

管理者干什么?

蒋华是某大型书店邮购部经理。该邮购部每天要处理大量的邮购业务,在一般情况下,登记订单、按单备货、发送货物等都是由部门中的业务员承担的。但在前一段时间里,接连发生了多起 A 要的书发给了 B,B 要的书却发给了 A 之类的事,引起了顾客极大的不满。今天又有一大批书要发送,蒋华不想让这种事情再次发生。

问题:他应该亲自核对这批书,还是仍由业务员来处理? 管理者需要做哪些工作? 应该具备哪些技能?

名人名言

博学而笃志,切问而近思,仁在其中矣。

——《论语》

在人类历史上,还很少有什么事比管理的出现和发展更为迅猛,对人类具有更为重大和更为激烈的影响。

——彼得·F·德鲁克(Peter F. Drucker)

内容导航

		管理的含义及职能
	管理及管理者	管理者及其技能
走进管理 跟着大师学习管理思想	管理理论的演变历程	早期管理思想
		科学管理理论
		现代管理理论
		当代管理理论
	自我管理	自我管理的含义
		自我管理的方法
	团队管理	团队管理的含义
		团队管理的方法

知识模块

1.1 管理及管理者

管理是人类各种活动中最重要的活动之一。自人类开始组成群体实现个人无法完成的目标以来,管理工作就成为协调个体努力必不可少的因素了。管理是社会化大生产的必然产物,是人类社会生存和发展必不可少的活动。由于人类社会越来越依赖集体的努力及越来越多有组织的群体规模的扩大,管理人员的任务愈发重要了。在人类社会中,管理无处不在,无时不在,大到一个国家的治理,小到一个家庭及个人生活的料理,处处都离不开管理。从某种意义上讲,我们每个人都是管理者,每个人都需要学习管理知识。

当人类社会开始工业化时,管理学才应运而生。与数学、天文学、物理学、化学、哲学、文学、史学等学科相比,管理学确实是一门年轻的学科,但发展特别迅速,对人类社会的影响空前巨大。人类社会的任何伟大进步都包含着管理学所做出的重要贡献。

1.1.1 管理的含义及职能

1. 管理的含义

关于管理的含义,作为管理学研究的基本概念,自这个学科萌芽以来,不同的研究者就有着各种各样的见解。综合这些学者的观点,本书认为,管理是一定组织中的管理者为了有效地实现组织目标,运用计划、组织、人员配备、领导、协调、控制、创新等管理职能来协调他人的活动过程。

管理的客体,既可以是个人单独进行的活动,也可以是若干个人组成的群体活动。任何个人,为了使自己的活动取得比较高的效率,都需要精心计算、统筹使用自己的可支配时间、金钱及物质等资源;任何群体,为了有效地获得每个成员的贡献,都必须对他们的努力进行协调。现代管理学的研究对象主要是对人类有组织的群体活动的管理。作为社会基本单元的组织是指一群人为了实现某个共同目标而结合起来协同行动的集合体。经济活动是人类社会活动的主要内容,人类其他活动都是直接或间接地为经济活动服务的。因此现代管理学研究的主要对象是经济活动的组织。而经济活动主要是以企业为单位进行的。因此针对企业这种特殊社会组织的管理,主要研究在内外部环境的约束下,如何协调企业内外部关系,充分利用有限的资源,使企业正常运转,进而实现盈利的目标。

2. 管理的性质

1)管理的二重性

管理的二重性是马克思主义关于管理问题的基本观点。任何管理都存在管理的自然属性和社会属性二重性。管理的二重性表现为合理组织生产力和维护生产关系。指挥劳动与生产力有关,由共同劳动的社会化性质所决定,体现管理的自然属性;监督劳动与生产关系有关,由共同劳动所采取的社会结合方式的性质决定,体现管理的社会属性。

(1)管理的自然属性。管理的自然属性也称为管理的生产力属性或管理的共性。管理的自然属性是与生产力相联系的,表现为合理的组织生产力,其无阶级性。在管理过程中,为了有效实现组织目标,需要对人、财、物和信息等资源进行合理配置,对产、供、销及其他职能活动进行协调,以实现生产力的科学组织。这种组织生产力的管理功能是由生产力的发展引起和决定的,反映了人和自然的关系,故称为管理的自然属性。比如,无论是资本主义社会还是社会主义社会,只要进行社会化大生产,就需要合理地进行计划、组织、领导和控制,有效利用人力、物力、财力和信息资源,提高经济效益。从这个意义上说,管理不具有明显的意识形态色彩,不会随着社会形态的变化而变化,故其又被称为管理的共性。

(2)管理的社会属性。管理的社会属性也称为管理的生产关系属性或管理的个性。管理的社会属性是与生产关系相联系的,表现为调节各种生产关系,主要体现管理者的意志和利益,具有一定的阶级性。在管理的过程中,为了维护生产资料所有者的利益,需要调整人们之间的利益分配,协调人与人之间的关系,它反映的是生产关系与社会制度的性质,故称为管理的社会属性。管理的社会属性是由管理所处的生产关系和社会制度的性质决定的。从这个意义上说,管理具有明显的意识形态色彩,在不同的社会制度、不同国家、不同民族之间具有较大差异,故其又被称为管理的个性。

正确认识管理的二重性具有非常重要的现实意义。组织经营管理,既要合理组织生产力,提高经济效益,又要努力改善生产管理,兼顾社会责任。

2)管理是科学性与艺术性的统一

管理的科学性体现在管理是人类一项重要的社会活动,反映了社会活动发展的客观规律,它是人们经过长期实践,归纳总结出的一系列反映管理过程中客观规律的管理原理、原则、方法和理论。利用这些理论和方法来指导管理实践,又以管理活动的结果来衡量这些管理理论和方法是否正确,是否有效,从而使管理的科学理论和方法在实践中得到不断的验证和丰富。因此,必须承认管理是一门科学,要按照管理活动的规律办事,否则随心所欲地进行管理就会导致管理失败,必然会受到合理规律的惩罚。

管理的艺术性体现在管理虽然遵循一定的原理和规律,但由于在管理过程中存在很多不确定因素(包括突发性、偶然性的因素),这些因素复杂多变,单靠管理理论和方法不能够进行有效的控制。管理者必须在管理实践中发挥人的积极性、主动性和创造性,把管理知识、技能与具体的管理活动要素结合起来,因人、因事、因时、因地制宜,灵活多变创造性地运用管理理论和方法,才能获得满意的管理效果。因此,把管理只当成科学,排斥管理的艺术性,完全按照管理的原理与理论刻板地解释管理问题,必然处处碰壁,无法成功。

管理是科学和艺术的结合,既具有科学性,又具有艺术性。科学性强调管理的客观规律性,艺术性强调管理的灵活性和创造性。因此,作为管理者,既要注重对管理基本理论的学习,又不能忽视在实践中因地制宜地灵活运用管理理论与方法,这样才能实现卓越管理的最终目标。

3. 管理的职能

管理职能是管理系统所具有的职责和功能。管理职能一般是根据管理过程的内在逻辑,划分为几个相对独立的部分。划分管理职能,有助于管理者在实践中实现管理活动的专业化,使管理人员更容易从事管理工作。在管理领域中实现专业化,如同在生产中实现专业化一样,能大大提高效率。同时,管理者可以运用职能观点去建立或改革组织机构,根据管理职能规定出组织内部的职责、义务和权力,以及它们的内部结构,从而确定管理人员的人数、素质、学历、专业、技能、知识结构等。管理职能相互间有内在逻辑关系,在实际中不可能完全分割开来,而是相互融合在一起的。

确定管理职能对任何组织而言都是极其重要的,但作为合理组织活动的一般职能,究竟应该包括哪些管理职能?管理学者至今仍众说不一。

最早系统提出管理职能的是法国的亨利·法约尔(Henri Fayol)。他提出管理包括计划、组织、指挥、协调、控制五个职能,其中计划职能是他重点强调的职能。他认为,组织一个企业,就是为企业的经营提供所有必要的原料、设备、资本、人员;指挥的任务要分配给企业各不同的领导人,每个领导人都承担各自的单位任务和职员管理;协调就是指企业的一切工作都要和谐地配合,以便于企业经营的顺利进行,并且有利于企业取得成功;控制就是要证实各项工作是否都与已定计划相符合,是否与下达的指示及已定原则相符合。

在法约尔之后,许多学者根据社会环境的新变化,对管理的职能进行了进一步的探究,有了许多新的认识。但当代管理学家们对管理职能的划分,大体上没有超出法约尔的范围。

古利克(Gulick)和厄威克(Urwick)就管理职能的划分,提出了著名的管理七职能。他们认为,管理的职能是计划、组织、人事、指挥、协调、报告、预算。

哈罗德·孔茨(Harold Koontz)和西里尔·奥唐奈(Cyril O'Donnell)把管理的职能划分为计划、组织、人事、领导和控制。

西蒙(Simon)等人在解释管理职能时,突出了决策职能,他认为组织活动的中心就是决策。

美国学者米(Mee)和希克斯(Hicks)在总结前人对管理职能分析的基础上,提出了创新职能,突出了创新可以使组织的管理不断适应时代发展的论点。

何道谊所著《论管理的职能》依据业务过程把管理分为目标、计划、实行、反馈、控制、调整六项基本职能,加之人力、组织、领导三项人的管理方面的职能,系统地将管理分为九大职能。

在具体的管理过程中,各项职能往往很难划分得十分清楚。按理来说,一项管理工作总是要首先做决策,再制订计划,然后组织实施,最后协调控制整个进程。但实际上,管理人员常常并不是按顺序执行这些职能,而是同时执行这些职能。所划分的这些职能只是描述了管理活动的一般过程,对于具体领域中具体的管理活动并不一定完全与该描述相一致,在管理中实施的职能可能多一项,也可能少一项,尤其是对特殊性质的管理问题而言,更是如此。

1.1.2　管理者及其技能

1.管理者的含义及职责

管理是社会化大生产的必然产物,是人类社会生存和发展必不可少的活动。大到一个国家的治理,小到一个家庭及个人生活的料理,处处都离不开管理。从某种意义上讲,我们每个人都是管理者,每个人都需要学习管理知识。管理者是管理行为过程的主体,管理者一般由拥有相应的权力和责任,具有一定管理能力,从事现实管理活动的人或人群组成。管理者及其管理技能在组织管理活动中起决定性作用。管理者通过协调和监督其他人的工作来完成组织活动中的目标。

美国著名管理学家彼得·F·德鲁克 1955 年提出"管理者角色"的概念。德鲁克认为,管理是一种无形的力量,这种力量是通过各级管理者体现出来的。所以管理者扮演的角色或者说责任大体上分为三类。

(1)管理一个组织,求得组织的生存和发展。为此管理者必须做到:确定该组织是干什么的,应该有什么目标,如何采取积极的措施实现目标;谋取组织的最大效益;为社会服务和创造顾客。

(2)管理管理者。组织的上、中、下三个层次中,人人都是管理者,同时人人又都是被管理者,因此管理者必须做到:确保下级的设想、意愿、努力能朝着共同的目标前进;培养集体合作精神;培训下级;建立健全的组织结构。

(3)管理工人和工作。管理者必须认识到两个假设前提:一是关于工作的假设,其性质是不断急剧变动的,既有体力劳动又有脑力劳动,而且脑力劳动的比例会越来越大;二是关于人的假设,要正确认识到"个体差异、完整的人、行为诱因、人的尊严"对于处理各类各级人员相互关系的重要性。

2. 管理者的角色

亨利·明茨伯格(Henry Mintzberg)一项广为引用的研究认为,管理者扮演着十种角色,这十种角色又可进一步归纳为三大类:人际角色、信息角色和决策角色。

1)人际角色

人际角色直接产生自管理者的正式权力基础,管理者在处理与组织成员和其他利益相关者的关系时,他们就在扮演人际角色。人际角色又包括代表人角色、领导者角色和联络者角色。

① 代表人角色。作为所在单位的负责人,管理者必须行使一些具有礼仪性质的职责。如管理者出现在社区的集会上参加社会活动,或宴请重要客户等,这样做的时候,管理者行使着代表人的角色。

② 领导者角色。由于管理者对所在单位的工作成败负重要责任,他们必须在工作小组内扮演领导者角色。对这种角色而言,管理者和员工一起工作并通过员工的努力来确保组织目标的实现。

③ 联络者角色。管理者无论是在与组织内的个人和工作小组一起工作时,还是在与外部利益相关者建立良好关系时,都起着联络者的作用。管理者必须对重要的组织问题有敏锐的洞察力,从而能够在组织内外建立关系和网络。

2)信息角色

在信息角色中,管理者负责确保和其一起工作的人员具有足够的信息,从而能够顺利完成工作。由管理责任的性质,管理者既是所在单位的信息传递中心,也是组织内其他工作小组的信息传递渠道。整个组织的人依赖于管理结构和管理者以获取或传递必要的信息,以便完成工作。管理者必须扮演的信息角色,具体又包括监督者、传播者、发言人三种角色。

④监督者角色。管理者持续关注组织内外环境的变化以获取对组织有用的信息。管理者通过接触下属来收集信息,并且从个人关系网中获取对方主动提供的信息。根据这种信息,管理者可以识别组织的潜在机会和威胁。

⑤传播者角色。管理者把他们作为信息监督者所获取的大量信息分配出去。

⑥发言人角色。管理者必须把信息传递给单位或组织以外的个人。

3)决策角色

在决策角色中,管理者处理信息并得出结论。如果信息不用于组织的决策,这种信息就失去了其应有的价值。决策角色具体又包括企业家、干扰对付者、资源分配者、谈判者四种角色。

⑦企业家角色。管理者密切关注组织内外环境的变化和事态的发展,以便发现机会,并对所发现的机会进行投资以利用这种机会。

⑧干扰对付者角色。管理者必须善于处理冲突或解决问题,如平息客户的怒气,同不合作的供应商进行谈判,或者对员工之间的争端进行调解等。

⑨资源分配者角色。管理者决定组织资源用于哪些项目。

⑩谈判者角色。管理者把大量时间花费在谈判上,管理者的谈判对象包括员工、供应商、客户和其他工作小组。

3. 管理者的分类

按管理者在组织中所处的层次划分,管理者一般分为基层管理者、中层管理者、高层管理者。

1)基层管理者

基层管理者又称一线管理者,具体指工厂里的班组长、小组长等。他们的主要职责是传达上级计划、指示,直接分配每一个成员的生产任务或工作任务,随时协调下属的活动,控制工作进度,解答下属提出的问题,反映下属的要求。他们工作的好坏,直接关系到组织计划能否落实,目标能否实现,所以,基层管理者在组织中有着十分重要的作用。企业对基层管理者的技术操作能力及驭下能力要求较高,但并不要求其拥有统筹全局的能力。

2)中层管理者

中层管理者管理一线管理者的工作,通常有区域经理、项目经理、策划经理等,包括所有处于基层和高层之间的各个管理层次的管理者。这些管理者管理着基层管理者,他们可能具有部门经理、项目主管、工厂厂长,或者事业部经理的头衔。他们是组织上传下达、日常事务管理的中坚力量,研究表明,如果中层管理者被授权的话,组织内生产和改革的步伐就会进行得更快。

中层管理者在企业中的角色一直是一个具有争议的话题。研究者们曾经认为中层管理者仅仅扮演信息的传递者、联络人或是任务分配者等角色,不能为企业创造价值,只能消耗企业资源。近年来,越来越多的研究表明中层管理者在组织中处于一个重要的位置,他们负责通过解释和执行组织战略而实现组织目标,促进变革,创造高效的工作环境,保证工作顺畅运行、建立团队和激励下属等。

3)高层管理者

高层管理者位于层级组织的最高层,需要对整个组织负责. 他们一般具有如下职位或称呼:总裁、董事长、执行总裁、首席执行官等。高层管理者需要负责确定组织目标、制定实现既定目标的战略和监督与解释外部环境状况及就影响整个组织的问题进行决策。他们需要面向更长期的未来考虑问题,需要关心一般环境的发展趋势和组织总体的成功。在高层管理者的所有职责中,最重要的责任是沟通组织的共同远景。

各层级管理者的职责如表1.1所示。

表1.1 管理者的职责

管理者类型	任务描述	主要职责
高层管理者	指对整个组织的管理负有全面责任的人	制定组织的总目标、总战略,掌握组织的大政方针并评价整个组织的绩效。他们在与外界的交往中,往往代表组织,以"官方"的身份出现
中层管理者	通常是指处于高层管理者和基层管理者之间的一个或若干个中间层次的管理	贯彻执行高层管理者所制定的重大决策,监督和协调基层管理人员的工作,注重日常的管理事务
基层管理者	又称一线管理者,是组织中处于最低层次的管理者,他们所管辖的仅仅是作业人员而不涉及其他管理者	给下属作业人员分派具体的工作任务,直接指挥和监督现场作业活动,保证各项任务的有效完成

4.管理者的责、权、利对等关系

所谓责,一方面是指分内应做的事,是职务上所对应事物应承担的义务;另一方面是指没有做好自己的工作,对不利后果应承担的责任或者强制性义务。权就是权力,是个人职责范围内的支配力量,包括对物的支配权及对人的管理权,是集体赋予主体(个人、领导者或领导团体)支配公共价值资源份额的一种资格。利就是利益,利益有物质的也有精神方面的,对于企业来说是指就职于某一个职位所应该享受的利益,包括工资、福利及名誉等。

责权利是相辅相成、相互制约、相互作用的。负有什么样的责任,就应该具有相应的权利,同时应该取得相对称的利益。责权利三位一体,即责任、权力、利益均统一于责任承担者一体,责任者既是责任的承担者也是权力的拥有者和利益的享受者。责权利明晰化,使成员知道具体的责任内容、权力范围和利益大小。

1)管理者是具有职位和相应权力的人

管理者的职权是管理者从事管理活动的资格,管理者的职位越高,其权力越大。组织或团体必须赋予管理者一定的职权。如果一个管理者处在某一职位上,却没有相应的职权,那么他是无法进行管理工作的。在管理活动中,管理者仅具有法定的权力,是难以做好管理工作的,管理者在工作中应重视"个人影响力",成为具有一定权威的管理者。所谓"权威",是指管理者在组织中的威信、威望,是一种非强制性的"影响力"。权威不是法定的,不能靠别人授权。权威虽然与职位有一定的关系,但主要取决于管理者个人的品质、思想、知识、能力和水平;取决于同组织人员思想的共鸣,感情的沟通;取决于同组织人员相互之间的理解、信赖与支持。这种"影响力"一旦形成,各种人才和广大员工都会吸引到管理者周围,心悦诚服地接受管理者的引导和指挥,从而产生巨大的物质力量。

2)管理者是负有一定责任的人

任何组织或团体的管理者,都具有一定的职位,都要运用和行使相应的权力,同时也要承担一定的责任。权力和责任是一个矛盾的统一体,一定的权力又总是和一定的责任相联系的。当组织赋予管理者一定的职务,从而形成了一定的权力时,相应地,管理者同时也就担负了对组织一定的责任。在组织中的各级管理人员中,责和权必须对称和明确,没有责任的权力,必然会导致管理者的用权不当,没有权力的责任是空泛的、难以承担的责任。有权无责或有责无权的人,都难以在工作中发挥应有的作用,都不能成为真正的管理者。

具体案例分析

Q企业营销中心为了赶在年底前发起最后一次促销战役,市场部所有干部都加班至深夜。第二天一早,满脸倦意的营销总监来到办公室,将彻夜修改最终定稿的促销方案交与内勤小李,吩咐她马上通过公司网站向全国渠道公布,同时发短信提醒各代理商立刻上网下载。由于全天都有重要会议,营销总监到下班时才想起询问此事执行得如何。结果,他被告知由于公司发送短信的公用手机欠费,目前无法通知代理商上网。活动方案放到了网上,渠道、终端却不知情,营销总监大为恼火。这么多人加班一晚争取来的宝贵时间,竟然被一名内勤人员的懒惰轻易浪费掉了。促销晚一天,公司要损失几十万,谁能担待得起?

此时的小李却满腹委屈,提出两点理由:

(1)按照财务流程给手机缴费,请款、审批、报销等环节,都要等总监签字才可以办,领导去开会了,耽误了能怪我吗?

(2)外出缴费这样的公事需要行政部派车,但必须登记排队,自己等了一天也没排到,这也不是我的问题呀!

"权小利小"员工的特殊申诉方式。在关键事件上让领导着急上火,有时只是下属的一种特殊申诉方式。小李这样做的目的,潜意识里是在向领导表达自己平日工作中所受的委屈。Q企业办公地点远离市区,有许多公事需要行政部派车。而小李在公司里职位较低,每次都很难申请到车。以前遇到这种情况,小李总是自己想办法,求人搭顺风车,或者坐公交车,但这种默默无闻的付出,没有任何补偿,甚至得不到上级的一句表扬。所以,小李希望通过此次事件,让总监体会到自己的不易,至少帮忙协调行政部,减少工作中的困难。在这种特殊的申诉方式背后,实际上隐藏着员工对自身权、利的抱怨。

权:平时得到的授权不足,事事需要请示汇报。紧急情况下打车,到时候能不能报销?百元额度内的权力都没有,领导没发话,只能等靠要。

利:得不到任何激励,干好干坏一个样。平时做好了后勤保障,奖金也没见多发;偶尔做错了事,只要能讲出理由,一般也不被追究,工作结果好坏与个人利益关系不大。

管理者必须意识到,在"权小利小"的状态下,员工"事不关己、高高挂起"是必然之举,解决问题的关键是改变下属"权、利"之间的配比。"权、责、利"三者之中,权与利的组合往往决定了责任能否落实。权与利有四种关系,搞不清这些关系,一个组织就失去了发展的根本动力。

1.权大利小:导致"权力寻租"

"权力寻租"是指政府各级官员和企业高层领导人利用手中的权力,通过一些方式避开各种监控、法规、审核,从而寻求并获取自身经济利益的一种非生产性活动。权力寻租行为不仅破坏市场公平竞争环境,扰乱市场秩序,还会损害公共利益,侵蚀社会公信力。

2.权小利大:引发"内耗冲突"

在工作中,如果有人发现权力不大的人不努力却获得了较大利益,而自己努力工作却没有得到相应回报,就可能会使这些人产生不满和嫉妒心理,不再积极配合他人,导致团队协作出现问题,工作效率低下,甚至出现消极怠工等行为,影响组织的正常运转。

3.权大利大:胜似"亲力亲为"

权大利大,管理者就可以放下"凡事都要亲力亲为"的思想包袱。这时候每一名员工都成了老板,你不必管他,他也和你一样负责。在权大利大的情况下,委托与信任机制才可以真正建立起来。

4.权小利小:催生"消极怠工"

权小利小是执行力不佳的主要原因,权小导致"这件事我不可能做好",利小导致"这件事做好了对我也没用"。在这两种因素的共同作用下,消极怠工就成了多数人的最优选择。授权不足导致权小,同样是企业员工消极怠工的重要原因。也就是说,消极状态是授权与激励都没有达标的综合产物。

在Q企业上面的实例之中,如果在激励方式上做一些改变,比如对小李平时主动解决问题及时给予表彰,同时在授权方式上做一点调整,比如小额交通费用支出不必事先批准,后面那样离谱的事也就不会发生了。要改变员工隔岸观火的态度,管理者对于授权机制与激励机制建设就不可以袖手旁观。

"权、利"的新木桶理论

在许多情况下,授权与激励要同时改变、同步提高,才能对企业管理发挥有益作用,这可以称之为关于"权、利"的新木桶理论。传统的木桶理论指出:一只水桶能盛多少水,取决于最短的那块木板。但现实中,企业最短的"板"往往不止一块。当权、利同为短板时,它们之间是有连带作用的,只把一块短板加长,会导致另一块短板产生新的负作用,使企业管理更加恶化。

实例1:加强激励却无授权,只会推波助澜

业务人员责任心不强、工作推不动的消极状态曾让Q企业管理者十分头疼。不少人把办公室当成了网吧——聊天、打游戏、看电影;把出差当成旅游——利用职务之便游山玩水,消极怠工现象严重。为改变这种被动局面,公司推出了全新的激励政策,奖金与各区域销量严格挂钩,最高年度奖励可达20万元以上。对于年收入平均为5万元左右的业务代表来说,这无疑极具吸引力。没想到一年下来,公司总体销售未出现明显提升,还增添了更头疼的事。

新问题 1:骨干员工纷纷辞职。由于只改变激励政策未同时加强授权,一些能力较强的业务人员对公司充满怨气。区域内广告审批权、代理商的设立与撤换权、促销物品发放权、个人出差地点支配权等运作市场的必要权力都没有下放,还集中在总监及中层经理手中。平时,业务人员与管理干部冲突严重,明明有好的方法却实施不了,眼看着重奖却拿不到,让骨干人员对未来丧失了信心,只能愤然离职。

新问题 2:短期行为频繁出现。为拿到高额奖励,在得到授权不足的前提下,不少人打起了"违规操作"的主意。比如,在招商过程中随意许诺,只要新代理商加大今年的提货额,明年就给予什么样的好处或优惠,而实际上根本无法兑现。再如,为增加本地区销量,默许或暗示代理商窜货。业务人员明知这样做对公司长远利益并无好处,但在利益的驱使下,还是这样做了。回顾一下权与利的四种组合关系,上述现象就不难理解:只加强激励时,业务人员从过去的"权小利小"状态中,一下进入"权小利大"的另一种不健康状态。

实例 2:加强授权却无激励,越改问题越多

为改变营销中层干部工作不够主动的状况,Q 企业曾一度把集中于总监个人的关键权力下放至市场、企划等各部门经理,却未同时加强激励。这样,经理层手中广告费审批、工程价格制订、促销品发放等权力一下子增大了,每年过手金额数千万,但销售业绩好坏与他们个人挂钩不明显,还是按照管理职位拿平均奖。于是经理层"权力寻租"的情况开始批量出现,利用广告费拿回扣、利用工程洽谈干私活、利用促销品换取代理商好处的事情多了起来。过去部门经理工作虽然不够积极,但至少还能廉洁奉公,现在连这一点也很难做到了。这就是从"权小利小"状态进入了"权大利小"状态产生的新问题。

无论是"激励机制"还是"授权机制",如果缺少彼此之间的呼应,单独加强哪一方面,都有可能产生负效果,欲速而不达。业务人员权小利大,经理层权大利小,这种不平衡会使两个层级都失去努力的动机。所以,权、责、利必须匹配。

责、权、利不能实现对等,企业里就没有人愿意担责,就没有人去主动创造效益,这样的结果可想而知,这不仅会造成管理的混乱,甚至会导致企业走向衰亡。要做好管理,首先要在企业内实现责、权、利的对等。要基于部门和员工所承担的责任,去为他们匹配对等的权利和利益。这样,才能实现管理的公平性和客观性,人心才能顺畅,积极性才能被激发,才能实现管理的最大效能。

5. 管理者的技能

不管什么类型的组织中的管理者,也不管他处于哪一管理层次,所有的管理者都需要有一定的管理技能。美国管理学家、哈佛学者罗伯特·L·卡兹(Robert L. Katz)的著作《能干的管理者应具有的技能》中,把管理者的技能分为技术技能、人际技能和概念技能三种,具体见表 1.2 所示。

表 1.2　管理者基本技能

管理技能	技能含义	技能内容
技术技能	指管理者掌握与运用某一专业领域内的知识、技术和方法的能力	专业知识、经验；技术、技巧；程序、方法、操作与工具运用的熟练程度
人际技能	指管理者处理人际关系的技能	观察人、理解人，掌握人的心理规律的能力；人际交往、融洽相处，与人沟通的能力；了解并满足下属需要，进行有效激励的能力；善于团结他人，增强向心力、凝聚力的能力等
概念技能	指管理者观察、理解和处理各种全局性的复杂关系的抽象能力	对复杂环境和管理问题的观察、分析能力；对全局概念技能的、战略性的、长远性的重大问题处理与决断的能力；对突发性紧急处境的应变能力等。其核心是观察力和思维力

不同层次的管理者需要具备这三种技能，只是不同层次管理者对这三种管理技能的要求程度不同。图 1.1 清晰地说明了管理者层次与管理者技能之间的关系。

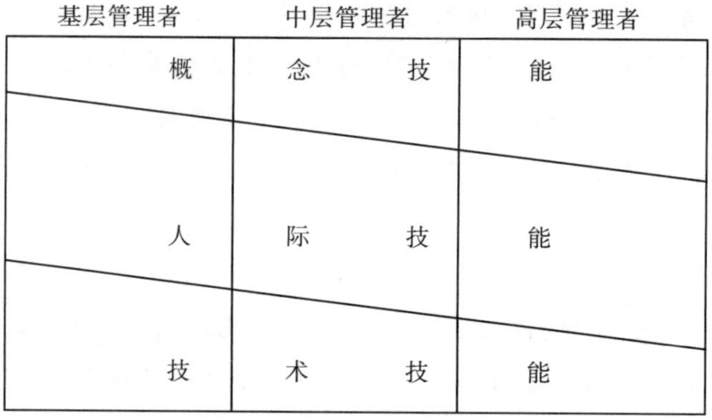

图 1.1　管理者层次与管理者技能的关系

1.2　管理理论的演变历程

管理活动源远流长，人类进行有效的管理活动，已有数千年的历史，但从管理实践到形成一套比较完整的理论，则是一段漫长的历史发展过程。回顾管理学的形成与发展，了解管理先驱对管理理论和实践所作的贡献，以及管理活动的演变和历史，对每个学习管理学的人来说都是必要的。

一般来说，管理学形成之前可分成两个阶段：早期管理实践与管理思想阶段（从有了人类集体劳动开始到 18 世纪）和管理理论产生的萌芽阶段（从 18 世纪到 19 世纪末）。

管理学形成后的发展又分为三个阶段：古典管理理论阶段（20 世纪初到 20 世纪 30 年代

行为科学学派出现前)、现代管理理论阶段(20 世纪 30 年代到 20 世纪 80 年代,主要指行为科学学派及管理理论丛林阶段)和当代管理理论阶段(20 世纪 80 年代至今)。

1.2.1　早期管理思想

从人类社会产生到 18 世纪,人类为了谋求生存自觉不自觉地进行着管理活动和管理的实践,其范围是极其广泛的,但是人们仅凭经验去管理,尚未对经验进行科学的抽象和概括,没有形成科学的管理理论。早期的一些著名的管理实践和管理思想大都散见于埃及、中国、希腊、罗马和意大利等国的史籍和许多宗教文献之中。18 世纪到 19 世纪的工业革命使以机器为主的现代意义上的工厂成为现实,工厂及公司的管理越来越突出,管理方面的问题越来越多地被涉及,管理学开始逐步形成。

1. 中国早期的管理思想

中国是具有五千年多年历史的文明古国,我国古代传统思想是人类智慧的瑰宝。我国古代的管理思想及理论框架基本形成于先秦至汉代这一时期。古代管理思想主要体现在先秦至汉代的诸子百家思想中,还有一些古代经典著作也充分反映了我国古代成功的管理思想和经验。

我国历史上出现过一大批像孔子、管子、荀子、墨子、老子、庄子、孙子、韩非子等伟大思想家,他们在管理思想方面也颇有建树。其中,以孔子为代表的儒家思想最具影响力,是中国传统文化的主流。

我国古代管理思想大致可分为三个部分:治国、治生和治身。治国主要是处理整个社会、国家管理关系的活动,即"治国之道"。它是治理整个国家、社会的基本思路和指导思想,是对行政、军事、生产、市场等方面进行管理的学问;治生是在生产发展和经济运行的基础上通过官、民的实践逐步积累起来的,它包括农副业、手工业、运输、建筑工程、市场经营等方面的管理学问;治身主要是研究谋略、用人、选才、激励、修身、公关、博弈、奖惩等方面的管理学问。

1)"天地之性人为贵",以人为本的思想

古代思想家认为:"天地之性人为贵""民为重,社稷次之,君为轻",宣扬的就是朴素的人本哲学思想。这种对人的观念,在现代企业管理中有着重要的借鉴意义。现代企业将人视为最为核心和宝贵的资源,重视"仁"与"义"在现代企业管理中的运用,通过实施人才战略、人性化管理和家庭式文化,努力发现、培养和发展一专多能的复合型人才,让企业成为员工生活与工作的希望之"家"。随着知识经济的极大发展,企业的经营管理发生着深刻的变化,知识经济所倡导的人本主义管理,其政策的出发点和目标都在于"人",企业中"人"的地位不断提高。企业开始要求员工更广泛、更积极地投入企业运作,并通过员工不断地学习和自身能力素质的提高,来达到企业繁荣和发展的目标。这种模式正在为越来越多国家的企业所采纳。

兼爱是墨子管理思想的核心所在。墨子认为,只有"兼相爱交相利"才有"诸侯相爱则不野战"。墨子的"兼爱"思想的实质是"以人为本"的管理思想。它通过人们之间的相亲相爱来改善人际关系,创造良好的社会环境,使人们既能"自爱"又能"爱人",从而每个人的利益都能得到满足。现代管理学上的"人本管理"思想要求企业领导平等对待员工,把员工当成企业运行的主体,尊重每一个员工的思想及其创造的价值,调动员工的积极性、主动性、创造性,增强企业的凝聚力,从而增强企业的综合实力,创造更大的价值。人本管理的管理思想与墨子的"兼爱"思想实质相吻合,是"兼爱"思想的延伸。

2)"正人必先正己"的管理思想

中国古代管理非常强调领导者道德素质的重要性,崇尚"道德教化"和"正己正人"的管理方式。"正己而不求于人,则无怨""诚者,非自成己而已也,所以成物也。成己,仁也;成物,知也",意思都是端正自己与他人,成就物业为自我。从管理学的角度来说,就是最佳的管理行为都应是以双向约束为基本要求的,不仅约束他人行为使之端正,同时也使自己的行为得以规范。先哲们认为,"正己"为"正人"的前提,如果连自己都不能"正",岂能奢言正人。我国古代管理思想的本质是"人为、为人"。个人首先要注意自身的行为修养,"正人必先正己",然后从"为人"的角度出发,来从事、控制和调整自己的行为,创造一种良好的人际关系和激励环境,使人们能够在激发状态下工作,主观能动性得到充分的发挥。

"人为"与"为人"二者具有相辅相成的辩证关系。对任何管理者或被管理者,都有从"人为"向"为人"转变的过程。这一过程体现在家庭、行业、国家一切方面的管理之中,管理者与被管理者越是注重自身行为的素质,其"为人"即管理的效果就越好。管理是一个"修己安人"的过程,一切管理都以"修己"作为起点,最终达到"安人"的目标。其实,"安人"的终极目标还是实现自己管理之目的。

3)"天人合一"的和谐观管理思想

古代管理思想是以整体和谐观为基础的。也就是把管理作为一个统一的整体的过程,促使社会与自然、管理系统与外部环境及管理组织内各种组成之间达到最佳和谐,把管理的各个要素和功能组成一个统一的有序结构。我国古代管理思想的灵魂是和谐观。它以追求管理系统的协调、和谐、稳定为目标,在生产管理上实现"天人合一";在社会管理上实现"天下一家";在人事管理上实现"知行合一"和"情理合一"。和谐观使管理不仅表现为一种科学的理性操作,更是一种人们所创造的理想境界。管理的最高境界是"无为而治",一个组织中的成员都能自发地按照规范和要求办事,自觉地发挥自己的力量,维护组织的宗旨和荣誉,这就是孔子所说的"从心",孟子所说的"天时不如地利,地利不如人和。"

《道德经》上说:"天地所以能长久者,以其不自生,故能长生。"说的是天地之所以长久,就在于能够让人生存,无私奉献。企业要协调、持续发展,也需要具备天地的"不自生"品德,希望能够为社会创造价值,为客户贡献能源,为股东谋取利益,为员工提供发展,并寻求这四方面的和谐与平衡。尤其推崇"和谐"的企业发展观,认为和谐是一种稳定状态,是人类社会协调、持续发展的内在要求,也是中国传统文化的精髓,实现企业与社会、股东、客户及员工间的和谐发展是现代企业最高的使命和追求。

4)古代法治管理思想

我国的法治思想起源于先秦法家和《管子》,后来逐渐演变成一整套法制体系,包括田土法制、财税法制、军事法制、人才法制、行政管理法制、市场法制等。韩非在论证法治优于人治时,举传说中舜的例子,舜事必躬亲,亲自解决民间的田界纠纷和捕鱼纠纷,花了三年时间纠正三个错误。韩非说这个办法不可取,"舜有尽,寿有尽,天下过无已者,以有尽,逐无已,所止者寡矣。"如果制定法规公之于众,违者纠正,治理国家就方便了。他还主张法应有公开性和平等性,即实行"明法""一法"原则。"明法",就是使全国皆知。"一法",即人人都得守法,在法律面前人人平等,"刑过不避大臣,赏善不遗匹夫",各级政府官员不能游离法外,"能去私曲就公法者,民安而国治。"

法家管理以"法"(即管理制度)为核心,注重"法""势""术"即管理制度、管理权威与管理技巧的完美结合。法家主张时时事事都必须严格遵循既定的法令、规则,而绝对不能只依赖管理者的主观判断或个人好恶。法家相信,如果坚守法制,平庸普通的人也能成功地进行管理;但若抛开法制,才能超卓的人也必然会面临失败。

法家还看到,仅有管理制度,没有强力、灵活的推行措施,也不行。所以,管理权威和管理技巧也是必需的。法家将管理权威分为"自然之势"和"人为之势",前者指管理者在既成条件下所获得的权威,后者指管理者利用各种资源自行创造的权威。法家尤其注重充分利用和强化"自然之势",主动创设"人为之势",并以此为后盾,保证管理制度的实施。法家通常较少理会人的道德修养和社会伦理准则,往往有"为达目的不择手段"之嫌,但其管理技巧却比其他各家都要丰富。在组织机构的建立,职位的设置,人员的选拔、授权、监督、考察等方面,法家提供了中国古代管理从理论走向实践的极佳范例。

2.西方早期的管理思想

西方文化起源于希腊、罗马、埃及、巴比伦等文明古国,这些国家在公元前 6 世纪左右即建立了高度发达的奴隶制国家,在文化、艺术、哲学、数学、物理学、天文学、建筑等诸多领域都对人类发展做出了辉煌的贡献。埃及金字塔、罗马水道、巴比伦"空中花园"等伟大的古代建筑工程堪与中国的长城并列为世界奇观。这些古国在国家管理、生产管理、军事、法律等方面也都曾有过许多光辉的实践。

其中,最早对经济管理思想进行系统论述的学者,首推英国经济学家亚当·斯密(Adam Smith)。他在 1776 年出版了《国民财富的性质和原因研究》一书,系统地阐述了劳动价值论及劳动分工理论。亚当·斯密因《国富论》而被认为是古典经济学的"开山鼻祖"。

亚当·斯密在分析提高"劳动生产力"的因素时,特别强调了劳动分工的作用。他认为,劳动分工的益处主要是:

(1)劳动分工可以使工人重复完成单项操作,从而提高劳动熟练程度,提高劳动效率。

（2）劳动分工可以减少由于变换工作而损失的时间。

（3）劳动分工可以使劳动简化，使劳动者的注意力集中在一种特定的对象上，有利于创造新工具和改进设备。

他的上述分析和主张，不仅符合当时生产发展的需要，而且也成了以后企业管理理论中的重要原理。

在亚当·斯密之后，另一位英国人查理·巴贝奇（Charles Babbage）进一步发展了斯密的论点，提出了许多关于生产组织机构和经济学方面的带有启发性的问题。巴贝奇赞同斯密的劳动分工能提高劳动效率的论点，但认为斯密忽略了劳动分工可以减少支付工资这一好处。

巴贝奇虽然是一位数学家，却没有忽视人的作用。他认为工人同工厂主之间存在利益共同点，并竭力提倡所谓利润分配制度，即工人可以按照其在生产中所做的贡献，分到工厂利润的一部分。巴贝奇也很重视对生产的研究和改进，主张实行有益的建议制度，鼓励工人提出改进生产的建议。他认为工人的收入应该由三部分组成，即：①按照工作性质所确定的固定工资；②按照生产效率及所做贡献分得的利润；③为提高劳动效率而提出建议所应给予的奖励。提出按照生产效率不同来确定报酬的具有刺激作用的制度，是巴贝奇做出的重要贡献。

斯密和巴贝奇之后，在生产过程中进行劳动分工的做法，有了迅速的发展。到了20世纪，大量流水生产线的形成，使劳动分工的主张得到了充分的体现。这一时期的著名管理学者除了斯密和巴贝奇之外，还有英国的空想社会主义者罗伯特·欧文（Robert Owen）。他经过一系列实验，首先提出在工厂生产中要重视人的因素，要缩短工人的工作时间，提高工资，改善工人住宅。他的改革实验证实，重视人的作用和尊重人的地位，也可以使工厂获得更多的利润。所以，也有人认为欧文是人事管理的创始人。

上述各种管理思想是随着生产力的发展，适应了当时的工厂制度发展的需要而产生的。这些管理思想虽然不系统、不全面，没有形成专门的管理理论和学派，但对于促进生产及以后科学管理理论的产生和发展，都有积极的影响。

1.2.2　科学管理理论

早期管理思想实际上是管理理论的萌芽。管理理论比较系统的建立是在19世纪末20世纪初。在早期管理阶段，资本的所有者也就是管理者。到了19世纪末期，由于生产技术日益复杂，生产规模扩大，企业的管理职能便逐渐与资本所有权相分离，管理职能则由资本家委托给以经理为首的由各方面管理人员所组成的专门管理机构承担。从此，出现了专门的管理阶层。同时，管理工作也成了被专门研究的一门学问，"科学管理"应运而生。这个阶段所形成的管理理论称为"古典管理理论"或"科学管理理论"。

科学管理是20世纪初在西方工业国家影响最大、推广最普遍的一种管理理论。它包括一系列关于生产组织合理化和生产作业标准化的科学方法及理论依据,是由美国的机械工程师泰勒首先提出并极力推广的,因此通常也被称作泰勒制(Taylor system)。

1. 泰勒的科学管理理论

科学管理理论,由科学管理之父——泰勒(Taylor)在其主要著作《科学管理原理》中提出。泰勒是美国古典管理学家,科学管理的创始人,被管理界誉为科学管理之父。在米德维尔工厂,他从一名学徒工开始,先后晋升为车间管理员、技师、小组长、工长、设计室主任和总工程师。在这家工厂的经历使他了解了工人们普遍怠工的原因,他感到缺乏有效的管理手段是提高生产率的严重阻碍。为此,泰勒开始探索科学的管理方法和理论。

泰勒所创立的科学管理理论有以下几个主要观点。

(1)作业方法标准化。对工人提出科学的操作方法,并为标准作业方法制定标准作业时间,以便合理利用工时,提高工效。为了使工人能够在标准时间内完成标准的操作,还必须根据作业方法的要求,使工人的作业环境和作业条件(工具、设备、材料等)标准化。

(2)差别计件工资制。在工资制度上实行差别计件制。按照作业标准和时间定额规定不同的工资率。对完成和超额完成工作定额的工人,以较高的工资率计件支付工资;对完不成定额的工人,则按较低的工资率支付工资。

(3)科学选人育人。对工人进行科学的选择、培训和提升。泰勒曾经对经过科学选择的工人用上述的科学作业方法进行训练,促使他们按照作业标准工作,以改变过去凭个人经验选择作业方法及靠师傅带徒弟的办法培养工人的落后做法。改进后,生产效率大为提高。

何为第一流的工人

为了提高劳动生产率,必须为工作挑选头等工人,既是泰勒在《科学管理原理》中提出的一个重要思想,也是他为企业的人事管理提出的一条重要原则。

泰勒指出,健全的人事管理的基本原则是使工人的能力同工作相适应,企业管理当局的责任在于为雇员找到最合适的工作,培训他们成为第一流的工人,激励他们尽最大的力量来工作。为了挖掘人的最大潜力,还必须做到人尽其才。因为每个人都具有不同的才能,不是每个人都适合于做任何一项工作的,这和人的性格特点、个人特长有着密切的关系。为了最大限度地提高生产率,对某一项工作,必须找出最适宜干这项工作的人,同时还要最大限度地挖掘最适宜于这项工作的人的最大潜力,才有可能达到最高效率。因此对任何一项工作必须要挑选出"第一流的工人"即头等工人。然后再对第一流的工人利用作业原理和时间原理进行动作优化,以使其达到最高效率。

对于第一流的工人,泰勒是这样说明的:"我认为那些能够工作而不想工作的人不能成为我所说的'第一流的工人'。我曾试图阐明每一种类型的工人都能找到某些工作,使他成为第一流的工人,除了那些完全能做这些工作而不愿做的人。"所以泰勒指出,人具有不同的天赋和才能,只要工作合适,都能成为第一流的工人。而所谓"非第一流的工人",泰勒认为只是指那些体力或智力不适合他们工作的人,或那些虽然工作合适但不愿努力工作的人。总之,泰勒所说的第一流的工人,就是指那些最适合又最愿意干某种工作的人。所谓挑选第一流的工人,就是指在企业人事管理中,要把合适的人安排到合适的岗位上。只有做到这一点,才能充分发挥人的潜能,才能促进劳动生产率的提高。这样,重活、体力活,让力气大的人干,而精细的活找细心的人来做。

对于如何使工人成为第一流的工人,泰勒不同意传统的由工人挑选工作,并根据各自的可能进行自我培训的方法,而是提出管理人员要主动承担这一责任,科学选择并不断地培训工人。泰勒指出:"管理人员的责任是细致地研究每一个工人的性格、脾气和工作表现,找出他们的能力;另一方面,更重要的是发现每一个工人向前发展的可能性,并且逐步地系统地训练,帮助和指导每个工人,为他们提供上进的机会。这样,使工人在雇用他的公司里,能担任最适合他们能力的工作。这种科学地选择与培训工人并不是一次性的行动,而是每年都要进行的,是管理人员要不断加以探讨的课题。"在进行搬运生铁的实验后,泰勒指出:"可以清楚的是,甚至在已知的最原始的工种上,也有一种科学。如果仔细挑选了最适宜于干这类活计的工人,而又发现了干活的科学规律,仔细选出来的工人已培训得能按照这种科学规律去干活,那么所得的结果必然会比那些在'积极性加刺激性'的计划下工作的结果丰硕得多。"可见,挑选第一流工人的原则,是对任何管理都普遍适用的原则。

(4)工艺规程科学化。制定科学的工艺规程,并用文件形式固定下来以利推广。泰勒用了十年以上时间进行金属切削实验,制定出了切削用量规范,使工人在选用机床转数和走刀量时有了科学标准。

(5)管理劳动分离。将管理和劳动分离,把管理工作称为计划职能,把工人的劳动称为执行职能。

(6)实行职能工长制。泰勒把管理工作做了细分,认为每个管理者只能承担其中的一两项工作。他认为,当时通常由车间主任完成的工作应该由八个职能工长来承担,其中四个在计划部门进行领导,四个在生产现场进行监督,每个职能工长只负责某一方面的工作,在其职能范围内可以向工人发布命令。

泰勒认为,实行职能工长制,对管理人员的培养只需花费较少的时间,因为只需他们掌握某一方面的技能;从事专门的职能管理,可以提高管理劳动的效率;由于计划和作业标准已在计划部门制定,现场工长只需进行指挥监督,因此,低工资者也可从事复杂的工作,从而可能降低企业的生产费用。

(7)进行例外管理。泰勒认为,如果说现场的管理应该实行职能工长制的话,那么在规模较大的企业,高层管理者还需要遵循例外管理的原则。例外管理是指企业的上级主管把一般的日常事务授权给下级管理人员去处理,而自己保留对例外事项或重要问题的决策与监督权。这个原理实际上为后来的分权化管理和事业部制奠定了理论基础。

以上这些改革,形成了科学管理理论的基本组成部分。这些现在看来似乎非常平常的早已为人们所熟悉的常识,在当时却是重大的变革。实践证明,这些改革成效显著,生产效率得到了普遍提高,企业呈现出高效率、低成本、高工资、高利润的新局面。

美国的 H·福特(H. Ford)在泰勒的单工序动作研究的基础上,为了提高企业的竞争能力,对如何提高整个生产过程的生产效率进行了研究。他充分考虑了大量生产的优点,规定了各个工序的标准时间,使整个生产过程在时间上协调起来,创造了第一条流水生产线——汽车流水生产线,从而提高了整个企业的生产效率,并使生产成本明显降低。

泰勒及其他同期先行者的理论和实践构成了泰勒制。可以看出泰勒制着重解决的是用科学的方法提高生产现场的生产效率问题。所以,人们称以泰勒为代表的这些学者所形成的学派为科学管理学派。

我们应当用历史的观点客观对泰勒制加以评价:

(1)它冲破了百多年沿袭下来的传统的落后的经验管理办法,将科学引进了管理领域,并且创立了一套具体的科学管理方法来代替单凭个人经验进行作业和管理的旧方法。这是管理理论上的创新,也为管理实践开辟了新局面。

(2)由于采用了科学的管理方法和科学的操作程序,使生产效率提高了两三倍,推动了生产的发展,适应了资本主义经济在这个时期发展的需要。

(3)由于管理职能与执行职能的分离,企业中开始有一些人专门从事管理工作。这就使管理理论的创立和发展有了实践基础。

(4)泰勒把工人看成是会说话的机器,只能按照管理人员的决定、指示、命令进行劳动,在体力和技能上受最大限度的压榨:泰勒的"标准作业方法""标准作业时间""标准工作量",都是以身体最强壮、技术最熟练的工人进行最紧张的劳动时所测定的时间定额为基础的,是大多数工人无法忍受和坚持的。因此,泰勒制是资本家最大限度压榨工人的手段。它把人看作是纯粹的"经济人",认为人的活动仅仅出于个人的经济动机,忽视企业成员之间的交往及工人的感情、态度等社会因素对生产效率的影响。泰勒认为,工人的集体行为会降低工作效率,只有使"每个工人个别化"才能达到最高效率。

泰勒制是适应历史发展的需求而产生的,同时也受到历史条件和倡导者个人经历的限制。当时,要增加企业的利润,关键是提高工人的劳动效率。泰勒本人长时间从事现场的生产和管理工作,故泰勒的一系列主张,主要解决的是工人的操作问题、生产现场的监督和控制问题,管理的范围比较窄,管理的内容也比较少,企业的材料供应、财务管理、销售、人事处理等方面的活动,基本没有涉及。

2.法约尔的组织管理理论

泰勒制在科学管理中的局限性,主要是由法国的亨利·法约尔加以补充的。德国的马克斯·韦伯(Max Weber)等人也为此做出过重要贡献。他们的工作奠定了古典组织理论的基础。

继泰勒制之后所形成的组织理论,所研究的中心问题是组织结构和管理原则的合理化,管理人员职责分工的合理化。

法国的法约尔和泰勒虽是同时代的人,但个人经历不同。法约尔曾在较长时间内担任法国一个大型煤矿公司的领导工作和总经理职务,积累了管理大企业的经验。与此同时,他还在法国军事大学任过管理教授,对社会上其他行业的管理进行过广泛的调查。在他退休后,还创办了管理研究所。法约尔的经历决定了他的管理思想相较于泰勒更为开阔。他的管理理论发表在1916年法国工业协会的刊物上。1925年出版的《一般管理与工业管理》一书是他的代表作。

法约尔认为,要经营好一家企业,不仅要改善生产现场的管理,而且应当注意改善有关企业经营的六个方面的职能:

(1)技术职能:即设计制造;

(2)经营职能:即进行采购、销售和交换;

(3)财务职能:即确定资金来源及使用计划;

(4)安全职能:即保证员工劳动安全及设备使用安全;

(5)会计职能:即编制财产目录,进行成本统计;

(6)管理职能:包括计划、组织、指挥、协调、控制五项。

法约尔还提出了管理人员解决问题时应遵循的十四条原则:

(1)分工。劳动专业化是各个机构和组织前进和发展的必要手段。由于减少了每个员工所需掌握的工作项目,故可以提高生产效率。劳动的专业化,使实行大规模生产和降低成本有了可能。同时,每个员工工作范围的缩小,也可使员工的培训费用大为减少。

(2)权力与责任。法约尔认为,权力即"下达命令的权利和强迫别人服从的力量"。权力可区分为管理人员的职务权力和个人权力。职务权力是由职位产生的;个人权力是指由担任职务者的个性、经验、道德品质及能使下属努力工作的其他个人特性而产生的权力。个人权力是职务权力不可缺少的条件。他特别强调权力与责任的统一。有责任必须有权力,有权力就必然产生责任。

(3)纪律。法约尔认为,纪律的实质是遵守公司各方达成的协议。要维护纪律就应做到:①对协议进行详细说明,使协议明确而公正;②各级领导要称职;③在纪律遭到破坏时,要采取惩罚措施,但制裁要公正。

(4)统一命令。一个员工在任何活动中只应接受一位上级的命令。违背这个原则,就会使权力和纪律遭到严重的破坏。

(5)统一领导。为达到同一目的而进行的各种活动,应由一位领导根据一项计划开展,这是统一行动、协调配合、集中力量的重要条件。

(6)员工个人要服从整体。法约尔认为,整体利益大于个人利益的总和。一个组织谋求实现总目标比实现个人目标更为重要。协调这两方面利益的关键是领导阶层要有坚定性和做出良好的榜样。协调要尽可能公正,并经常进行监督。

（7）员工的报酬要公平。报酬必须公平合理,尽可能使员工和公司双方满意。对贡献大,工作方向正确的员工要给予奖励。

（8）集权。集权意味着降低下级的作用程度。集权的程度应视管理人员的个性、道德品质,下级人员的可靠性及企业的规模、条件等情况而定。

（9）等级链。等级链即从最上级到最下级各层权力连成的等级结构。它是一条权力线,用以贯彻执行统一的命令和保证信息传递的秩序。

（10）秩序。秩序即人和物必须各尽其能。管理人员首先要了解每个工作岗位的性质和内容,使每个工作岗位都有称职的员工,每个员工都有适合的岗位。同时有序安排物资、设备的位置。

（11）平等。平等即以亲切、友好、公正的态度严格执行规章制度。员工受到平等的对待后,会以忠诚的态度和献身精神完成任务。

（12）人员保持稳定。生意兴隆的公司通常都有一批稳定的管理人员。因此,最高层管理人员应采取措施,鼓励员工尤其是管理人员长期为公司服务。

（13）主动性。给人以发挥主动性的机会是一种强大的推动力量。必须大力提倡、鼓励雇员们认真思考问题和培养创新的精神,同时也应使员工的主动性受到等级链和纪律的限制。

（14）集体精神。员工的融洽、团结可以使企业产生巨大的力量。实现集体精神最有效的手段是统一命令。在安排工作、实行奖励时要避免引发嫉妒,破坏融洽关系。此外,还应鼓励员工直接交流意见。

法约尔的贡献是在管理的范畴、管理的组织理论、管理的原则方面提出了崭新的观点,为以后管理理论的发展奠定了基础。

3. 马克斯·韦伯的行政组织理论

马克斯·韦伯与泰勒和法约尔处于同一历史时期,他是对西方古典管理理论的确立做出杰出贡献的德国著名社会学家和哲学家。

韦伯的原意是通过职务或职位而不是通过个人或世袭地位来进行管理。要使行政组织发挥作用,管理应以知识为依据进行控制,管理者应有胜任工作的能力,应该依据客观事实而不是凭主观意志来领导,因而这是一个有关集体活动理性化的社会学概念。

韦伯的理想行政组织结构可分为三层,其中最高领导层相当于组织的高级管理阶层,行政官员相当于中级管理阶层,一般工作人员相当于基层管理阶层。企业无论采用何种组织结构,都具有这三层基本的原始框架。

韦伯指出,现代的行政组织存在着一种正式的管辖范围的原则,这种管辖范围一般是由规则(由法律或行政规定)来确定的。这意味着:按行政方式控制的机构目标所要求的日常活动,是作为正式职责来分配的;执行这些职责所需要的权力是按一种稳定的方式来授予的,并且由官员通过肉体的、宗教的或其他的强制手段来严格地加以限制;对于履行职责和行使相应权力的方式有明确规定,只有符合条件的人才会被雇用。这三项要素在国家范围构成为一个行政组织体系的机关,在经济领域则构成为一个行政组织体系的企业。至于"理想的行政组织体系"中所谓"理想的",并不是指最合乎需要的,而是指组织的"纯粹"形态。在实际生活中,可能出现各种组织形态的结合或混合,但韦伯为了进行理论分析,需要描绘出一种理想的形态。作为一种规范典型的理想的行政组织体系,有助于说明从小规模的创业性管理向大规模的职业性管理的过渡。

韦伯指出,任何一种组织都必须以某种形式的权力为基础,才能实现其目标,只有权力才能变混乱为有序。如果没有这种形式的权力,其组织的生存都是非常危险的,就更谈不上实现组织的目标了,权力可以消除组织的混乱,使得组织的运行有秩序地进行。

韦伯把这种权力划分为三种类型。第一种是理性的、法定的权力,指的是依法任命,并赋予行政命令的权力,对这种权力的服从是依法建立的一套等级制度,这是对确认职务或职位的权力的服从。第二种是传统的权力,它是以古老的、传统的、不可侵犯的和执行这种权力的人的地位的正统性为依据的。第三种是超凡的权力,它是指这种权力是建立在对个人的崇拜和迷信的基础上的。韦伯在《社会和经济组织的理论》一书中指出:三种纯粹形态的合法权力,它们各自的合法性依据如下:

(1)法定权力的依据。其依据是对标准规则模式的"合法性"的信念,或对那些按照标准规则被提升到有权指挥的人所具权力的信念。

(2)传统权力的依据。其依据是对古老传统的不可侵犯性和对传统执行权力的人的地位的正统性信念。

(3)超凡权力的依据。其依据是对个别人特殊和超凡的神圣、英雄主义或模范品质的崇拜。

韦伯对这三种权力形态进行了分析比较。他认为,传统权力的效率欠佳,因为其领导人的选拔并非基于能力,更多是为了延续过去的传统。而超凡权力带有浓厚的感情色彩且缺乏理性,它不依赖于规章制度,而是依赖于神秘或神圣的启示。所以,这两种权力都不适合作为行政组织体系的基础。

相比之下,理性的法定权力更具优势,适合作为行政组织的基础。它有明确的职权范围和执行等级序列,能够有效避免职权滥用,权力行使方式也更为多样。凭借这些特点,理性法定权力既能保证经营管理的连续性和合理性,又能依据个人才能选拔人才,并通过法定程序行使权力,是保障组织健康发展的理想权力形式。

知识链接

管理者的权力从何而来?一方面管理者的权力是企业赋予的,当一个人从普通员工晋升为主管、经理的时候,企业便赋予了其与岗位职能相对应的权力,这种权力包括行政管辖权、奖惩权、薪资调整建议权等。行政管辖权:这是基于组织架构的权力,即我是主管、经理,你是我的下属,你必须得按我说的做。奖惩权:管理者有对下属行为结果进行奖或罚的权力,通俗讲就是"萝卜加大棒"。薪资调整建议权:管理者对下属的工资、绩效有直接建议的权力。

在现实管理活动中,很多管理者只看到企业赋予其的行政管辖权、奖惩权、薪资调整建议权,而忽略了另外三种与生俱来的专家权、表率权、人格权。

什么是专家权、表率权、人格权呢?

专家权:是指特殊技能或专业能力。它是基于管理者的专业知识或技能,由于管理者拥有的专业知识,所以员工信任并尊重他的决定。

GE(美国通用电气公司)的前任 CEO 杰克·韦尔奇(Jack Welch)有一句名言:"当你成为领导者之前,自己的成长是成功;而你当了领导者之后,帮助他人成长,才是成功的。"这其实在强调,作为管理者、领导者,你要有足够影响他人的能力,首先要求的则是你有过硬的专业技能,能够帮助人,尤其是帮助下属解决工作过程中的困难。

表率权:是指建立在一个人对另一个人的认可和信任的基础上的权力。当我们有了工作专业能力以后,在公司的规章制度下,在公司的这个平台上,我们个人有没有起到一个表率的作用? 我们是用嘴巴要求别人做,还是我们自己身体力行地做到了? 只有自己做到了,才能够影响他人,才能够让别人也按照你的要求做;只有自己做到了,才能行不言之教,让团队紧跟你的步伐。

人格权:即,人格魅力。我们经常说,做领导要有人格魅力,就是在说作为领导者、管理者,你得看起来像个"领导者、管理者",这里不是指外表,而是指你的能力、知识、品格是否符合领导的要求和形象,也就是所谓的人格权。作为管理者在管理活动过程中,要懂得塑造自己的人格权。

权力从本质上来讲,是一种影响力,一种让别人自愿接受你的影响的能力。而这种影响力更多地源自管理者的专家权、表率权、人格权,要不断提高专业水平为下属排忧解难;要敢于在团队中做表率;要德才兼备塑造良好的人格。塑造好以上"三权",身为管理者才能服众。从这个维度而言,管理者的权力是员工赋予的,所以,管理者要树立"权力是服务而不是控制"的管理思想。

做管理靠的不是令人生畏的权力,每个管理者对专家权、表率权、人格权的培养应该胜过对行政管辖权、奖惩权、薪资调整建议权的追求,因为权力的本质是服务而不是控制。

1.2.3　现代管理理论

第二次世界大战以后,特别是 20 世纪 60 年代以后,西方企业的经营环境发生了重大变化。随着企业规模的不断扩大,资本在国家间相互渗透,出现了许多巨型的跨国公司,企业的经营空间不断拓展,影响和制约经营的因素也不断增加;技术进步的速度日益加快,新的科技用于工业生产的周期大大缩短,新产品、新设备、新工艺、新材料不断出现,企业之间的竞争进一步加剧;生产的社会化程度不断提高,许多复杂产品的生产和大型工程的建设,需要组织大规模的广泛协作。

这些变化使得环境对企业的影响越来越重要。企业在组织内部的生产经营活动时,不仅要考虑自身的条件限制,而且要研究环境的特点及要求,以提高适应外部环境的能力。然而,古典管理理论的研究范围主要限于企业内部,或者偏重于工程技术,如泰勒的科学管理思想;或者专注于组织管理,如韦伯的科层组织研究;甚至法约尔的一般管理讨论的也主要是企业内部的经营组织。为了解决理论不适应实践发展的问题,许多研究者就企业如何在变化的环境中经营进行了许多方面的探索,在此基础上形成了一系列不同的理论观点和流派。美国管理学家孔茨把这种状况称为出现了"管理理论的丛林"。

现代管理理论阶段主要指行为科学学派及管理理论丛林阶段,行为科学学派阶段主要研究个体行为、团体行为与组织行为,重视研究人的心理、行为等对高效率地实现组织目标的影响作用。行为科学的主要成果有梅奥(Mayo)的人际关系理论、马斯洛(Maslow)的需求层次理论、赫茨伯格(Herzbery)的双因素理论、麦格雷戈(McGregor)的"X理论-Y理论"等。

1."行为科学"学派

"行为科学"的发展是从人群关系论开始的。人群关系论的代表人物是乔治·埃尔顿·梅奥(George Elton Mayo)。梅奥曾参加1927年至1932年在芝加哥西方电气公司霍桑工厂进行的试验工作,即引起管理学界重视的"霍桑试验"。

霍桑试验的目的是要找出工作条件对生产效率的影响,以寻求提高劳动生产率的途径。试验首先从变换工作现场的照明强度着手,试验表明,照明强度的一般改变,不是影响生产率的决定因素。后来,又继续进行改变工资待遇等其他条件的试验。

梅奥等人就试验及访问交谈结果进行了总结,得出的主要结果是:生产效率不仅受物理的、生理的因素影响,而且受社会环境、社会心理的影响。这一点是与科学管理的观点截然不同的。他们的观点主要表现在以下几方面。

(1)企业的员工是"社会人"。因此,梅奥等人创立了"社会人"的假说,即认为人不是孤立存在的,而是属于某一工作集体并受这一集体影响。他们不是单纯地追求金钱收入,还要追求人与人之间的友情、安全感、归属感等社会和心理欲望的满足。

(2)满足工人的社会欲望,提高工人的士气是提高生产效率的关键。梅奥等人从人是社会人的观点出发,认为士气高低决定于安全感、归属感等社会、心理方面的欲望的满足程度。满足程度越高,士气就越高,生产效率也越高。士气又取决于家庭、社会生活的影响及企业中人与人之间的关系。

(3)企业中实际存在着一种"非正式组织"。人群关系论者认为:企业职工在共同工作、共同生产中,必然产生相互之间的人群关系,产生共同的感情,自然形成一种行为准则或惯例,要求个人服从,这就构成了"非正式组织"。这种非正式组织对于工人的行为影响很大,是影响生产效率的重要因素。

（4）企业应采用新型的领导方法。新型的领导方法，主要是要组织好集体工作，采取措施提高士气，促进协作，使企业的每个成员都能与领导真诚持久地合作。

以上即以霍桑实验为基础所提出的人群关系理论。人群关系理论是"行为科学"管理学派的早期思想，它只强调要重视人的行为；而行为科学还要求进一步研究人的行为规律，找出产生不同行为的影响因素，探讨如何控制人的行为以达到预定目标。

其他行为科学学派的观点，还有马斯洛的需求层次理论、赫茨伯格的双因素理论、麦格雷戈的"X理论-Y理论"等。这些观点将在其他章节中详细描述。

2. 其他学派观点

20世纪40年代到80年代，除了行为科学学派得到长足发展以外，许多管理学者都从各自不同的角度发表自己对管理学的见解。其中主要的代表学派有：管理过程学派、管理科学学派、社会系统学派、决策理论学派、系统理论学派、经验主义学派、经理角色学派和权变理论学派等。这些管理学派研究方法众多，管理理论不统一，各个学派都有自己的代表人物，都有自己的用词意义，都有自己所主张的理论、概念和方法。

管理过程学派又称管理职能学派，是由美国加利福尼亚大学的教授孔茨和奥唐奈提出的。管理过程学派认为，无论组织的性质和组织所处的环境有多么不同，但管理人员所从事的管理职能却是相同的。孔茨和奥唐奈将管理职能分为计划、组织、人事、领导和控制五项，而把协调作为管理的本质。孔茨利用这些管理职能对管理理论进行分析、研究和阐述，最终得以建立起管理过程学派。孔茨继承了法约尔的理论，并把法约尔的理论更加系统化、条理化，使管理过程学派成为管理各学派中最具有影响力的学派。

管理科学学派的管理科学理论是指以系统的观点运用数学、统计学的方法和电子计算机技术，为现代管理的决策提供科学的依据，通过计划和控制解决企业中生产与经营问题的理论。该理论是泰勒科学管理理论的继承和发展，其主要目标是探求最有效的工作方法或最优方案，以最短的时间、最少的支出，取得最大的效果。

社会系统学派是从社会学的角度来分析各种组织的。它的特点是将组织看作是一种社会系统，是一种人的相互关系的协作体系，它是社会大系统中的一部分，受到社会环境各方面因素的影响。美国的切斯特·I·巴纳德（Chester I. Barnard）是这一学派的创始人，他的著作《经理人员的职能》对该学派有很大的影响。

决策理论学派是在吸收了行为科学、系统理论、运筹学和计算机程序等学科的内容发展起来的。代表人物赫伯特·A·西蒙（Herbert A. Simion）是美国管理学家、计算机学家和心理学家，是决策理论学派的主要代表人物。决策理论学派认为：管理过程就是决策的过程，管理的核心就是决策。西蒙强调决策职能在管理中的重要地位，以有限理性的人代替有绝对理性的人，用"满意原则"代替"最优原则"。

系统理论学派是指将企业作为一个有机整体，把各项管理业务看成相互联系的网络的一种管理学派。该学派重视对组织结构和模式的分析，应用一般系统理论的范畴、原理，全面分析和研究企业和其他组织的管理活动和管理过程,并建立起系统模型以便于分析。系统理论学派的重要代表人物是弗里蒙特·E·卡斯特(Fremont E. Kast)。卡斯特是美国系统管理理论的重要代表人物,著名的管理学家,主要著作有《系统理论与管理》《组织与管理:系统与权变方法》等。

经验主义学派又称为经理主义学派,以向大企业的经理提供管理当代企业的经验和科学方法为目标。它重点分析成功管理者实际管理的经验,并概括、总结出他们成功经验中具有的共性东西,然后使之系统化、合理化,并据此向管理人员提供实际建议。其中的代表人物有:彼得·F·德鲁克(Peter F. Drucker)、欧内斯特·戴尔(Ernest Dale)等。

经理角色学派是以对经理所担任角色的分析为中心来考虑经理的职务和工作的,该学派认为针对经理工作的特点及其所担任的角色等问题,如能有意识地采取各种措施,将有助于提高经理的工作成效。经理角色学派的代表人物是亨利·明茨伯格。

权变理论学派认为,企业管理要根据企业所处的内外条件随机应变,没有什么一成不变、普遍适用的"最好的"管理理论和方法。企业管理要根据企业所处的内部条件和外部环境来决定其管理手段和管理方法,即要按照不同的情景、不同的企业类型、不同的目标和价值,采取不同的管理手段和管理方法。代表人弗雷德·卢桑斯(Fred Luthans)在 1976 年出版的《管理导论:一种权变学》一书是系统论述权变管理的代表著作。

法商管理学派是中国政法大学商学院学者提出的,他们认为法商管理是一个复合的概念,是由三个子概念组成的。第一个子概念是管理,管理是目的和手段,其含义在于说明法商管理要落实到具体的手段上,而且明确规定了其学科归属应该是管理学。第二个子概念就是商,商在这里可以理解为企业组织的经营活动,也可以理解为商事,在法商管理概念中它是管理的对象。第三个子概念是法,这里的法主要指与企业商事相关的法律法规的集合。法商管理经过这样的剖析,其概念和内涵应该是比较清晰和深刻的。

1.2.4 当代管理理论

进入 20 世纪 70 年代以后,由于国际环境的剧变,尤其是石油危机对国际环境产生了重要的影响。这时的管理理论以战略管理为主,研究企业组织与环境的关系,重点研究企业如何适应充满危机和动荡的环境的不断变化。迈克尔·E·波特(Michael E. Porter)所著的《竞争战略》把战略管理的理论推向了高峰,他强调通过对产业演进的说明和各种基本产业环境的分析,得出不同的战略决策。

20 世纪 80 年代以后,管理思想呈现出新的发展趋势。总体趋势是管理理念更加人性化、管理形态呈知识化、管理组织虚拟化、组织结构扁平化、管理手段和设施网络化、管理文化全球化。并且在以下方面趋势更加明显:对企业的业务流程进行重新设计的企业再造趋势;使管理更加具有柔性化的文化管理趋势;体现知识经济的灵魂和企业进行知识管理的管理创新趋势;网络经济、全球经济一体化下的管理的国际化趋势。

21 世纪管理的发展趋势：

(1)现代信息技术的发展将给企业管理带来全方位的、革命性的影响。米切尔·S·莫顿(Mitchell S. Morton)的研究表明，这种变革至少可以归结为六个方面：①信息社会给企业生产、管理活动的方式带来了根本性的变革；②信息技术将企业组织内外的各种经营管理职能、机制有机地结合起来；③信息社会的到来会改变许多产业的竞争格局和态势；④信息社会给企业带来了新的、战略性的机遇，促使企业对其使命和活动进行反思；⑤为了成功地运用信息技术，必须进行组织结构和管理的变革；⑥企业管理的重大挑战不断改造企业，使其有效地运用信息技术适应信息社会，在全球竞争中立于不败之地。

(2)以重视人在企业中的作用为核心，创新各类管理理论和实践，丰富"人本管理"的思想。在 21 世纪，社会的发展和进步，理解人、尊重人的价值观将会得到广泛认可，通过具体管理理论和实践的创新，上述"人本管理"的内容将得到进一步丰富和发展。

人本管理

"人本管理"是与"以物为中心"的管理相对应的概念，它要求理解人、尊重人，充分发挥人的主动性和积极性。"人本管理"可分为五个层次，情感管理、民主管理、自主管理、人才管理和文化管理，具体包括这样一些主要内容：运用行为科学，重新塑造人际关系；增加人力资本，提高劳动力质量；改善劳动管理，充分利用劳动力资源；推行民主管理，提高劳动者的参与意识；建设企业文化，培育企业精神；等等。

(3)无形资产管理成为现代企业管理的重要内容。随着人类社会的进步，科学技术的不断发展，尤其是现代信息技术的日新月异，使得世界各国的经济增长越来越依靠知识、技能、人力资本和信息等无形资产的产生和应用，这使得每个国家都把加快科技进步、发展教育、保护知识产权、加强无形资产管理放在国民经济发展的重要位置。随着经济的发展，现代企业间的竞争日趋激烈，竞争制胜的关键已不再仅取决于先进的设备、厂房等有形资产，更多的是依靠知识产权、商誉等无形资产与之相适应，围绕无形资产管理进行创新也就成为现代企业管理创新的一种必然趋势。

(4)管理方法的创新更倾向于依靠计算机技术手段，解决决策问题和综合问题的管理方法将不断增多。随着 21 世纪信息社会的全面到来，计算机技术迅速发展，现代企业的管理手段已经更多的是计算机了。可以预见，随着信息技术的不断发展，管理方法创新将与计算机技术密不可分。在信息社会，由于强调知识的"整合""集成"，所以，许多新方法的出现，都不是为了解决某一个专业管理的问题，而是为了解决企业生产经营过程中的一系列问题或一些综合性的问题。因而，解决综合性问题的创新管理方法将增多。

(5)管理组织将呈现出追求网络化、扁平化、柔性化的发展趋势。在全球化、市场化和信息化三大时代大潮的背景下，组织环境一方面呈现出复杂多变的发展趋势，另一方面又为组织应对这种趋势提供了一定的技术工具。这使得管理组织创新将呈现出网络化、扁平化、柔性化的发展趋势。

管理的理论流派

某大学管理学教授在讲授古典管理理论时,竭力推崇科学管理的创始人泰勒的历史功勋,高度赞扬泰勒所主张的"有必要用严密的科学知识代替老的单凭经验或个人知识行事"的观点,并且宣传法约尔的十四条管理原则。

后来,在介绍经验主义学派的理论时,这位教授又强调企业管理学要从实际经验出发,而不应该从一般原则出发来进行管理和研究。他还说,戴尔在其著作中故意不用"原则"一词,断然反对有任何关于组织和管理的"普遍原则"。

在介绍权变理论学派的观点时,这位教授认为在企业管理中要根据企业所处的内外条件随机应变,没有什么一成不变、普遍适用的"最好的"管理理论和方法。

不少学生认为这位教授的讲课前后矛盾,要求教授予以解答。教授却笑而不答,反倒要求学生自己去思考,得出自己的结论。

问题:

(1)你是否认为这位教授的上述观点是前后矛盾的?为什么?

(2)在企业管理中,有无可能将管理原理原则与实践正确结合起来?

(3)管理学究竟是一门科学,还是一门艺术?

1.3　自我管理

1.3.1　自我管理的含义

自我管理,可以视为与自我的关系管理,就是指个体对自己本身,对自己的目标、思想、心理和行为等表现进行的管理,也即自己把自己组织起来,自己管理自己,自己约束自己,自己激励自己,自己管理自己的事务,最终实现自我奋斗目标的一个过程。

自我管理又称为自我控制,是指利用个人内在力量改变行为的策略,普遍运用在减少不良行为与增加良好行为的出现方面。自我管理注重的是一个人的自我教导及约束的力量,亦即行为的制约是透过内控的力量(自己),而非传统的外控力量(教师、家长)。

1.3.2　自我管理的方法

1. 时间自我管理

在激烈而复杂的市场竞争中,无论企业或个人都高度关注一个问题:同样的时间,为何在不同人的面前就会体现出不同的价值。如何利用好时间,让它发挥最大价值,成为每个人最关心的问题。

时间就是生命,时间就是金钱。

人们往往是重视生命,乐于理财,而忽略了时间管理。

善用时间,就是善用自己的生命。

时间管理是指在日常事务中执着并有目标地应用可靠的工作技巧,引导并安排管理自己及个人的生活,合理有效地利用可以支配的时间。时间管理的目的就是将时间投入与个人的目标相关的工作,达到"三效"(即效果、效率、效能)的目的。

效果:指预先确定的期待达成的结果。

效率:强调以最少的资源(包括时间、精力、金钱等)投入,获得一定量的产出结果。

效能:则是在保证以最小的资源投入基础上,实现最符合预期、最具价值的结果。

有效地进行时间自我管理,首先必须有一套明确的远期、中期、近期目标,设定目标,找到人生的方向,这是自我管理的基础;其次是有正确的价值观和坚定的信念;第三是根据目标制定长期计划和短期计划,然后分解为年计划、月计划、周计划、日计划;第四是得出相应的日结果、月结果、年结果及各结果的反馈和计划的修正。这个过程实际上是一个循环,即PDCA循环。

下面介绍几种时间管理的方法。

1)计划管理

关于计划,有日计划、周计划、月计划、季度计划、年度计划之分。时间管理的重点是待办单、日计划、周计划、月计划。

待办单:将每日要做的一些工作事先列出一份清单,排出优先次序,确认完成时间,以突出工作重点。要避免半途而废,就要尽可能做到今日事今日毕。

待办单主要包括的内容:非日常工作、特殊事项、行动计划中的工作、昨日未完成的事项等。注意:每天在固定时间制定待办单(如一上班就做)、只制定一张待办单、完成一项工作划掉一项、要为应对紧急情况留出时间、圈出最关键的一项、每天坚持等。每年年末作出下一年度工作规划;每季季末作出下季末工作规划;每月月末作出下月工作计划;每周周末作出下周工作计划。

2)时间"四象限"法

著名管理学家斯蒂芬·R·科维(Stephen R. Covey)提出了一个时间管理的理论,即把工作按照重要和紧急两个不同的程度进行了划分,基本上可以分为四个"象限"。紧急又重要、重要但不紧急、紧急但不重要、既不紧急也不重要,如表1.3所示。

表 1.3　时间管理象限法

项目	紧急	不紧急
重要	马上执行	制定工作计划
不重要	交由下属解决	对它说不

时间管理理论的一个重要观念:应有重点地把主要的精力和时间集中地放在处理那些重要但不紧急的工作上,这样可以做到未雨绸缪,防患于未然。在人们的日常工作中,很多时候往往有机会去很好地计划和完成一件事。但常常却又没有及时地去做,随着时间的推移,造成工作质量的下降。因此,应把主要的精力有重点地放在重要但不紧急这个"象限"的事务上是必要的。要把精力主要放在重要但不紧急的事务处理上,需要合理地安排时间,一个有效的方法是建立预约机制。如此,自己的时间才不会被别人所占据,从而有效地开展工作。

3)时间 abc 分类法

将自己工作按轻重缓急分为:a(紧急、重要)、b(次要)、c(一般)三类;安排各项工作优先顺序,粗略估计各项工作时间;在工作中记录实际耗用时间;将估计时间与耗用时间对比,分析时间运用效率;重新调整自己的时间安排,更有效地工作。

4)考虑不确定性

在时间管理的过程中,还需应对意外的不确定性事件,因为计划没有变化快,需为意外事件留够时间。有三个预防此类事件发生的方法:第一是为每个计划留有多余的预备时间;第二是努力使自己在不留余地,又饱受干扰的情况下,完成预计的工作,这并非不可能,事实上,工作效率高的人通常比效率低的人做事精确些;第三是另准备一套应变计划。迫使自己在规定时间内完成工作,对自己的能力有了信心,且已仔细分析过将做的事了,然后把它们分解成若干意境单元,这是正确迅速完成工作的必要步骤。考虑到不确定性,在不忙的时候,应先尽快解决一般的必然要做的工作。

2. 健康自我管理

根据世界卫生组织给出的解释:健康不仅是指一个人身体有没有出现疾病或虚弱现象,而是指一个人生理上、心理上和社会上的完好状态。因此,现代人的健康内容包括:躯体健康、心理健康、心灵健康、社会健康、智力健康、道德健康、环境健康等。健康是人的基本权利。健康是人生的第一财富。

"十三五"后,我国提出"大健康"建设,把提高全民健康管理水平放在国家战略高度,群众健康将从医疗转向预防为主,不断提高民众的自我健康管理意识。

健康管理是以预防和控制疾病发生与发展,降低医疗费用,提高生命质量为目的,针对个体及群体进行健康教育,提高自我管理意识和水平,并对其生活方式相关的健康危险因素,通过健康信息采集、健康监测、健康评估、个性化监看管理方案、健康干预等手段持续加以改善的过程和方法。健康管理是建立在生理学、心理学、组织行为学等学科的研究基础上的对个体和组织发展完善状态的研究和实践,其目的是调动个人和集体的积极性,有效利用有限的资源,实现最大的健康效果。

现代医学研究也表明,不少疾病病因主要不是生物因素引起的,而是由不良的生活方式、心理因素、环境因素等引起的,这种新的医学观念被称为"生物、心理、社会医学模式"。生活方式包括饮食、工作、睡眠、运动、文化娱乐、社会交往等诸多方面。过重的压力造成精神紧张,不良的生活习惯,如过多的应酬、吸烟、过量饮酒、缺乏运动、过度劳累等,都是危害人体健康的不良因素。例如,对于长期从事办公室工作的人来说,久坐、运动不足、长期使用计算机等,可以导致颈椎病、腰椎间盘突出、便秘、痔疮、皮肤损害等;饮用过量的咖啡、浓茶、酒、吸烟、工作紧张、压力大、睡眠不足、睡眠质量差等,也都会不同程度地导致健康受损。长此以往,可以出现各种各样的病症。世界卫生组织曾列出了全世界普遍存在的十大健康危险因素:体重过轻、不安全的性行为、高血压、吸烟、喝酒、不安全的水和卫生设施及不卫生的习惯、缺铁、固体燃料释放的室内烟雾、高胆固醇、肥胖。

健康管理的误区:

偏见:对健康问题不够重视,认为健康问题是医院关注的问题,不知道身心与环境的微妙关系随时影响着人们的工作和生活,更无法接受组织健康管理的概念。

片面:对从报刊杂志,甚至道听途说得来的一些健康指南确信无疑,无论是在营养、运动和关系调整方面都是心血来潮,追随时尚而不对自己进行全面的认识和分析。

偏离:在身体、心理和环境三者的关系上只注重一个或两个方面,而没有有机地统一这个关系,这就必然导致行为的偏离。

忽视:经常见到对健康管理问题视而不见的现象,越是工作压力大就越不顾及健康问题,而压力造成的各种问题进一步恶化,陷入恶性循环。

什么是亚健康?

中华中医药学会发布的《亚健康中医临床指南》指出,亚健康是指人体处于健康和疾病之间的一种状态。处于亚健康状态者,不能达到健康的标准,表现为一定时间内的活力减低,功能和适应能力减退的症状,但又不符合现代医学有关疾病的临床或亚临床诊断标准。根据亚健康状态的临床表现,将其分为以下几类:①以疲劳或睡眠紊乱或疼痛等躯体症状表现为主;②以抑郁寡欢或焦躁不安、急躁易怒或恐惧、胆怯或短期记忆力下降、注意力不能集中等精神心理症状为主要表现;③以人际交往频率减低或人际关系紧张等社会适应能力下降为主要表现。上述三条中的任何一条持续发作三个月以上,并且经系统检查,排除可能导致上述表现的疾病者,可分别被判断为躯体亚健康、心理亚健康、社会交往亚健康状态。临床上,上述三种亚健康状态常常相继出现。

3. 个人知识管理

信息技术的发展促使人们更加重视知识管理,在云计算引领信息技术行业之际,云环境下的个人知识管理将获得更多的关注。

1)个人知识管理的含义

个人知识管理(personal knowledge management,PKM)是一种新的知识管理理念和方法,能将个人拥有的各种资料、随手可得的信息等变成更具价值的知识,最终利于自己的工作、学习和生活。通过对个人知识的管理,人们可以在短时间内处理大量的信息,快速有效地获取所需知识,准确地表达知识,养成良好的学习习惯,增强信息素养,完善自己的专业知识体系,提高自己的能力和竞争力,为实现个人价值和可持续发展打下坚实基础。

个人知识管理的宽泛定义:个人知识管理应该被看作既有逻辑概念层面又有实际操作层面的一套解决问题的技巧与方法。

2)知识的分类

知识管理的一个基本问题是对知识的分类。按照应用的角度,经济发展与合作组织(Organization for Economic Cooperation and Development,OECD)将知识分为四类:事实知识(know - what)、原理知识(know - why)、技能知识(know - how)和人际知识(know - who)。

从认知角度出发,知识又可以分为显性知识和隐性知识。显性知识可以通过文件、形象或其他精确的沟通过程来传授,但隐性知识的获得却只能依赖于自身的体验、直觉和洞察力。在经济发展与合作组织对知识的划分中,前两者属于显性知识,后两者属于隐性知识。显性知识和隐性知识之间可以相互转化、动态循环。

个人可以管理的知识不仅是指书本和文献中的有形内容,更是指信息,即从原始材料中组织和系统化的数据。个人知识管理的重点在于对隐性知识的管理,实现显性知识和隐性知识的共享,提高学习能力、应变能力和创新能力。

3)个人知识管理的过程

个人知识管理在实际操作过程中,涉及创建、分类、索引、检索(搜索)、分发及重新使用某项知识的价值评估。其中,七项知识管理的技巧是 21 世纪的知识工作者所必需的,可以概括为:检索信息的技巧,评估信息的技巧,组织信息的技巧,分析信息的技巧,表达信息的技巧,保证信息安全的技巧和信息协同的技巧。

(1)检索信息的技巧。检索信息时,首先要确定个人的信息需求和信息来源,选择合适的信息检索技巧方法。在个人知识管理中,检索信息的技巧既包括技术要求很低的问问题然后听回答的技巧,也包括充分利用互联网的搜索引擎、电子图书馆的数据库和其他相关数据库查找信息的技巧。为充分掌握检索信息的技巧,个人有必要充分地掌握搜索的概念、布尔逻辑、搜索的技能等。

(2)评估信息的技巧。这种技巧不仅指个人可以判断信息的质量,而且指个人必须能判断这种信息与自己遇到的问题的相关程度。个人并不必去了解计算机评估信息的机理,即评估主要从可信度、准确度、合理性及相关支持等方面来进行。可信度一般根据个人的可信度、质量保证依据、元信息等来判定。准确度可从时间界限、综合全面性、信息面向的对象及其使用目的、合理性等方面来确定。相关支持则是指信息文本的索引目录、参考文献等。

(3)组织信息的技巧。组织信息,需要过滤无用和相关度不大的信息资源,有效地存储信息,建立信息之间的联系,方便以后的查找和使用。有效组织信息的原则是:无论环境怎样,组织起来的信息应该便于有效地利用。这种技巧会牵涉到用不同的工具把各种信息组织起来。在手工操作的环境中,我们会用文件夹、抽屉和其他比较原始的方法来组织信息。在现代的高科技环境中,我们用电子文档、数据库和网页,或者用专门的知识管理软件来组织信息。

(4)分析信息的技巧。分析信息就必须牵涉到如何对数据进行分析并从中得出有用的结论。常用的分析信息的方法是建立和应用模型,通过大量的数据分析从而得出信息间的关系。电子表格、统计软件、数据挖掘软件等提供了分析信息的方法,但在建立各种分析软件的模型的工作中,人还是最重要的。

(5)表达信息的技巧。通过表达信息,可以实现隐性知识向显性知识的转化,使个人的知识在交流、共享中得到升华。信息的表达,无论是通过 PowerPoint、网站还是通过文本,大部分的工作应该围绕如何让他人理解、记住并能与自己的互动上。

(6)保证信息安全的技巧。虽然保证信息安全的技巧与个人知识管理中其他的六种技巧有所不同,但这并不表明保证信息的安全就不重要。保证信息的安全涉及开发与应用各种保证信息的秘密、质量和安全存储的方法和技巧。密码管理、备份、档案管理都是保证信息安全常用的方法。

(7)信息协同的技巧。信息技术的发展为组织和部门的协同工作提供了强有力的支持。如通过小组或团队的形式组织学生进行学习,教师与学生、学生与学生在讨论与交流的基础上对一些要解决的问题进行协同工作,交流和共享彼此的观点和知识。有效地利用这种技术不仅要求会使用这种工具,而且要求充分地理解协同工作的各种原则及内容。

以上七种知识管理方法,实际上是处理日常工作中"知识维度"的一系列连续的动作和操作,并可以根据需要相互结合,选择使用。例如,可能是在对信息进行评估后才发现仍然需要检索一些信息。

4. 情商自我管理

如今,人们面对的是快节奏的生活、高负荷的工作和复杂的人际关系,没有较高的情商(emotional quotient,EQ)是难以获得成功的,情商会影响智商(intelligence quotient,IQ)的发挥。EQ 高的人,总是能更容易得到众人的拥护和支持。同时,人际关系也是个人的重要资源,良好的人际关系往往能获得更多的成功机会。

情商又称情绪智力,是心理学家们提出的与智力、智商相对应的概念,主要是指人在情绪、意志、耐受挫折等方面的品质,由两位美国心理学家约翰·D·梅耶(John D. Mayer,新罕布什尔大学)和彼得·萨洛维(Peter Salovey,耶鲁大学)于 1990 年首先提出,但当时并没有引起全球范围内的关注。直至 1995 年,时任《纽约时报》的科学记者丹尼尔·戈尔曼(Daniel Goleman)出版了《情商:为什么情商比智商更重要》一书,才引起全球性的 EQ 研究与讨论,因此,丹尼尔·戈尔曼被誉为"情商之父"。

丹尼尔·戈尔曼接受了萨洛维的观点,认为情商包含五个主要方面:

(1)了解自我:监视情绪时时刻刻的变化,能够察觉某种情绪的出现,观察和审视自己的内心世界体验。了解自我是情商的核心,只有认识自己,才能成为自己生活的主宰。

(2)自我管理:调控自己的情绪,使之适时适度地表现出来,即能调控自己。

(3)自我激励:能够依据活动的某种目标,调动、指挥情绪。自我激励能够使人走出生命中的低潮,重新出发。

(4)识别他人的情绪:能够通过细微的社会信号敏感地感受到他人的需求与欲望,即认知他人的情绪。这是与他人正常交往,实现顺利沟通的基础。

(5)处理人际关系:调控自己与他人的情绪反应。

1.4 团队管理

1.4.1 团队管理的含义

随着组织工作的复杂性日益增加,很多工作实难靠个人独立完成,必须依赖于团队合作才能完成,所以成功组织建立各种不同功能性的管理团队有时代需求性。团队管理(team management)指在一个组织中,依成员工作性质、能力组成各种小组,参与组织各项决定和解决问题等事务,以提高组织生产力和达成组织目标。

团队管理的基础在于团队,其成员可在 2 至 25 人之间,少于 10 人较佳。团队建立有两种形式:

(1)管理人员和部属所组成的永久性团队,常常称为家庭式小组;

(2)为解决某一特定问题所组成的团队,称为特定式小组。

后者可以说是一种临时性或任务性的组织,一旦问题解决,可能就解散了。

团队管理运用成员专长,鼓励成员参与及相互合作,致力于组织发展,所以可说是合作式管理,亦是一种参与式管理。随组织工作复杂性的日益增加,很多工作实难靠个人独立完成,必须依赖于团队合作才能完成,所以团队管理有时代需求性,需要成功组织建立各种不同功能性的管理团队。因此,善用团队管理对于激发成员潜能、协助问题解决、增强组织成员认同感、提升组织效率与效能,具有一定的促进作用。

1.4.2 团队管理的方法

(1)明确成员定位与职责:清晰界定团队各成员的定位和职责至关重要,这能有效避免职能混乱、工作交叉干预及重复建设等问题。职责与定位应尽可能细化量化,落实到具体单项工作。尤其在部门组织架构复杂的企业中,若职责和职能定位模糊,极易引发工作推诿和重复劳动。例如,在一个同时设有企划、策划、策略及文案岗位的团队中,这些岗位工作内容相近,若管理者不明确职责,就可能导致成员工作积极性不高、方向迷茫及重复建设严重等情况。

(2)了解成员特质:管理者需充分了解每个团队成员的性格与才能。正所谓"知人善任",只有清楚成员的专长和行为方式,才能做到人尽其才。可以从生活和工作两方面入手,生活中通过闲聊、娱乐等社交活动增进了解;工作中则依据成员过往工作经历、谈吐及表现来评估。经验丰富的管理者往往能通过短暂接触和沟通,迅速把握成员特点。

(3)确立团队目标:团队运作时,必须有清晰的定位和目标。若为项目型团队,管理者应向成员明确阐述项目目标,让团队成员清楚知道团队存在的意义和工作方向,确保团队行动围绕目标展开。

(4)建立管理制度与工作流程:俗话说,"没有规矩,不成方圆",一套完善的管理制度和工作流程是团队有序运作的保障。部分企业管理者可能认为制度建设烦琐多余,但实际上,管理制度是判断工作是否合规的标准,如同智能化机器的固定程序操作指引系统,能确保工作有序进行。

(5)构建个性化绩效激励体系:有效的团队管理离不开合适的绩效激励体系。不同企业管理模式各异,激励体系也应因人而异。从市场角度看,每个团队成员就如同企业管理者的"消费者",需求各不相同。因此,激励体系应基于成员需求来制定,以此激发成员的工作动力。

华盛顿合作定律

华盛顿合作定律:一个人敷衍了事,两个人互相推诿,三个人则永无成事之日。华盛顿合作定律类似于中国的"三个和尚"故事,且要复杂和微妙得多。钓过螃蟹的人或许都知道,篓子中放一群螃蟹,不必盖上盖子,螃蟹一般是爬不出来的。因为只要有一只想往上爬,其他螃蟹便会纷纷攀附在它的身上,把它也拉下来,最后往往没有一只能够出去。人与人的合作不是力气的简单相加,而要微妙和复杂得多。在人与人的合作中,假定每个人的能量都为1,那么10个人的能量可能比10大得多,也可能甚至比1还小。因为人与人的合作不是静止的,它更像方向各异的能量,互相推动时自然事半功倍,相互抵触时则一事无成。

邦尼人力定律

"一个人一分钟可以挖一个洞,60个人一秒钟挖不了一个洞。"合作是一个问题,如何合作也是一个问题。企业里常会有一些人,嫉妒别人的成就与杰出表现,天天想尽办法进行破坏与打压。如果企业不把这种人除去,久而久之,组织里就只剩下一群互相牵制、毫无生产力的"螃蟹"。

工作任务书

任务:团队管理		
项目	任务描述:作为班干部或大学生社团负责人,如何管理好班级或团队	教师打分
理论分析	可行性分析(学生课前填写)	
解决方案	(学生课前填写)	
优化方案	总结提升(学生课后填写)	
任务反思	比较研究(学生课后填写)	

案例分析

仓促上阵的新车间主任

张师傅是某露天矿机修车厂的一位维修工,技工学校毕业,今年38岁,正值年富力强。他干劲大、手艺强、肯负责、人缘好,还带了三名学徒,同事和上级都挺喜欢他,车间主任李主任更以他为骨干,常让他代表自己去矿上或公司开干部会,大家都说李主任的接班人非他莫属。

今天是周一,他正赶上白班,忽然听说李主任心脏病犯了,已经住进职工医院。李主任德高望重,深受大家敬爱,就是身体不好。这回住院,人人都盼望他早日康复,以为又像往常那样,过几天就出院上班。不料傍晚传来噩耗,李主任病重,抢救无效,已病逝在医院中。大家都很悲痛,纷纷去向李师母表示悼念和慰问。

次日一早,分管人事的周副矿长来电话,要张师傅暂时代理车间主任,行使权力。还特别关注车间正在抢修的一台装载机,问几时能修好。张师傅答应周四中午前一定修好交用。周三上午,周副矿长把张师傅召去,正式通知他公司已任命他继任车间主任,并表示了祝贺和期望,然后张师傅就匆匆赶回车间,突击抢修那台装载机去了。任务很重,他不放心,又跟着夜班工人继续干到晚上九点多,再三叮嘱夜班班长抓紧工作,才回家休息。

周四早上,张师傅上班特别早,发现昨晚矿上又有四辆自卸式载重卡车送来待修,而那台装载机还未修好。张师傅赶忙把全车间白班职工召到一起,说明了面临的修车任务如何重要、迫切和艰巨,号召大家化悲痛为力量,群策群力,尽快完成任务。工人们纷纷表态要努力干活,如期修好这批车辆。

张师傅略感松了一口气,就准备去备品库检查库存是否足以应付这批抢修任务。这时,露天采掘队来电话,说他们的一台主力设备,32吨自卸卡车抛锚在现场,要求派人去抢修。张师傅知道如今每个人手头的活都又多又紧,就自己背起工具箱,下露采现场去抢修了。

待他修好那台自卸卡车,回到车间,已经快中午了。他发现车间里乱糟糟一片:四辆待修自卸车中有三辆停工待料,忙问这是咋回事。工人们说已故李主任以前定下的规矩,备件要主任签过字才能领取。这时,矿上又有两台故障车送到待修。张师傅刚办完接车手续,周副矿长又来电话要装载机了。听说还没修好,周副矿长老大不快,埋怨活抓得不紧,并强调这会给矿上带来很大损失。刚放下电话,公司常务副总经理来电话,让张师傅马上去总部出席紧急干部会议。本来张师傅知道自己被正式提升为车间主任,还挺高兴,也颇有信心当好这主任,如今想法好像有些变了。他怀疑此次提升对自己究竟是不是一件好事,对能否胜任主任一职,也变得不大有把握了。

思考题:

(1)作为一名基层管理者,张师傅具有哪些优势? 有哪些不足?

(2)造成张师傅被提升为主任后头几天混乱的最主要原因是什么?

第 2 章

教你进行目标管理　制订计划

知识目标：1. 掌握目标管理的相关知识；

　　　　　　2. 掌握计划的编制方法；

　　　　　　3. 掌握业务流程再造的相关知识。

能力目标：1. 能够对自己和团队进行目标管理；

　　　　　　2. 学会制定合理的计划；

　　　　　　3. 能够进行简单的业务流程再造。

价值目标：1. 认识到目标管理的重要性；

　　　　　　2. 做任何工作都要有计划和目标；

　　　　　　3. 认识到流程管理的重要性。

工作情境

　　曾有人做过一个实验：组织三组人，让他们分别沿着十公里以外的三个村子步行。

　　第一组的人不知道村庄的名字，也不知道路程有多远，只告诉他们跟着向导走就是。刚走了两三公里就有人叫苦，走了一半时有人几乎愤怒了，他们抱怨为什么要走这么远，何时才能走到，有人甚至坐在路边不愿走了，越往后走他们的情绪越低。

　　第二组的人知道村庄的名字和路段，但路边没有里程碑，他们只能凭经验估计行程时间和距离。走到一半的时候大多数人就想知道他们已经走了多远，比较有经验的人说："大概走了一半的路程。"于是大家又簇拥着向前走，当走到全程的四分之三时，大家情绪低落，觉得疲惫不堪，而路程似乎还很长，当有人说："快到了！"大家又振作起来加快了步伐。

　　第三组的人不仅知道村子的名字、路程，而且公路上每一公里就有一块里程碑，人们边走边看里程碑，每缩短一公里大家便有一小阵的快乐。行程中他们用歌声和笑声来消除疲劳，情绪一直很高涨，所以很快就到达了目的地。

　　当人们的行动有明确的目标，并且把自己的行动与目标不断加以对照，清楚地知道自己的进行速度和与目标相距的距离时,行动的动机就会得到维持和加强,人就会自觉地克服一切困难,努力达到目标。

名人名言

凡事豫则立,不豫则废。

——《礼记集说》

虽然计划不能完全准确地预测将来,但如果没有计划,组织的工作往往陷入盲目,或者碰运气。

——哈罗德·孔茨

内容导航

		目标管理的含义
教你进行目标管理制订计划	目标管理	目标制定的原则
		目标管理的过程
		目标管理的评价
	计划及制订	计划的含义及类型
		计划编制的方法
	业务流程再造	业务流程再造的含义
		业务流程再造的程序
		业务流程再造的方法

知识模块

2.1　目标管理

2.1.1　目标管理的含义

目标管理(management by object,MBO)是管理专家彼得·德鲁克 1954 年在其名著《管理实践》中最先提出的,其后他又提出"目标管理和自我控制"的主张。德鲁克认为,并不是有了工作才有目标,而是相反,有了目标才能确定每个人的工作。所以"企业的使命和任务,必须转化为目标",如果一个领域没有目标,这个领域的工作必然被忽视,因此管理者应该通过目标对下级进行管理。当组织最高层管理者确定了组织目标后,必须对其进行有效分解,转变成各个部门及各个人的分目标,管理者根据分目标的完成情况对下级进行考核、评价和奖惩。

目标管理提出以后,便在美国迅速流行。时值第二次世界大战后西方经济由恢复转向迅速发展的时期,企业急需采用新的方法调动员工积极性以提高竞争能力,目标管理的出现可谓应运而生,遂被广泛应用,并很快被日本、西欧国家的企业所仿效。我国企业于20世纪80年代初开始引进目标管理法,并取得较好成效。

目标管理的目的是通过目标的激励来调动广大员工的积极性,从而保证实现总目标。其核心就是明确和重视成果的评定,提倡个人能力的自我提高,其特征就是以"目标"作为各项管理活动的指南,并以实现目标的成果来评定其贡献大小。

目标管理的中心思想是具体化展开组织目标,使之成为组织每个成员、每个层次、每个部门等的行为方向和激励手段,同时以使其成为评价组织每个成员、每个层次、每个部门等的工作绩效的标准,从而使组织能够有效运行。

目标管理的基本内容是动员全体员工参加制定目标并保证目标实现,即由组织中的上级与下级一起商定组织的共同目标,并将其具体化展开。组织各个部门、各个层次、各个成员的责任和目标成果密切相关,在目标执行过程中要根据目标确定上下级责任范围,使上级权限下放,下级实现自我管理。在成果评定过程中,严格以这些目标作为评价和奖励标准,实行自我评定和上级评定相结合的管理模式。以此最终组织形成一个全方位的、全过程的、多层次的目标管理体系,最终提高上级领导能力,激发下级积极性,保证目标实现。

2.1.2　目标制定的原则

无论是制定个人目标还是团队目标,好的目标应该能够符合 SMART 原则。

1. S(specific)——明确性

所谓明确性就是要用具体的语言清楚地说明要达成的行为标准。明确的目标几乎是所有成功团队的一致特点。很多团队不成功的重要原因之一就因为目标定得模棱两可,或没有将目标有效地传达给相关成员。

示例:目标——"增强客户意识"。这种对目标的描述就很不明确,因为增强客户意识有许多具体做法,如:减少客户投诉,过去客户投诉率是3%,把它降低到1.5%或者1%;提升服务的速度,使用规范礼貌的用语;等等。

有这么多增强客户意识的做法,我们所说的"增强客户意识"到底指哪一块?目标不明确就没有办法评判、衡量。所以建议这样修改,比方说,我们将在月底前把前台收银的速度提升至正常的标准,这个正常的标准可能是两分钟,也可能是一分钟,或分时段来确定标准。

2. M(measurable)——衡量性

衡量性就是指目标应该是明确的,而不是模糊的。应该有一组明确的数据,作为衡量是否达成目标的依据。

如果制定的目标没有办法衡量,就无法判断这个目标是否实现了。比如领导有一天问

"这个目标离实现大概有多远?"团队成员的回答是"我们早实现了"。这就是领导和下属对团队目标所产生的一种分歧。原因就在于没有一个定量的可以衡量的分析数据。但并不是所有的目标都可以衡量,有时也会有例外,比如说大方向性质的目标就难以衡量。

比方说,"为所有的老员工安排进一步的管理培训"。进一步是一个既不明确也不容易衡量的概念,到底指什么? 是不是只要安排了这个培训,不管谁讲,也不管效果好坏都叫"进一步"?

改进一下:准确地说,在什么时间完成对所有老员工关于某个主题的培训,并且在这个课程结束后,学员的评分低于 85 分就认为效果不理想,等于或高于 85 分就是所期待的结果。这样目标就变得可以衡量了。

3. A(achievable)——可完成性

目标要能够被执行人所接受,如果上司利用一些行政手段或利用权利性的影响力一厢情愿地把自己所制定的目标强压给下属,下属典型的反应是一种心理和行为上的抗拒:我可以接受,但是否完成这个目标,有没有最终的把握,这个可不好说。一旦有一天这个目标真完不成的时候,下属有一百个理由可以推卸责任:你看我早就说了,这个目标肯定完成不了,但你坚持要压给我。

"控制式"的领导喜欢自己定目标,然后交给下属去完成,他们不在乎下属的意见和反映,这种做法越来越没有市场。现今员工的知识层次、学历、自己本身的素质,以及他们主张的个性张扬的程度都远远超出从前。因此,领导者应该更多地吸纳下属来参与目标制定的过程,即便是团队整体的目标。

4. R(realistic)——实际性

目标的实际性是指在现实条件下是否可行、可操作。可能有两种情形,一方面领导者乐观地估计了当前形势,低估了达成目标所需要的条件,这些条件包括人力资源、硬件条件、技术条件、系统信息条件、团队环境因素等,以至于下达了一个高于实际能力的指标。另外,可能花了大量的时间、资源,甚至人力成本,最后确定的目标根本没有多大实际意义。

一位餐厅经理定的目标是:早餐时段的销售在上月早餐销售额的基础上提升 15%。算一下知道,这可能是一个几千块钱的概念,如果把它换成利润则是一个相当低的数字。但为完成这个目标的投入要花费多少? 这个投入比起利润要更高。故这是一个不太实际的目标,花了大量的钱,最后还没有收回所投入的成本。

实际性需要团队领导衡量,因为有可能领导说投入这么多钱,目的就是打败竞争对手,所以尽管获得的利润并不那么高,但打败竞争对手是主要目标。这种情形下的目标就是实际的。

5. T(time - constrained/time - related)——时限性

目标特性的时限性就是指目标是有时间限制的。例如,我将在 2026 年 5 月 31 日之前完成某事,2026年5月31日就是一个确定的时间限制。没有时间限制的目标没有办法考核,或会带来考核的不公。上下级之间对目标轻重缓急的认识程度不同,到头来上司可能暴跳如雷,而下属觉得委屈。这种没有明确的时间限定的方式也会带来考核的不公正,伤害下属的工作热情。

2.1.3 目标管理的过程

目标管理的具体做法分三个阶段:第一阶段为目标的设置;第二阶段为实现目标过程的管理;第三阶段为总结与评价所取得的成果。

1.目标的设置

目标的设置是目标管理最重要的阶段,这一阶段可以细分为四个步骤:

(1)高层管理预定目标。这是一个暂时的、可以改变的目标预案,既可以由上级提出,再同下级讨论;也可以由下级提出,由上级批准。无论哪种方式,必须共同商量决定。其次,领导必须根据企业的使命和长远战略,估计客观环境带来的机会和挑战,对本企业的优劣有清醒的认识,对组织应该和能够完成的目标做到心中有数。

(2)重新审议组织结构和职责分工。目标管理要求每一个分目标都有确定的责任主体。因此预定目标之后,需要重新审查现有组织结构,根据新的目标分解要求进行调整,明确目标责任者和协调的关系。

(3)确立下级的目标。首先下级须明确组织的规划和目标,然后由上级商定下级的分目标。在讨论中上级要尊重下级,平等待人,耐心倾听下级意见,帮助下级发展一致性和支持性目标。分目标要具体量化,便于考核;分清轻重缓急,以免顾此失彼;既要有挑战性,又要有实现可能。每个员工和部门的分目标要和其他的分目标协调一致,以支持本单位和组织目标的实现。

(4)上级和下级就实现各项目标所需的条件及实现目标后的奖惩事宜达成协议。分目标制定后,要授予下级相应的资源配置的权力,实现权责利的统一。由下级写成书面协议,编制目标记录卡片,整个组织汇总所有资料后,绘制出目标图。

成本为什么会大幅度超支

王勇曾经在一家有名的外商独资企业中担任过销售部经理,成绩卓著。几年前,他离开了那家企业,自己开了个建材贸易公司,由于有以前的客户关系,所以生意一直很不错。年初,他准备进一步扩大业务,在若干个县级市设立经销处,同时,扩大经营范围,增加花色品种。面对众多要处理的事情,王勇决定将部分权力授予下属的各部门经理。他逐一与经理们谈话,一一落实了要达到的目标。其中,王勇给采购部经理定下的目标是:保证每一个经销处销售所需货物的及时供应;所采购到的货物的产品合格率需保持在98%以上;采购成本保持在采购额的5%以内。采购部经理当即提出异议,认为有的指标不合理。王勇说:"可能吧,你尽力而为就是了。"到年终考核时发现,采购部达到了王勇给他们规定的前两个目标但采购成本大大超标,约占当年采购额的8%。王勇问采购部经理怎么会这样时,采购部经理解释说:"有的事情也只能如此,就目前而言,我认为,保证及时供应和货物质量比我们在采购时花掉多少钱更重要。"

问题:怎样才能使部门经理们更明确地理解王勇提出的目标,并且承担起相应的责任呢?

2.实现目标过程的管理

目标管理重视结果,强调自主、自治和自觉,并不等于领导可以放手不管,相反,由于形成了目标体系,一环失误,就会牵动全局,因此领导在目标实施过程中的管理是不可缺少的。首先要进行定期检查,利用双方经常接触的机会和信息反馈渠道自然地进行;其次要向下级通报进度,便于互相协调;再次要帮助下级解决工作中出现的困难,当出现意外、不可测事件,严重影响组织目标实现时,也可以通过一定的手续修改原定的目标。

3.总结和评价

达到预定的期限后,下级首先进行自我评价,提交书面报告;然后上下级一起考核目标完成情况,决定奖惩;同时讨论下一阶段目标,开始新循环。如果目标没有完成,应分析原因总结教训,切忌相互指责,以保持相互信任的气氛。

2.1.4　目标管理的评价

目标管理作为一种管理方式与其他管理方式一样有其优点与不足,这是一个组织在运用目标管理方式之前应该清楚认识的。

1.目标管理的优点

(1)形成激励。当目标成为组织的每个层次、每个部门和每个成员自己未来时期内欲达到的一种结果,且实现的可能性相当大时,目标就成为组织成员们的内在激励。特别当这种结果实现时,组织还有相应的报酬时,目标的激励效用就更大。从目标成为激励因素来看,这种目标最好是组织每个层次、每个部门及每个成员自己制定的目标。

(2)有效管理。目标管理方式的实施可以切切实实地提高组织管理的效率。目标管理方式比计划管理方式在推进组织工作进展,保证组织最终目标完成方面更胜一筹。因为目标管理是一种结果式管理,不仅仅是一种计划的活动式工作。这种管理迫使组织的每个层次、每个部门及每个成员首先考虑目标的实现,尽力完成目标,因为这些目标是组织总目标的分解,故当组织的每个层次、每个部门及每个成员的目标完成时,也就表示组织总目标的实现。在目标管理方式中,一旦分解目标确定,且不规定各个层次、各个部门及各个组织成员完成各自目标的方式、手段,反而给大家在完成目标方面一个创新的空间,即可有效地提高组织管理的效率。

(3)明确任务。目标管理的另一个优点就是使组织各级主管及成员都明确组织的总目标、组织的结构体系、组织的分工与合作及各自的任务。这些方面职责的明确,使得主管人员也知道,为了完成目标必须给予下级相应的权力,而不是大权独揽。另一方面,许多着手实施目标管理方式的公司或其他组织,通常在目标管理实施的过程中会发现组织体系存在的缺陷,从而帮助对自己的组织体系进行改造。

(4)自我管理。目标管理实际上也是一种自我管理的方式,或者说是一种引导组织成员自我管理的方式。在实施目标管理过程中,组织成员不再只是执行指示、等待指导和决策,组织成员此时已成为有明确规定目标的单位或个人。一方面组织成员已参与了目标的制订,并取得了组织的认可;另一方面,组织成员在努力工作实现自己的目标过程中,除目标已定以外,如何实现目标则是他们自己决定的事,从这个意义上看,目标管理至少可以算作自我管理的方式,是以人为本管理的一种过渡性试验。

(5)控制有效。目标管理方式本身也是一种控制的方式,即通过目标分解后的实现最终保证组织总目标实现的过程就是一种结果控制的方式。目标管理并不是目标分解下去便没有事了,事实上组织高层在目标管理过程中要经常检查,对比目标,进行评比,如果有偏差就及时纠正。从另一个方面来看,一个组织如果有一套明确的可考核的目标体系,那么其本身就是进行监督控制的最好依据。

2. 目标管理的不足

哈罗德·孔茨教授认为,目标管理尽管有许多优点,但也有许多不足,对这些不足如果认识不清楚,那么可能导致目标管理的不成功。下述几点可能是目标管理最主要的不足。

(1)强调短期目标。大多数的目标管理中的目标通常是一些短期的目标:年度的、季度的、月度的等。短期目标比较具体易于分解,而长期目标比较抽象难以分解;另一方面,短期目标易迅速见效,长期目标则不然。所以,在目标管理方式的实施中,组织似乎常常强调短期目标的实现而对长期目标不关心。这样一种概念若深入组织的各个方面,将对组织发展造成破坏性影响。

(2)目标设置困难。真正可用于考核的目标很难设定,尤其组织实际上是产出联合体,它的产出是一种联合的不易分解出谁的贡献大小的产出,即目标的实现是大家共同合作的成果,这种合作中很难确定你已做多少,他应做多少,因此可度量的目标确定也就十分困难。一个组织的目标有时只能定性地描述,尽管我们希望目标可度量,但实际上定量是困难的,例如组织后勤部门有效服务于组织成员,虽然可以采取一些量化指标来度量,但完成了这些指标,可以肯定地说未必达成了"有效服务于组织成员"这一目标。

(3)无法权变。目标管理执行过程中目标的改变是不可以的,因为这样做会导致组织的混乱。事实上目标一旦确定就不能轻易改变,也正因如此使得组织运作缺乏弹性,无法通过权变来适应变化多端的外部环境。中国有句俗话叫作"以不变应万变",许多人认为这是僵化的观点,非权变的观点,实际上所谓不变的不是组织本身,而是客观规律,掌握了客观规律就能应万变,这实际上是真正的更高层次的权变。

2.2　计划及制订

2.2.1　计划的含义及类型

1. 计划的含义

在汉语中,"计划"一词词性既可以是名词,也可以是动词。从名词意义上说,计划是指用文字和指标等形式所表述的,组织及组织内不同部门和不同成员,在未来一定时期内,关于行动方向、内容和方式安排的管理文件。计划既是决策所确定的组织在未来一定时期内的行动目标和方式在时间和空间的进一步展开,又是组织、领导、控制和创新等管理活动的基础。从动词意义上说,计划是指为了实现决策所确定的目标,预先进行的行动安排。这项行动安排工作包括:在时间和空间两个维度上进一步分解任务和目标,选择任务和目标的实现方式、进度规定,以及行动结果的检查与控制等。我们有时用"计划工作"表示动词意义上的计划内涵。

正如哈罗德·孔茨所言,"计划工作是一座桥梁,它把我们所处的这岸和我们要去的对岸连接起来,以克服这一天堑。"计划工作给组织提供了通向未来目标的明确道路,给组织、领导和控制等一系列管理工作提供了基础,同时计划工作也要着重于管理创新。有了计划工作这座桥梁,本来不会发生的事,现在就可能发生了,模糊不清的未来变得清晰实在。虽然我们几乎不可能准确无误地预知未来,虽然那些不可控制的因素可能干扰最佳计划的制订,并且我们几乎不可能制订最优计划,但是除非我们进行计划工作,否则我们就只能听任自然了。

无论在名词意义上还是在动词意义上,计划内容都包括"5W1H",计划必须清楚地确定和描述这些内容:

what——做什么? 目标与内容。

why——为什么做? 原因。

when——何时做? 时间。

where——何地做? 地点。

who——谁去做? 人员。

how——怎样做? 方式、手段。

1)做什么(what)

做什么即需要什么样的行动。这是要明确所进行的活动及其要求,如企业生产计划就要明确所生产产品的品种、数量,生产进度、费用等,以保证充分利用企业的生产能力,按质、按量、按期完成生产计划,并提供考核依据。

2)为什么做(why)

为什么做即为什么需要这项行动。这是要明确计划的目的和原因,使计划执行者了解、接受和支持这项计划,把"要我做"变为"我要做",以充分发挥下属的积极性、主动性和创造性,实现预期目标。

3)何时做(when)

何时做即何时行动。这是要规定计划中各项工作的开始和结束时间,以便进行有效的控制,并对组织的资源进行平衡。

4)何地做(where)

何地做即在何处采取这项行动。这是要规定计划的实施地点或场所,了解计划实施的环境条件及限制因素,以便合理地安排计划实施的空间。

5)谁去做(who)

谁去做即谁应该为这项行动负责。这需要划分各部门和组织单位的任务,规定由哪些部门和人员负责实施计划,包括每一阶段的责任者、协助者,各阶段交接时由谁鉴定、审核等。

6)怎么做(how)

怎么做即如何行动。这需要制定实现计划的措施及相应的政策、规则,对资源进行合理分配和集中使用,对生产能力进行平衡,对各种派生计划进行综合平衡等。

2. 计划的类型

计划是将决策实施所需完成的任务进行时间上和空间上的分解,以便将其具体地落实到组织中的不同部门和个人。表2.1列出了按不同方法分类的计划类型。

表 2.1 计划的类型

分类标准	类型
时间长短	长期计划、短期计划
职能空间	业务计划、财务计划、人事计划
综合性程度	战略性计划、战术性计划
明确性	具体性计划、指导性计划
程序化程度	程序性计划、非程序性计划

2.2.2 计划编制的方法

1.滚动计划法

长期、中期和短期计划必须有机地衔接起来,长期计划要对中期、短期计划具有指导作用,而中期、短期计划的实施要有助于长期计划的实现。滚动计划法(roll planning method,

RPM)就是努力保证长期、中期、短期计划相互衔接的一种方法,其目的是增加计划的弹性和适应性,保证计划符合实际情况进而得以顺利实施。

这种方法的基本思想是:在编制长期计划时,就应采取"近具体、远概略"的方法,对近期计划制定得尽量具体,以便于计划的实施,对远期计划只规定出大概的要求,使组织成员明确奋斗的方向;然后根据在计划具体实施过程中发现的差异和问题,不断分析原因,并结合对内外环境情况的分析,予以修改和调整。在计划的实施过程中将远期计划逐渐予以具体化,使之成为可实施的计划,进而使长期计划与短期计划,甚至与具体的执行计划有机地结合起来。这样既保证了计划工作的经济性,又能使计划与实际情况相吻合,提高计划工作的科学性。

2. 计划评审技术

计划评审技术(program evaluation and review technology,PERT)产生于 20 世纪 50 年代末期。1958 年,美国海军特别项目局负责对大型军事开发计划中性能动向的探索,在北极星武器系统中首次采用了原先已被创造出来并经汉密尔顿管理咨询公司协助改进的计划评审技术。此后,这项技术很快扩展到全美的国防和航天工业。大约在海军发展此项技术的同时,杜邦公司为了解决新产品从研究到投入生产所需的日益增长的时间和成本问题,着手研发了一套类似的技术,叫作关键路线法(critical path method,CPM)。计划评审技术是在网络理论基础上发展起来的计划控制方法,其核心工具是网络图,即用图形的形式显示项目中各项工作之间的关系。计划评审技术的主要内容是:在某项业务开始之前制定周密的计划,并依据计划制定一套完整的执行方案。然后,用方向线、节点、数字等符号把执行方案绘制成网络图,之后便依据网络图进行控制。借助网络图,每个项目成员都能看到自己对于整个项目的成功所起的关键性作用,不切实际的时间安排能够在项目计划阶段被发现并及时加以调整,所有成员能够将注意力及资源集中在真正关键的任务上。

3. 甘特图

甘特图(Gantt chart)又称为横道图、条状图,以提出者亨利·L·甘特(Henry L. Gant)先生的名字命名。甘特图内在思想简单,即以图示的方式通过活动列表和时间刻度形象地表示出任何特定项目的活动顺序与持续时间。其横轴表示时间,纵轴表示活动(项目),线条表示在整个时间段内计划和实际的活动完成情况。它直观地表明任务计划在什么时候进行,以及实际进展与计划要求的对比。管理者由此可便利地弄清一项任务(项目)还剩下哪些工作要做,并可评估工作进度。图 2.1 所示为甘特图。

建筑项目管理甘特图

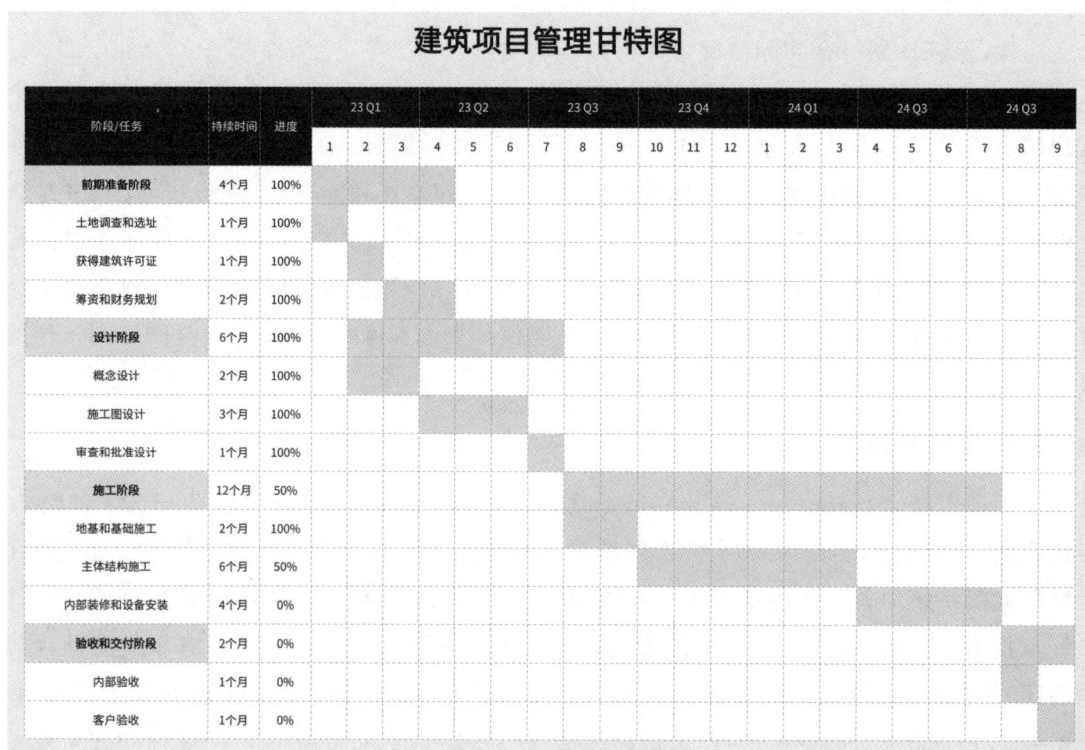

阶段/任务	持续时间	进度	23 Q1			23 Q2			23 Q3			23 Q4			24 Q1			24 Q3			24 Q3		
			1	2	3	4	5	6	7	8	9	10	11	12	1	2	3	4	5	6	7	8	9
前期准备阶段	4个月	100%	■	■	■	■																	
土地调查和选址	1个月	100%	■																				
获得建筑许可证	1个月	100%		■																			
筹资和财务规划	2个月	100%			■	■																	
设计阶段	6个月	100%				■	■	■	■	■	■												
概念设计	2个月	100%					■	■															
施工图设计	3个月	100%							■	■	■												
审查和批准设计	1个月	100%									■												
施工阶段	12个月	50%								■	■	■	■	■	■	■	■	■	■	■	■		
地基和基础施工	2个月	100%								■	■												
主体结构施工	6个月	50%										■	■	■	■	■	■						
内部装修和设备安装	4个月	0%																■	■	■	■		
验收和交付阶段	2个月	0%																			■	■	
内部验收	1个月	0%																			■		
客户验收	1个月	0%																				■	

图 2.1　甘特图(网络截图)

2.3　业务流程再造

2.3.1　业务流程再造的含义

业务流程重组(business process reengineering,BPR)也称为企业流程再造,该理论是当今企业和管理学界研究的热点。BPR 理论是于 1990 年首先由美国著名企业管理大师迈克尔·汉默(Michael Hammer)先生提出,美国的一些大公司,如科达、通用汽车、福特汽车等纷纷推行 BPR,试图利用它发展壮大自己,实践证明,这些大企业实施 BPR 以后,取得了巨大成功。

BPR 强调以业务流程为改造对象和中心,以关心客户的需求和满意度为目标,对现有的业务流程进行根本的再思考和彻底的再设计,利用先进的制造技术、信息技术及现代的管理手段,最大限度地实现技术上的功能集成和管理上的职能集成,以打破传统的职能型组织结构,建立全新的过程型组织结构,从而实现企业经营在成本、质量、服务和速度等方面的戏剧性的改善。

2.3.2　业务流程再造的程序

企业"再造"就是重新设计和安排企业的整个生产、服务和经营过程,使之合理化。即通过对企业原来生产经营过程的各个方面、各个环节进行全面的调查研究和细致分析,对其中不合理、不必要的环节进行彻底的变革。在具体实施过程中,可以按以下程序进行。

1. 对原有流程进行全面的功能和效率分析,发现其中存在问题

根据企业现行的作业程序,绘制细致、明了的作业流程图。一般来说,原来的作业程序是与过去的市场需求、技术条件相适应的,并由一定的组织结构、作业规范作为其保证。当市场需求、技术条件发生变化使现有作业程序难以适应时,作业效率或组织结构的效能就会降低。因此,必须从以下几方面分析现行作业流程的问题。

(1)功能障碍:随着技术的发展,技术上不可分割的团队工作,个人可完成的工作额度就会发生变化,这就会使原来的作业流程支离破碎而增加管理成本,或者核算单位太大造成权、责、利脱节,并会造成组织机构设计得不合理,形成企业发展的瓶颈。

(2)重要性:不同的作业流程环节对企业的影响是不同的,随着市场的发展,顾客对产品、服务需求的变化,使得作业流程中的关键环节及各环节的重要性也在变化。

(3)可行性:根据市场、技术变化的特点及企业的现实情况,分清问题的轻重缓急,找出流程再造的切入点。

为了对上述问题的认识更具有针对性,还必须深入现场,具体观测、分析现有作业流程的功能、制约因素及表现的关键问题。

2. 设计新的流程改进方案,并进行评估

为了设计更加科学、合理的作业流程,必须群策群力、集思广益、鼓励创新。在设计新的流程改进方案时,可以考虑:

(1)将现在的数项业务或工作组合合并为一;

(2)工作流程的各个步骤按其自然顺序进行操作;

(3)给予员工参与决策的权利;

(4)为同一种工作流程设置若干种进行方式;

(5)为使工作执行更为高效,在设计流程改进方案时,应突破传统组织界限的束缚。

(6)尽量减少检查、控制、调整等管理工作;

(7)设置项目负责人。

对于提出的多个流程改进方案,还要从成本、效益、技术条件和风险程度等方面进行评估,选取可行性强的方案。

3. 制定改进规划,形成再造方案

制定与流程改进方案相配套的组织结构、人力资源配置和业务规范等方面的改进规划,形成系统的企业再造方案。企业业务流程的实施,是以相应组织结构、人力资源配置方式、业务规范、沟通渠道甚至企业文化作为保证的,所以,只有以流程改进为核心形成系统的企业再造方案,才能达到预期的目的。

4.组织实施与持续改善

实施企业再造方案,必然会触及原有的利益格局。因此,必须精心组织,谨慎推进。既要态度坚定,克服阻力,又要积极宣传,达成共识,以保证企业再造的顺利进行。企业再造方案的实施并不意味着企业再造的终结。在社会发展日益加快的时代,企业总是不断面临新的挑战,这就需要对企业再造方案不断地进行改进,以适应新形势的需要。

2.3.3 业务流程再造的方法

BPR 作为一种重新设计工作方式、工作流程的思想,具有普遍意义,但在具体做法上,必须根据企业的实际情况来进行。美国的许多大企业都不同程度地进行了 BPR,主要方法如下。

1.合并相关工作或工作组

如果一项工作被分成几个部分,而每一部分再细分,分别由不同的人来完成,那么每个人都可能会出现责任心不强、效率低下等现象。而且,一旦某一环节出现问题,不但不易于查明原因,也不利于整体的工作进展。在这种情况下,企业可以把相关工作合并或把整项工作都交由一个人来完成,这样,既提高了效率,又使工人有了工作成就感,从而鼓舞了团队士气。如果合并后的工作仍需几个人共同担当或工作比较复杂,则可成立团队,由团队成员共同负责一项从头到尾的工作,还可以建立数据库、信息交换中心等对工作进行指导。在这种工作流程中,大家一起拥有信息,一起出主意、想办法,能够更快更好地做出正确判断。

2.工作流程的各个步骤按其自然顺序进行

在传统的组织中,工作在细分化了的组织单位间流动,一个步骤未完成,下一个步骤开始不了,这种直线化的工作流程使得工作时间大为加长。如果按照工作本身的自然顺序,是可以同时进行或交叉进行的。这种非直线化的工作方式可大大加快工作速度。

3.根据同一业务在不同工作中的地位设置不同的工作方式

传统的做法是,对某一业务按同一种工作方式处理,因此要对这项业务设计出在最困难、最复杂的工作中所运用的处理方法,并把这种工作方法运用到所有适用于这一业务的工作过程中。这样做,存在着很大的资源和效率损耗,因此,可以根据不同的工作设置出对这一业务的若干处理方式,这样就可以大大提高效率,也使工作变得简捷。

4.模糊组织界限

在传统的组织中,工作完全按部门划分。为了使各部门间的工作不发生摩擦,又增加了许多协调工作。因此 BPR 可以使严格划分的组织界限模糊,甚至超越组织界限。如宝洁公司根据超级市场信息网传送的销售和库存情况,决定什么时候生产多少产品、送多少货,并不一味依靠自己的销售部门进行统计,同样,也就避免了很多协调工作。

应该看到,业务流程重组的产生是社会化的生产中大工业规模化生产向信息化个性生产转变所带来的企业管理模式的变革,工业化大规模生产解决了生产效率问题,但其特征是将产业工人固化到流水线上,企业管理链便被层层的管理阶层拉成长长的一条,导致企业行为的钝化。

工作任务书

任务一:制定工作计划		
项目	任务描述:假如你是某社团负责人,为你所在的社团做一个本学期工作计划	教师打分
理论分析	可行性分析(学生课前填写)	
解决方案	(学生课前填写)	
优化方案	总结提升(学生课后填写)	
任务反思	比较研究(学生课后填写)	
任务二:设计业务流程		
项目	任务描述:观察你身边某项工作的业务流程,比如食堂窗口就餐流程、银行卡业务办理流程等,分析该业务流程是否存在问题,找出原因,根据所学理论为其重新设计业务流程,并利用计算机画出业务流程图	教师打分
理论分析	可行性分析(学生课前填写)	

解决方案	（学生课前填写）	
优化方案	总结提升（学生课后填写）	
任务反思	比较研究（学生课后填写）	

案例分析

一家制药公司，决定在整个公司内实施目标管理，根据目标实施和完成情况，一年进行一次绩效评估。事实上他们之前在为销售部门制定奖金系统时已经用了这种方法。公司通过对比实际销售额与目标销售额，支付给销售人员相应的奖金，这样销售人员的实际薪资就包括基本工资和一定比例的个人销售奖金两部分。

销售大幅度提上去了，但是却苦了生产部门，其很难完成交货计划（生产部门的目标包括按时交货和降低库存成本两个部分）。销售部门抱怨生产部门不能按时交货。总经理和高级管理层决定为所有部门和个人经理及关键员工建立一个目标设定流程。为了实施这个新的方法他们需要用到绩效评估系统。他们请了一家咨询公司指导管理人员设计新的绩效评估系统，并就现有的薪资结构提出改变的建议。他们付给咨询顾问高昂的费用修改基本薪资结构，还请咨询顾问参与制定奖金系统，该系统与年度目标的实现程度密切相连。

然而不幸的是，业绩不但没有上升，反而下滑了。部门间的矛盾加剧，尤其是销售部门和生产部门。生产部门埋怨销售部门销售预测准确性太差，而销售部门则埋怨生产部门无法按时交货。每个部门都指责其他部门有问题。客户满意度下降，利润也在下滑。

该公司虽然决定实施目标管理并设定目标与工资（绩效）挂钩的机制，但是反而导致了部门间矛盾加剧与利润下降。请结合目标管理的知识，分析原因。

第3章

教你如何设计组织结构　善用文化管理

知识目标：1.了解组织面临的环境；

2.掌握组织结构的相关知识；

3.掌握组织文化的含义及功能。

能力目标：1.学会进行组织环境分析；

2.能够分析并解决组织结构问题；

3.学会组织文化重塑。

价值目标：1.理解环境的重要性；

2.理解文化育人的功能。

工作情境

在当今科技驱动的时代，企业数字化转型已成为不可阻挡的潮流，而人工智能则是这一转型浪潮中最具颠覆性的力量。它正以惊人的速度渗透到企业运营的各个环节，重塑着企业的竞争格局和发展模式。展望未来，随着人工智能技术的不断演进和完善，以及5G、物联网等新兴技术与人工智能的深度融合，企业数字化转型将迎来更加广阔的发展空间和更多的创新机遇。企业需要敏锐地洞察这些技术发展趋势，积极探索人工智能在企业运营各个环节的创新应用，不断优化自身的数字化转型战略，以适应快速变化的市场环境，在数字化转型的浪潮中实现可持续发展，成为行业的领军者和创新者。

问题：在数字化转型的浪潮中，企业面临的机遇与挑战有哪些？

名人名言

为了使人们能为实现目标而有效地工作，就必须设计和维持一种职务结构，这就是组织管理职能的目的。

——哈罗德·孔茨

21世纪的企业竞争将在一定程度上取决于文化力的较量,没有强有力的企业文化支撑的企业将会失去发展所必需的营养,企业发展就会面临困境。

——美国当代经济学家莱斯特·C·瑟罗(Lester C. Thurow)

内容导航

教你如何设计组织结构善用文化管理	组织的认知	正式组织
		非正式组织
	组织环境分析	组织环境分类
		环境分析方法
	组织结构设计	组织结构设计的含义和内容
		组织结构设计的原则
		组织结构的类型
		组织结构的发展趋势
	企业文化	企业文化的内涵
		企业文化的形成与发展
		企业文化的功能
		企业文化的建设

知识模块

3.1　组织的认知

3.1.1　正式组织

正式组织是指人们按照一定的规则,为完成某一共同的目标,正式组织起来的人群集合体,是具有一定结构、同一目标和特定功能的行为系统。任何正式组织都是由许多要素、部分、成员,按照一定的联结形式排列组合而成的。它有明确的目标、任务、结构和相应的机构、职能和成员的权责关系及成员活动的规范。

社会系统学派的代表巴纳德认为正式组织有三个基本要素,即协作意愿、共同目标和信息沟通。这三个要素是正式组织产生的充分必要条件。

(1)协作意愿。积极的或否定的协作意愿是每个个人对在这个组织中和其他机会中经受到的,或者对预计的净满足或净不满足比较后的表现。其他机会可能是个人的机会或其他组织提供的机会。也就是说,协作意愿首先是诱因同相关的牺牲相比较的净结果;其次是同其他机会提供的实际可以得到的净满足相比较的结果。

（2）共同目标。首先组织必须有明确的目标，其次组织成员必须理解并接受目标，再次，对组织目标的协作性理解与个人性理解必须基本一致。对于组织目标的理解可以分为协作意愿性理解和个人性理解两种。

（3）信息沟通。信息的交流是指意愿、情报、建议、指示和命令等信息的传递。组织的共同目标和个人的协作意愿只有通过将意见或信息的交流两者联系起来才具有意义和效果。有组织目标而无良好沟通将无法统一和协调组织成员为实现组织目标所采取的合理行动。

3.1.2　非正式组织

非正式组织是组织种类之一，与正式组织相对。其是指以情感、兴趣、爱好和需要为基础，以满足个体的不同需要为纽带，没有正式文件规定的、自发形成的一种开放式的社会技术系统。

这种组织一旦形成，也会产生各种行为规范，以制约非正式组织中的成员。这种规范与正式组织的目标可能一致，也可能不一致。由于非正式组织的主要目标在于满足其成员的心理需要，所以这种组织也叫作心理-社会系统。例如，集邮组织、绘画组织、技术革新组织、业余文体活动组织等，都属于非正式组织范畴。

非正式组织的要领是由美国行为科学家梅奥（Mayo）等人在进行了著名的霍桑实验之后提出来的。

非正式组织是伴随着正式组织的运转而形成的。一些正式组织的成员之间的私人关系从相互接受、了解逐步上升为友谊，一些无形的、与正式组织有联系，但又独立于正式组织的小群体便慢慢地形成了。这些小群体形成以后，其成员由于工作性质相近、社会地位相当、对一些具体问题的认识基本一致、观点基本相同，或者在性格、业余爱好及感情相投的基础上，产生了一些被大家所接受并遵守的行为规则，从而使原来松散、随机性的群体渐渐转变为趋向固定的一个体系，即"非正式组织"。

非正式组织一般没有明确的组织机构或章程，其中的核心人物由于个人威望或影响力等而成为自然领袖，其思想基础与行为准则往往是一些共同的习惯、观点等，组织稳固性不强，主要以感情和融洽的关系为标准，要求其成员遵守共同的、不成文的行为规则。

非正式组织是不以人们意志为转移而客观存在的，其消极作用是难以禁止和取消的。由于非正式组织具有许多有利于正式组织的积极作用，正式组织的领导人应充分利用非正式组织，以达到培养集体意识的目的。

1. 非正式组织的特点

（1）由于人与人之间有共同的思想感情，彼此吸引、相互依赖，故其是自发形成的团体，没有什么明确的条文规定。

（2）非正式组织的最主要功能是满足个人不同的心理需要，自觉相互地进行帮助。

(3)非正式组织一旦形成,即产生各种行为的规范,控制成员相互的行为,可以促进也可以抵制正式组织目标的达成。

(4)非正式组织的领袖并不一定具有较高的地位与权力,但他们具有现实的影响力,因为他们能力较强,或是经验丰富,或是善于体恤他人。

2.非正式组织在管理上应注意的问题

(1)非正式组织的压力会抵制正式组织的变革,非正式组织往往变成一种力量,有时刺激人们产生抵制革新的心理,发展组织的惰性。

(2)谣言在非正式组织中极易产生,要防止以讹传讹的现象发生。

(3)非正式组织要求成员具有一致性的压力,往往会束缚成员的个人发展。

(4)非正式组织的领袖可能会利用其地位,对群众施以压力。

(5)非正式组织的目标如果与正式组织相冲突,则可能对正式组织的工作产生极为不利的影响。

3.非正式组织的管理

非正式组织虽有些不良的作用,但管理者加以适当的运用,努力克服和消除其不利影响,是有利于正式组织目标的有效实现的。

(1)弥补不足:任何一个正式组织无论其政策与规章如何严密,总难免出现漏洞,非正式组织可与正式组织相辅相成,弥补正式组织的不足。

(2)协助管理:正式组织通过建立和宣传正确的组织文化,获得非正式组织的支持,则可提高工作效率并促进任务的完成。

(3)加强沟通:非正式组织可使员工在受到挫折或遭遇困难时,有一个自我调整的通道,而使其获得安慰和满足,人们在非正式组织中的频繁接触会使相互之间的关系更加和谐、融洽,从而易于产生和加强合作的精神。

(4)纠正管理:非正式组织可促使管理者对某些问题作出合理的处置,产生制衡的作用。

3.2　组织环境分析

任何一个企业和社会组织都是存在于环境之中的。组织活动方向的选择及过程的展开都要充分考虑到既定环境的特点。环境的复杂与动态特点及人的认知与行动能力的局限性决定了组织决策的理性与正确程度会受到一定的限制。要尽可能减少这些限制,就要对组织活动的内外部环境进行充分的调查和研究。

环境是组织生存的土壤,它既为组织活动提供条件,同时也必然对组织的活动起制约作用。所以组织环境的类型影响应采用的组织结构的类型,组织中的不同部门或事业都必须与不同的环境相适应,组织应该调整战略以适应环境,究竟如何调整应视环境的不利程度而定,总之,组织环境调节着组织结构设计与组织绩效的关系,影响组织的有效性。

3.2.1　组织环境分类

一般来说,以组织界线(系统边界)来划分,可以把环境分为内部环境和外部环境,或称为工作(具体)环境和社会(一般)环境。

1. 组织内部环境

组织内部环境是指管理的具体工作环境。影响管理活动的组织内部环境包括:物理环境、心理环境、文化环境等。物理环境要素包括工作地点的空气、光线和照明、声音(噪声和杂音)、色彩等,它对于员工的工作安全、工作心理和行为及工作效率都有极大的影响。物理环境因素对组织设计提出了人本化的要求,防止物理环境中的消极性和破坏性因素,创造一种适应员工生理和心理要求的工作环境,这是实施有序而高效管理的基本保证。心理环境指的是组织内部的精神环境,对组织管理有着直接的影响。心理环境制约着组织成员的士气和合作程度的高低,影响了组织成员的积极性和创造性的发挥,进而决定了组织管理的效率和管理目标的达成。心理环境包括组织内部和睦融洽的人际关系、人事关系,组织成员的责任心、归属感、合作精神和奉献精神等。组织文化环境至少有两个层面的内容,一是组织的制度文化,包括组织的工艺操作规程和工作流程、规章制度、考核奖励制度及健全的组织结构等;二是组织的精神文化,包括组织的价值观念、组织信念、经营管理哲学及组织的精神风貌等。一个良好的组织文化是组织生存和发展的基础和动力。

2. 组织外部环境

组织外部环境是指组织所处的社会环境,外部环境影响着组织的管理系统。组织的外部环境,实际上也是管理的外部环境。外部环境可以分为一般外部环境和特定外部环境。一般外部环境包括的因素有:社会人口、文化、经济、政治、法律、技术、资源等。一般外部环境的这些因素对组织的影响是间接的、长远的。当外部环境发生剧烈变化时,会导致组织发展的重大变革。特定外部环境因素主要是针对企业组织而言,包括的因素有:供应商、顾客、竞争者、政府和社会团体等。特定外部环境的这些因素对企业组织的影响是直接的、迅速的。外部环境从总体上来说是不易控制的,因此它的影响是相当大的,有时甚至能影响到整个组织结构的变动。对外部环境作分析,目的是要寻找出在这个环境中可以把握住哪些机会,必须要回避哪些风险,抓住机遇,健康发展。组织作为一个开放的系统,必然时刻与环境进行物质、能量、信息的交换。

3.2.2　环境分析方法

1. PEST 分析法

PEST 为一种企业所处宏观环境分析模型,P 指政治(politics),E 指经济(economy),S 指社会(society),T 指技术(technology)。

1）政治环境

政治会对企业监管、消费能力及其他与企业有关的活动产生重大的影响。一个国家或地区的政治制度、体制、方针政策、法律法规等，常常制约、影响着企业的经营行为，尤其影响企业较长期的投资行为。企业很难预测国家政治环境的变化，国家政治环境直接影响企业的经营状况，且一旦影响到企业，就会使之发生十分迅速和明显的变化，而企业是无法逃避和转移这种变化所带来的影响的。

2）经济环境

经济环境是指国民经济发展的总概况，即国际和国内经济形势及经济发展趋势，企业所面临的产业环境和竞争环境等。市场营销人员需要从短期与长期两个方面来看待一个国家的经济与贸易，特别是在进行国际营销的时候。企业的经济环境主要的组成因素有以下几种。

a. 社会经济结构

社会经济结构是指国民经济中不同的经济成分、不同的产业部门及社会再生产各方面在组成国民经济整体时相互的适应性、量的比例及排列关联的状况。社会经济结构主要包括：产业结构、分配结构、交换结构、消费结构和技术结构。其中，最重要的是产业结构。

b. 经济发展水平

经济发展水平是指一个国家经济发展的规模、速度和所达到的水平。反映一个国家经济发展水平的常用指标有国内生产总值、国民收入、人均国民收入和经济增长速度。

c. 经济体制

经济体制是指国家经济组织的形式，它规定了国家与企业、企业与企业、企业与各经济部门之间的关系，并通过一定的管理手段和方法来调控或影响社会经济流动的范围、内容和方式等。

d. 宏观经济政策

宏观经济政策是指实现国家经济发展目标的战略与策略，它包括综合性的全国发展战略和产业政策、国民收入分配政策、价格政策、物资流通政策等。

e. 当前经济状况

当前经济状况会影响一个企业的财务业绩。经济的增长率取决于商品和服务需求的总体变化。其他经济影响因素包括税收水平、通货膨胀率、贸易差额和汇率、失业率、利率、信贷投放及政府补助等。

f. 其他一般经济条件

其他一般经济条件和趋势对一个企业的成功来说也很重要。工资、供应商及竞争对手的价格变化及政府政策，会影响产品的生产成本和服务的提供成本及产品被出售到市场的情况。这些经济因素可能会导致行业内产生竞争，或将公司从市场中淘汰出去，也可能会延长产品寿命、鼓励企业用自动化取代人工、促进外商投资或引入本土投资、使强劲的市场变弱或使安全的市场变得具有风险。

3）社会环境

社会环境是指一定时期整个社会发展的一般状况，主要包括社会道德风尚、文化传统、人口变动趋势、文化教育、价值观念、社会结构等。各国的社会与文化对于企业的影响不尽相同。社会与文化要素十分重要，主要包括以下几方面。

a. 人口因素

人口因素包括企业所在地居民的地理分布及密度、年龄、教育水平、国籍等。大型企业通常会利用人口统计数据进行客户定位，并用于研究产品的开发。人口因素对企业战略的制定具有重大影响。例如，人口总数直接影响着社会生产总规模；人口的地理分布影响着企业的厂址选择；人口的性别比例和年龄结构在一定程度上决定了社会的需求结构，进而影响社会供给结构和企业生产结构；人口的教育文化水平直接影响着企业的人力资源状况；家庭户数及其结构的变化与耐用消费品的需求和变化趋势密切相关，因而也就影响到耐用消费品的生产规模等。对人口因素的分析可以使用以下一些变量：结婚率、离婚率、出生率和死亡率、人口平均寿命、人口的年龄和地区分布、人口在民族和性别上的比例、地区人口在教育水平和生活方式上的差异等。

b. 社会流动性

社会流动性主要涉及社会的分层情况、各阶层之间的差异及人们是否可在各阶层之间转换，人口内部各群体的规模、财富及其构成的变化及不同区域（城市、郊区及农村地区）的人口分布等。不同阶层对企业的期望也有差异。例如，企业员工评价战略的标准是工资收益、福利待遇等，而消费者则主要关心产品价格、产品质量、服务态度等。

c. 消费心理

消费心理对企业战略也会产生影响。例如，一部分顾客的消费心理是在购物过程中追求有新鲜感的产品多于满足其实际需求，因此，企业应有不同的产品类型以满足不同顾客的需求。

d. 生活方式变化

生活方式变化主要包括当前及新兴的生活方式与时尚。文化问题反映了一个事实，即国际交流使社会变得更加多元化、外部影响更加开放时，人们对物质的需求会越来越高。随着物质需求的提高，人们对社交、自尊、求知、审美的需要更加强烈，这也是企业面临的挑战之一。

e. 文化传统

文化传统是一个国家或地区在较长历史时期内形成的一种社会习惯，它是影响经济活动的一个重要因素。例如，中国的春节、西方的圣诞节就为某些行业带来了商机。

f. 价值观

价值观是指社会公众评价各种行为的观念标准。不同的国家和地区，人们的价值观各有差异。

4)技术环境

技术环境是指社会技术总水平及变化趋势、技术变迁、技术突破对企业的影响,以及技术对政治、经济、社会环境之间相互作用的影响等(具有变化快、变化大、影响面大等特点)。科技不仅是全球化的驱动力,也是企业竞争的优势所在。技术环境除了要考察与企业所处领域的活动直接相关的技术手段的发展变化外,还应及时了解国家对科技开发的投资和支持重点,该领域技术发展动态和研究开发费用总额,技术转移和技术商品化速度,专利及其保护情况,等等。

2. 五力模型

五力模型(见图 3.1)是迈克尔·波特(Michael Porter)于 20 世纪 80 年代初提出的一种分析模型,其对企业战略的制定产生了全球性的深远影响,将其用于竞争战略的分析,可以有效地分析客户的竞争环境。五力分别是:潜在竞争者进入的能力、行业内竞争者现在的竞争能力、替代品的替代能力、供应商的议价能力、购买者的议价能力。

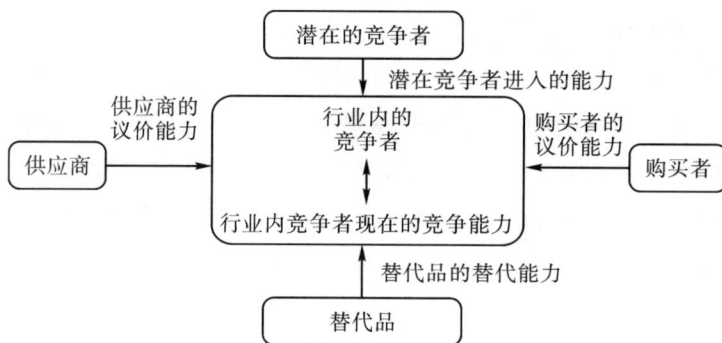

图 3.1　波特五力模型

1)潜在竞争者进入的能力

潜在竞争者可以是新创办的企业,也可以是由于实现多元化经营而新进入本行业的企业。新进入者往往带来新的生产能力和充裕的资源,与现有企业争夺市场份额和利润,从而对现有企业的生存和发展形成巨大的威胁。进入威胁的大小取决于进入障碍和现有企业的反击强度。

a.进入障碍

进入障碍是指要进入一个产业需克服的障碍和需付出的代价。如果一个产业的进入障碍比较大,新进入者的进入就比较困难,对产业内现有企业的威胁就比较小。反之则威胁较大。决定进入障碍高低的主要因素通常为有以下几种。

(1)规模经济。规模经济是指生产单位产品的成本随生产规模(产量水平)的增加而降低。规模经济会迫使潜在进入者不得不面临两难的选择:要么以大的生产规模进入该产业,结果是大量投资引致市场整个投入量增加,利益分配格局剧烈变化,从而导致该产业现有企业的强烈抵制；要么以小的生产规模进入，结果是产品成本过高造成竞争劣势。这两种情况都会使潜在进入者望而却步。

（2）产品差异优势。产品差异指原有企业通过长期的广告宣传、用户服务和产品质量等获得的市场信誉和用户忠诚度的不同。产品差异形成的进入障碍，迫使新进入者必须在产品开发、广告宣传和用户服务等方面进行大量的投资，才有可能树立自己的信誉，并从原有企业手中夺取用户，取得一定的市场份额。

（3）资金需求。资金需求是指企业进入某产业所需的物资和货币的总量。新进入者想要进入一个新的行业，并在竞争中获胜，不仅需要大量的资金，而且需要冒失败的风险，由此形成了进入障碍。不同的行业对资金的需求量是不同的，像采矿业、计算机业、汽车业等对资金的需求量很大，使一般企业难以进入。

（4）销售渠道。新进入者在进入新产业时面临着与以往不同的产品分销途径与方式，一个产业原有的分销渠道已经为现有企业服务，新进入者要进入该产业销售渠道，就必须通过价格折扣、降低付款条件及广告合作等方法来说服原销售渠道接受自己的产品，这样做势必会减少新进入者的利润，从而形成了进入障碍。特别是对于那些与现有企业建立了长期关系甚至是专营关系的销售渠道来说，进入壁垒更高，因此新进入者有时不得不投入巨资去开辟一条新的销售渠道。

（5）转换成本。转换成本是指购买者转换供应者所付出的一次性成本。它包括重新训练业务人员、增加新设备、调整检测工具等引起的成本，甚至还包括中断原供应关系的心理成本等。这一切都会造成购买者对转换供应者的抵制。进入者要想进入，就必须花费大量的时间和推出特殊的服务来消除行业内原有企业客户的这种抵制心理。

（6）与规模经济无关的固有成本优势。产业内原有企业常常在其他方面还具有与规模经济无关的固有的成本优势，新进入者无论达到什么样的规模经济状态都不能与之相比。比如，产品技术专利、资源的独占权、占据市场的有利地位、独有的技术诀窍等。如在烟草、金融、电信等行业，国家规定了严格的准入制度。

b. 现有企业的反击程度

原有企业对进入者的态度和反应直接影响到进入的成功与否。如果现有企业对新进入者采取比较宽容的态度，新进入者进入某一产业就会相对容易一些；反之，如果现有企业对新进入者非常在意甚至不满，就会对新进入者采取强烈的反击措施，如在规模、价格、广告等方面加以遏制，这为新进入者增加了进入的难度。

一般来说，现有企业在以下几种情况下会对新进入者进入本产业反应强烈：

（1）现有企业资源条件充足，有能力对新进入者进行强烈的反击。

（2）退出壁垒高，使企业深深陷于该产业，且资产的流动性较低。

（3）产业增长速度缓慢，吸收新进入者的能力有限。在这种情况下，新进入者势必要侵蚀现有企业的市场份额和利润，所以必然会遭到强烈的反击。

2)行业内竞争者现在竞争能力

在同一个行业内部,存在着众多生产相同或相似产品的同业企业。同业企业之间始终存在着竞争。不过,其竞争的激烈程度往往因行业不同而不同,有的行业比较缓和,有的行业非常激烈。影响同业企业竞争激烈程度的主要因素有以下几个方面。

a.同业企业的数量和力量对比

在同一个行业中,生产相同或相似产品的企业越多,竞争就越激烈。每一个企业为了在有限的市场中占领更大的份额,获取更多的利润,必然会在价格、质量、服务等方面与对手展开激烈的竞争,从而使整个行业的利润水平随之降低。

如果同业企业之间实力相差不大,处于相持不下的局面,这时,为了争夺市场和在行业中的领导地位,各企业之间的竞争也会趋向激烈,这将导致行业的不稳定。如果一个行业内仅有一个或少数几个大型企业处于支配地位,行业市场集中度高,则领导企业可通过价格领导制等方式在行业中起协调作用并建立行业秩序。

b.行业发展的速度

一个行业在不同的寿命周期阶段,发展的速度也往往不同。

当行业的发展处于成长阶段,其发展速度比较快,由于市场的不断扩大和企业生存空间的加大,每个企业都可以较容易地在市场中找到自己的位置,因此企业考虑更多的是如何集中精力更好更快地发展壮大自己,而不会过多考虑竞争对手的情况,从而使企业间的竞争相对缓和。若行业处于成熟期,市场增长缓慢,这时,各企业为了保证自身的生存,必然导致竞争的激烈化。

c.产品的差异化程度与用户的转换成本

同业企业之间的产品,如果差异性小,标准化、通用化水平高,则用户转换成本较低,容易导致企业之间激烈的竞争。

反之,若同业企业之间的产品差异性比较大,各具特色,各自拥有不同的市场和用户,这时用户的转换成本高,企业间的竞争就不会太激烈。

d.固定成本和库存成本

固定成本高的产业迫使企业要尽量充分利用其生产能力,以降低单位产品成本。当生产能力利用不足时宁愿降价以扩大销量也不愿使生产能力闲置,家电行业、汽车制造行业一般是如此。另一种情况与产品的库存成本问题有关。如果企业生产的产品不容易储存或库存成本较高(如一些鲜活农副产品),当产量过剩时企业就可能会想方设法地出货。这两种情况都必然导致行业竞争加剧。

e.行业内生产能力的增加幅度

基于行业的技术特点或规模经济的要求,在一个行业内,如果每个企业都能按部就班地逐步扩大生产能力,竞争激烈程度就不会太高。反之,如果行业内企业在一定时间内迅速大幅度提高了生产能力,因为生产能力的提高已经提前透支了未来的增长因素,从而导致在一段时期内生产能力相对过剩,最终使竞争加剧。

f. 退出障碍

退出障碍是指企业在退出某个产业时需要克服的障碍和付出的代价,主要包括以下方面。

(1)具有高度专门化的资产,其清算价值低或转换成本高。

(2)退出的费用高。如高额的劳动合同违约金、员工安置费、设备备件费。

(3)已建立某种战略协同关系。如果企业退出,就会破坏这种协同关系,影响企业的产品形象、市场营销能力及分享设备的能力等。

(4)心理因素。如退出产业会影响员工的忠诚度,经营者对个人事业前途充满畏惧等。

(5)政府和社会限制。如政府因担心增加失业人数、影响区域经济发展等,有时候会出面劝阻或反对企业退出该产业。

如果退出障碍比较高,即使经营不善的企业也要继续维持下去,竞争者的数量很难减少,从而加剧了现有企业之间的竞争。

3)替代品的替代能力

替代品是指那些与本行业的产品具有相同或相似功能的其他产品。替代品的出现,会给行业内的所有企业带来冲击。替代品往往在某些方面具有超过原有产品的竞争优势。比如价格低、质量高、功能新、性能好等,因此它有实力与原有产品争夺市场,分割利润,使原有企业处于极其不利的地位。企业应随时警惕替代品的出现,并预先制定出防范措施。不过,当某些替代品的出现代表着时代潮流,具有很强的市场吸引力的时候,企业采取完全排斥的态度,不如采取引进、吸纳新技术的态度更为有利。

替代品的威胁程度还取决于以下三个方面。

a. 替代品与现有产品的相对价值

(1)替代品能向用户提供的价值差异性的大小。

(2)用户是否能够感知替代品的价值差异,并承认其价值。

(3)替代品使用频率是否比原有产品使用频率低。

(4)替代品的交货和安装成本是否比原有产品低。

(5)替代品价格的相对变动性和替代品可得性。

(6)直接使用成本及间接使用成本的变化。

(7)用户使用替代品前后经营业绩表现的差异。

(8)替代品比原有产品在功能上的增加情况。

(9)互补产品的成本及性能。

b. 用户转向替代品的转换成本

(1)搜集替代品的信息。

(2)检验替代品是否能达到使用者所要求的性能标准。

(3)用户的生产活动或价值活动是否需要重新设计。

(4)使用替代品后的培训及学习成本是否有所增加。

（5）使用替代品后，劳动者地位是否发生改变。

（6）失败的风险。

（7）需要相应的软件、零部件和检测工具的投资是否增加。

c.用户使用替代品的欲望

不同竞争环境下，在不同的行业中，不同的顾客，其替代品转换的欲望是不同的。

4）供应商的议价能力

供应商是指从事生产经营活动所需要的各种资源、配件等的企业供应单位。其往往通过提高价格或降低成本的手段，向行业的下游企业施加集中的压力，并以此来获取行业利润。供应商的议价能力越强，现有产业的盈利空间就越小；反之则盈利空间越大。

决定供应商议价能力的因素主要有以下几方面。

a.行业集中度

供应商所在行业的集中度高于购买者的集中度，即供应由少数几家公司实行高度集中控制，并且由它们向分散而众多的企业提供产品时，供应商处于强势地位，他们会迫使购买者在价格、量、付款条件和交货方式等方面接受有利于供应商的条款。

b.行业的重要性

当供应商向很多行业出售产品时，如果某行业的购买量在供应商的销售量中只占较小部分，则供应商有较强的讨价还价能力。如果本行业企业是重要的客户，供应商就会通过合理定价及协助该行业的研究开发活动或公关活动等方式来保护与该行业的关系。

c.前向一体化的可能性

供应商实现前向一体化的可能性大，则对行业施加的竞争压力就大。相反，如果供应商难以实现前向一体化，则对行业施加的竞争压力就会比较小。比如，以原油开采为主业的石油公司（原油供应商）自己大量兴建石油化工厂，就会给石油化工产业（原油购买者）带来很大的竞争压力。

d.供应商的重要性

如果供应商的产品对买主生产过程或产品质量至关重要时，供应商就有较强的议价能力，特别是当这种产品不能储存时，供应商的议价能力会更强。

e.产品的差异化程度和转换成本的大小

如果供应商的产品与众不同，购买者对供应商的依赖性越强，供应商就会处于优势地位，在交易中持强硬态度。另外，如果购买者中途转换供应商需要付出巨大的代价，则变更供应商就会很困难，供应商的议价能力就会很强。

f.产品的可替代程度

如果供应商提供的产品可替代程度低，用户的选择余地小，则购买者只好接受供应商的价格及其他条件，以维持生产经营，这时，供应商的议价能力就会很强。相反，如果供应商产品的可替代性强，用户的选择余地很大，供应商则处于不利地位。

5)购买者的议价能力

购买者是企业服务的对象。购买者对本行业的竞争压力,表现为要求企业提供的产品尽可能价格低、质量高,并且能提供周到的服务。同时,购买者还可能利用现有企业之间的竞争对生产厂家施加压力。

影响购买者议价能力的主要因素有以下几方面。

a.购买者集中度

购买者采取集中进货的方式,或者进货批量较大,则对供方企业具有很大的议价能力。

b.购买者从供方购买产品占其成本的比重

购买者从本行业购买的产品在其花费成本中占的比重较大,则在购买时的选择性较强,其议价的欲望也会非常强烈,并会尽量压低价格。反之,如果所购产品在购买者花费成本中只占很小比例,则购买者对所购产品的价格并不十分敏感,花大力气去议价的可能性也不大。

c.购买者选择后向一体化的可能性

购买者实力强大,具有实现后向一体化的能力。购买者如果选择后向一体化经营方式,则他们可以在向外购买与自行生产两种方式之间进行选择,这就增强了购买者对供方的议价能力。

d.产品差异化程度和转换成本的大小

本行业产品的标准化程度高,购买者的转换成本小,因而,购买者对产品的挑选余地比较大,也会形成对本行业的议价压力。

e.购买者对信息的掌握程度

如果购买者对所购产品的市场需求、市场价格、生产成本等信息有足够的了解,他们可能就此与供方进行充分的议价。

3. SWOT 分析法

SWOT 分析法是指用来确定企业自身的竞争优势(strengths)、竞争劣势(weaknesses)、机会(opportunities)和威胁(threats),从而将公司的战略与公司内部资源、外部环境有机地结合起来的一种分析方法。

1)分析的基本原理

a.竞争优势

竞争优势(S)是指一个企业超越其竞争对手的能力,或者指公司所特有的能提高公司竞争力的因素。

竞争优势可以是以下几个方面。

(1)技术技能优势:独特的生产技术,低成本生产方法,领先的革新能力,雄厚的技术实力,完善的质量控制体系,丰富的营销经验,上乘的客户服务,卓越的大规模采购技能。

(2)有形资产优势:先进的生产流水线,现代化车间和设备,丰富的自然资源储存,吸引人的不动产地点,充足的资金,完备的资料信息。

(3)无形资产优势:优秀的品牌形象,良好的商业信用,积极进取的公司文化。

(4)人力资源优势:关键领域拥有专长及积极上进的员工,员工具有很强的组织学习能力和丰富的经验。

(5)组织体系优势:高质量的控制体系,完善的信息管理系统,忠诚的客户群,强大的融资能力。

(6)竞争能力优势:产品开发周期短,有强大的经销商网络,与供应商良好的伙伴关系,对市场环境变化反应灵敏,具有市场份额的领导地位。

b. 竞争劣势

竞争劣势(W)是指某种公司缺少或做得不好的方面,或指某种会使公司处于劣势的条件。

可能导致内部弱势的因素有:

(1)缺乏具有竞争意义的技能技术。

(2)缺乏有竞争力的有形资产、无形资产、人力资源、组织资产。

(3)关键领域里的竞争能力正在丧失。

c. 机会(O)

市场机会是影响公司战略的重大因素。公司管理者应当确认每一个机会,评价每一个机会的成长和利润前景,选取那些可与公司财务和组织资源匹配、使公司获得的竞争优势的潜力最大的最佳机会。

潜在的发展机会可能是:

(1)客户群的扩大趋势或产品细分市场的出现。

(2)技能技术向新产品新业务转移,为更大的客户群服务。

(3)市场进入壁垒降低。

(4)获得并购竞争对手的能力。

(5)市场需求增长强劲,可快速扩张。

(6)出现向其他地理区域扩张,扩大市场份额的机会。

d. 威胁(T)

在公司的外部环境中,总是存在某些对公司的盈利能力和市场地位构成威胁的因素。公司管理者应当及时确认危及公司未来利益的威胁,做出评价并采取相应的战略行动来抵消或减轻它们所产生的影响。

公司的外部威胁可能是:

(1)出现将进入市场的强大的新竞争对手。

(2)替代品抢占公司销售额。

(3)主要产品市场增长率下降。

(4)汇率和外贸政策的不利变动。

（5）人口特征、社会消费方式的不利变动。

（6）客户或供应商的谈判能力提高。

（7）市场需求减少。

（8）容易受到经济萧条和业务周期的冲击。

2）分析法的应用

运用各种调查研究方法，分析出公司所处的各种环境因素（即外部环境因素和内部能力因素）。外部环境因素包括机会因素和威胁因素，它们是外部环境对公司的发展直接有影响的有利和不利因素，大多属于客观因素；内部环境因素包括优势因素和劣势因素，它们是公司在其发展中自身存在的积极和消极因素，大多属于主观因素。在调查分析这些因素时，不仅要考虑到公司发展的历史与现状，而且更要考虑未来发展问题。

将调查得出的各种因素根据轻重缓急或影响程度等方式排序，构造 SWOT 矩阵（见图3.2）。在此过程中，将那些对公司发展有直接的、重要的、大量的、迫切的、久远的影响因素优先排列出来，而将那些间接的、次要的、少许的、不急的、短暂的影响因素排列在后面。

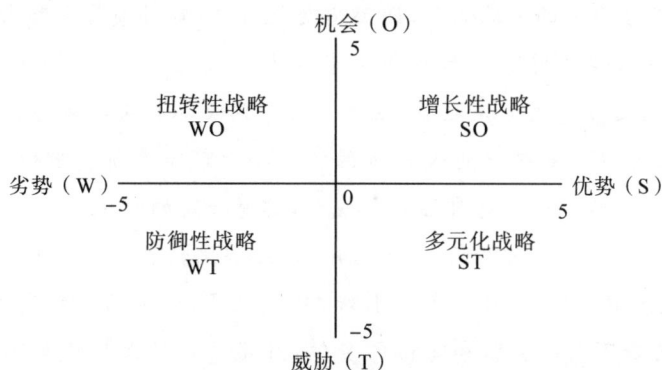

图 3.2　SWOT 矩阵图

从图 3.2 中可以看出，SO 类型的企业，具有良好的内部优势及众多的外部机会，应当采取增长型战略，如开发市场、增加产量等。WO 型企业，面临巨大的外部机会，却受到内部劣势的限制，应采用扭转型战略，充分利用环境带来的机会设法清除劣势。WT 型企业，内部存在劣势，外部面临强大威胁，应采用防御型战略进行业务调整，设法避开威胁并清除劣势。ST 型企业，具有一定的内部优势，但外部环境存在威胁，应采取多元化战略，利用自己的优势，在多样化经营中寻找长期发展的机会。

市场环境案例分析

余杰是某公司 H 省的第三任业务代表。公司表明，如果余杰把 H 省市场做起来，就任命他为该省的办事处主任。他的前两任各坚持了 3 个月，还没熬到主任的位置就坚持不下去了。

公司的产品是大众化的系列休闲食品（膨化饼干、糖果类），定位稍偏向城市市场，较富裕的农村地区也能消费。目前产品价格在市场上处于中等水平,价差空间也属于行业平均水平,有部分产品系列价差稍高。27岁的余杰在公司市场部已经工作了两年,对于H省,他一直很看好:H省的人口有6000多万,做消费品的都知道人气旺财气就旺的道理;另外,H省靠近沿海地区,居民消费观念超前,舍得花钱;再就是该省电视媒体比较发达,居民容易受媒体宣传影响,如果投入得当,应该会产生立竿见影的销售结果。当然不利的因素也有:首先就是管理环境复杂;其次是经销商实力不大,没有能够覆盖全省的大经销商。

余杰明白,公司的支持就是10万元,公司的忍耐只有3个月。他决定集中优势兵力,在局部市场首先有所突破,让公司看到希望,再追加投入,向全省推开宣传。

首先进入余杰眼中的有四个城市:

A市:H省的省会,下辖5县1市,人口500多万,是全省经济最发达的地区,终端比较发达,同类产品在该城市都取得了很好的销量。当然竞争也是最残酷的,该市能够收看到的电视台很多,户外和流动宣传载体也很多,各大终端索取的各种费用一般企业是难以承受的,最要命的是其他本地和外埠的4个品牌已经在此打得不可开交。

B市:与A市有2小时的公路里程,距离省会最近,消费习惯基本和省会一样,但是人均收入相对A市要低,人口也明显少于A市。市区主要由几个大型企业的生活区组成,城市管理较严。市区大型超市也有一定数量,主要有2个同类品牌占据主导地位,市区终端基本从省会进货,下面2个县城的终端则从B市区的一些大超市拿货。当地电视台的广告发布价格略低于A市,市区各企业也有自己的电视台,都有一定的收视率。

C市:与A市处于同一条铁路线上,交通便利,经济比较发达,是H省第二大市,人口远多于B市。该市城区中等规模,市容不是很好,县城较多,城区的经销商和省会的经销商关系密切,基本能够覆盖下面的县城和富裕的乡镇,且城区内的大型超市不多,都是本地人开的。终端内同类品牌有8个,没有哪个品牌有明显销售优势。

D市:距A市有超过6个小时的公路里程,与A市、C市在地图上呈三角关系,市区很小,下辖6个县,其中一个县是国家级的药材批发市场所在地。D市人口比B市多,但少于C市,人均收入在全省处于中上水平。市区超市不发达,各县城终端进货渠道多样。终端内同类品牌有9个,但单一终端品牌最多只有4个,各品牌在各终端的销售量也不完全相同。当地自己的电视台也有一定的收视率。

余杰计划首先在3个月内打开一个市场,然后再向其他市场扩展,最后实现全省开花。他也知道,一招不慎,就可能会满盘皆输,他该如何处理目前的问题?

问题:

(1)上述案例中余杰分析的环境包括哪些?它们与管理有着什么关系?

(2)如果你是余杰,你如何从中做出选择,又如何来开发这些新市场呢?或者,还有更全面的考虑吗?

3.3　组织结构设计

3.3.1　组织结构设计的含义和内容

1. 含义

组织结构是组织的全体成员为实现组织目标,在管理工作中进行分工协作,并在职务范围、责任、权力方面所形成的结构体系,是整个管理系统的"框架"。组织结构必须随着组织的重大战略调整而调整。

组织结构设计,即通过对组织资源的整合和优化,确立企业某一阶段的最合理的管控模式,实现组织资源价值最大化和组织绩效最大化。

企业的组织结构设计是这样的一项工作:在企业的组织中,对构成企业组织的各要素进行排列、组合,明确管理层次,分清各部门、各岗位之间的职责和相互协作关系,并使各岗位人员在企业的战略目标过程中获得最佳的工作业绩。

从最新的观念来看,企业的组织结构设计实质上是一个组织变革的过程,它是把企业的任务、流程、权力和责任重新进行有效组合和协调的一种活动。根据时代和市场的变化,进行组织结构设计或组织结构变革(再设计)的结果是大幅度地提高企业的运行效率和经济效益。

2. 基本内容

1)职能设计

职能设计是指企业的经营职能和管理职能的设计。企业作为一个经营单位,要根据其战略任务设计经营、管理职能。如果企业的有些职能不合理,那就需要进行调整,对其进行弱化或取消该职能。

2)框架设计

框架设计是企业组织设计的主要部分,其内容简单来说就是纵向地分层次、横向地分部门。

3)协调设计

协调设计是指协调方式的设计。框架设计主要研究分工,有分工就必须要有协作。协调方式的设计就是研究分工的各个层次、各个部门之间如何进行合理的协调、联系、配合,以保证其高效率地发挥管理系统的整体效应。

4)规范设计

规范设计就是管理规范的设计。管理规范就是企业的规章制度,它是管理的规范和准则。结构设计最后要落实并体现为规章制度。管理规范保证了各个层次、部门和岗位按照统一的要求和标准进行配合和行动。

5）人员设计

人员设计就是管理人员的设计。企业结构本身的设计和规范设计都要以管理者为依托，并由管理者来执行。因此，按照组织设计的要求，必须进行人员设计，配备相应数量和质量的人员。

6）激励设计

激励设计就是设计激励制度，对管理人员进行激励，其中包括正激励和负激励。正激励包括工资、福利等，负激励包括各种约束机制，也就是所谓的奖惩制度。激励制度既有利于调动管理人员的积极性，也有利于防止一些不正当和不规范行为的发生。

3.3.2　组织结构设计的原则

在长期的企业组织变革的实践活动中，西方管理学家曾提出过一些组织结构设计基本原则，如管理学家厄威克曾比较系统地归纳了古典管理学派泰勒、法约尔、韦伯等人的观点，提出了 8 条指导原则：目标原则、相符原则、职责原则、组织阶层原则、管理幅度原则、专业化原则、协调原则和明确性原则；美国管理学家孔茨等人，在继承古典管理学派的基础上，提出了健全组织工作的 15 条基本原则：目标一致原则、效率原则、管理幅度原则、分级原则、授权原则、职责的绝对性原则、职权和职责对等原则、统一指挥原则、职权等级原则、分工原则、职能明确性原则、检查职务与业务部门分设原则、平衡原则、灵活性原则和便于领导原则。我国企业在组织结构的变革实践中积累了丰富的经验，也相应地提出了以下一些设计原则。

1. 任务与目标原则

企业组织结构设计的根本目的是实现企业的战略任务和经营目标。这是一条最基本的原则。组织结构的全部设计工作必须以此作为出发点和归宿点，即企业任务、目标同组织结构之间是目的同手段的关系；衡量组织结构设计的优劣，要以是否有利于实现企业任务、目标作为最终的标准。从这一原则出发，当企业的任务、目标发生重大变化时，例如，从单纯生产型向生产经营型、从内向型向外向型转变时，组织结构必须做相应的调整和变革，以适应任务、目标变化的需要。又如，进行企业机构改革，必须明确要从任务和目标的要求出发，该增则增，该减则减，避免单纯地把精简机构作为改革的目的。

2.专业分工和协作的原则

现代企业的管理，工作量大，专业性强，分别设置不同的专业部门，有利于提高管理工作的质量与效率。在合理分工的基础上，各专业部门只有加强协作与配合，才能保证各项专业管理的顺利开展，达到组织的整体目标。贯彻这一原则，在组织设计中要十分重视横向协调问题。主要的措施有：

（1）实行系统管理，把职能性质相近或工作关系密切的部门进行归类，成立各个管理子系统，分别由各副总经理（副厂长、副部长等）负责管理。

（2）设立一些必要的委员会及会议来实现协调。

（3）创造协调的环境，提高管理人员的全局观念，增加相互间的共同语言。

3.有效管理幅度原则

所谓管理幅度，又称管理宽度、管理跨度，是指在一个组织结构中，一名领导者直接领导的下属人员的数目。由于受个人精力、知识水平、经验条件的限制，管理幅度是有一定限度的。有效管理幅度不是一个固定值，它受职务的性质、人员的素质、职能机构健全与否等条件的影响。这一原则要求在进行组织结构设计时，领导人的管理幅度应控制在一定水平，以保证管理工作的有效性。管理层次亦称管理层级，是指组织的纵向等级结构和层级数目。管理层次是以人类劳动的垂直分工和权力的等级属性为基础的。由于管理幅度的大小同管理层次的多少呈反比例关系，这一原则要求在确定企业的管理层次时，必须考虑有效管理幅度的制约。因此，有效管理幅度也是决定企业管理层次的一个基本因素。组织设计的任务就是找出限制管理幅度的影响因素，根据影响因素的大小，具体确定特定企业各级各类管理组织与人员的管理幅度。

知识链接

在具体确立组织的管理幅度和层次时，我们只需要把握以下几个关系。

（1）在被管理人员确定的情况下，管理幅度与管理层次呈反比例关系。即管理幅度越大，则管理层次越少；反过来，管理幅度越小，则管理层次越多。

（2）管理幅度与管理者的个人能力有关。这里的管理能力指综合表达能力强，能够迅速地把握问题的关键，对下属的请示提出恰当的指导建议，并且能够使下属明确地理解，从而缩短与每一位下属接触所占用的时间。这样，其管理的幅度就会扩大。

（3）管理幅度与管理者的水平和管理手段的先进程度有关。管理者水平高，管理手段先进，则管理幅度大些。否则，就小些。

（4）管理幅度与被管理对象有关。下属工作能力的强弱对上级的管理幅度也有着直接的影响。下属的工作能力强，能够很快地明白上级的指令，在工作中能够独立地处理所遇到的困难和问题，就会减少对上级的时间的占用。而事事向上级请示、汇报，上级触一下动一下的下级，就必然制约上级的管理幅度。所以被管理人员素质高、责任心强，能独立胜任工作且忠于组织，则管理幅度大些。否则，就小些。

（5）管理幅度与不同工作内容和性质有关。管理者工作性质越复杂、涉及面越广、越不规范，对管理者的时间、精力的占用就越多，其管理的幅度就越小。工作的同一性越高，较容易，且规范、稳定、变化小，不需要创造性，管理者碰到同类问题的概率就越大，就可以采用程序性的方法解决，管理的幅度就大些。

（6）管理幅度与组织法规健全与否有关。对于一个法规、程序健全的组织，管理幅度就大些。反之，则小些。

(7)管理幅度与计划的详尽程度有关。计划是对工作的一种事先安排。如果计划制定得十分详尽,下级也已经透彻地了解且接受,管理工作就相对容易,管理的幅度就可以大一些。反之,就要小一些。

(8)管理幅度与管理环境的稳定性有关。管理环境稳定,组织与环境之间的适应性工作就相对简单,新问题比较少,经常性的问题可以按照既定的程序来解决,管理幅度就大些;反之,环境变化快,新问题多,管理者的时间和精力就必须用来应对出现的各种问题,管理幅度就会受到限制。

4.集权与分权相结合的原则

企业组织设计时,既要有必要的权力集中,又要有必要的权力分散,两者不可偏废。集权是大生产的客观要求,它有利于保证企业的统一领导和指挥,有利于人力、物力、财力的合理分配和使用。而分权是调动下级积极性、主动性的必要组织条件。合理分权有利于基层根据实际情况迅速而正确地做出决策,也有利于上层领导摆脱日常事务,集中精力抓重大问题。因此,集权与分权是相辅相成的,是矛盾且统一的。没有绝对的集权,也没有绝对的分权。企业在确定内部上下级管理权力分工时,主要应考虑的因素有:企业规模的大小、企业生产技术特点、各项专业工作的性质、各单位的管理水平和人员素质的要求等。

5.稳定性和适应性相结合的原则

稳定性和适应性相结合原则要求组织结构设计时,既要保证组织在外部环境和企业任务发生变化时,能够继续有序地正常运转;同时又要保证组织在运转过程中,能够根据变化了的情况做出相应的变更,组织应具有一定的弹性和适应性。为此,需要在组织中建立明确的指挥系统、责权关系及规章制度;同时又要求选用一些具有较好适应性的组织形式和措施,使组织在变动的环境中,具有一种内在的自动调节机制。

3.3.3 组织结构的类型

1.直线制组织

1)直线制组织结构的特点

直线制是最早出现的一种组织结构形式,多见于早期的军队和小规模生产组织中(见图3.3)。直线制组织结构的特点是组织中所有职位都实行从上到下的垂直领导,下级部门只接受一个上级的指令,各级负责人对其下属的一切问题负责。组织不设专门的职能部门,所有管理职能基本上都由各部门主管自己执行。因此,直线制是一种最简单的组织结构形式。

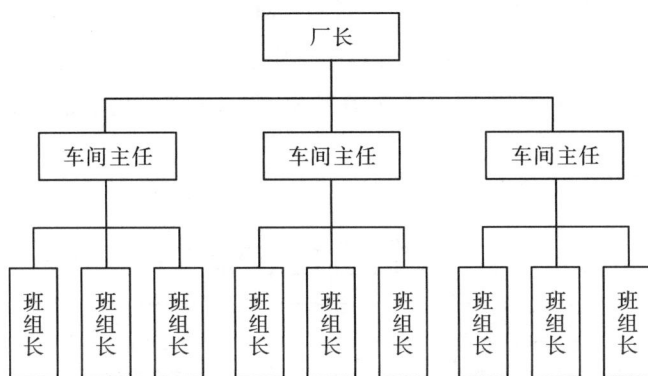

图 3.3　直线制组织结构

2）直线制组织结构的优点

（1）设置简单。只要确定管理幅度，组织就可以根据规模确定管理所需要的层级，不需要设计复杂的职能部门和参谋，因此管理成本也较低。

（2）权责关系明确。上级只分管几个部门，下属只接受一名上级的领导，每一个层级管理者的职责、权力非常清晰。

（3）有利于组织的有序运行。由于上下级之间是垂直的关系，直线制组织易于维持特定的纪律与秩序。

3）直线制组织结构的缺点

（1）专业化水平低。由于直线制组织实行垂直领导，每一个层级的管理者需要承担部门的所有工作，所以专业化程度较低。

（2）缺乏横向沟通。直线制组织强调不同层级之间的纵向联系，缺少横向沟通的通道，因此沟通路径长，导致信息传递不够顺畅。

（3）对管理人员的要求高。由于直线制组织中的管理者需要全方位负责本部门的工作，所以要求每一名管理者都通晓部门的所有事务，势必造成人员配备的困难。一般而言，培养一名通才的周期和成本要远高于培养一名专才的周期和成本。

上述缺点导致直线制组织结构只适用于规模较小、生产技术比较简单的组织，初创期的组织往往偏向于选择直线制组织结构。然而，随着组织规模扩大，人员数量增加，管理工作日益复杂，直线制组织结构就不能满足组织发展的需要了。

2. 职能制组织

1）职能制组织结构的产生

职能制组织是在直线制组织的基础上发展起来的。为了弥补直线制组织专业化程度低、对管理人员要求高等不足，如军队组织开始设置参谋职位，职能制组织就此产生。因此，职能制组织又被称为参谋组织或幕僚组织，职能制组织形式也称 U 形结构，以专业职能作为划分部门的基础，在各级管理人员之下根据业务需要设立职能机构和人员，协助其从事职能管理工作。这种结构下,管理者把相应职能的管理职责和权力交给职能机构,由职能机构在其职责范围内行使职权。直线制组织与职能制组织的区别在于:直线制组织中,对下级的管理完全由上级进行,而职能制组织则由众多管理者对下属的工作进行指挥,如图 3.4 所示。

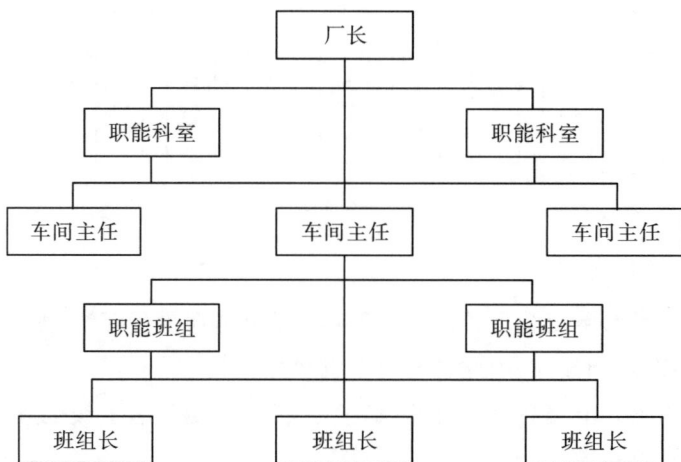

图 3.4　职能制组织结构

2)职能制组织结构的优点

(1)专业化程度高。参谋的设置有利于发挥专家的作用,能够提高管理的专业化水平,适应大生产分工协作的要求。

(2)减轻管理人员压力。职能制组织中的参谋能够从不同角度为管理者提供决策依据,使其能够专注于处理最重要的决策工作。

(3)有利于降低管理成本。职能制组织减少了设备和职能人员的重复性,有利于降低管理成本。

3)职能制组织结构的缺点

(1)缺乏协调。各职能部门执着于自己的目标,容易滋生本位主义,对需要部门间密切配合才能完成的任务缺乏协调性,部门之间缺乏交流合作,容易引发冲突,增加高层管理者协调、统筹的难度,影响组织整体目标的顺利实现。

(2)职责不清。每一级部门需要同时接受直线部门和职能部门的指挥,导致多头领导,不利于统一指挥、统一领导,不利于分清责任。

(3)不利于通才型管理人员的培养。管理者只负责其专业领域的工作,缺乏对其他领域的了解机会,不利于通才型高级管理人员的培养。

3.直线职能制组织

由于直线制、职能制组织结构均存在先天的缺陷,所以二者很难运用于现实的组织设计中。综合直线制和职能制两种形式的特点,取长补短而建立起来的组织结构就是直线职能制组织,又称直线参谋制组织。具体做法是:以直线制结构为基础,在各层级中设置相应的职能部门,即在直线制组织统一指挥的原则下,增加了参谋机构从事专业管理,如图 3.5所示。

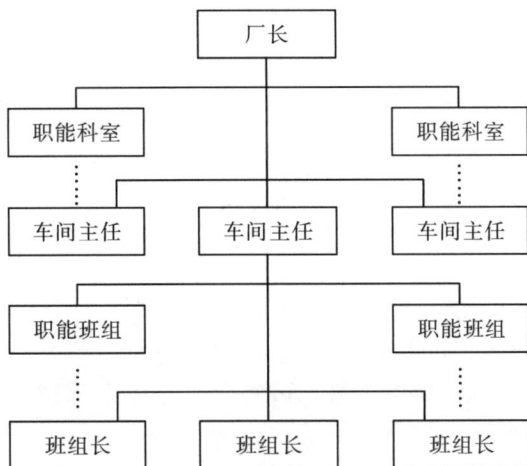

图 3.5　直线职能制组织结构

1)直线职能制组织结构的优点

(1)统一指挥与专业化管理相结合。直线职能制组织既保持了直线制组织的统一指挥优势,又吸取了职能制组织专业化管理的特长。

(2)能够有效减轻管理者负担。由于职能部门的存在,该结构不再要求管理者成为直线制组织中的通才、全才,能够有效减轻管理者的负担,同时规避了职能制组织多头指挥的问题。

2)直线职能制组织结构的缺点

(1)协调难度加大。直线部门与职能部门目标不一致,容易引发职能部门越权的现象,导致组织内部冲突增多,增加了组织内部的协调难度。

(2)损害下属的自主性。直线职能制组织的管理者数量增加,容易形成高度集权,有可能损害下属的自主性。

(3)降低对环境的适应能力。直线职能制组织结构缺乏弹性,对环境变化的反应迟钝,难以应对外部环境变化带来的挑战。

(4)降低决策效率。直线职能制组织的部门增多,沟通路径增加,易导致信息传递不顺畅,从而降低决策效率。

(5)增加管理成本。直线职能制组织的管理层级、管理人员数量明显增加,职能部门与直线部门之间的协调难度加大,势必增加管理成本。

虽然存在上述缺点,但直线职能制组织形式在世界范围内仍然为众多企业所采用。一般来说,直线职能制组织适用于规模不大、产品种类不多、内外部环境比较稳定的中小型企业。

4. 事业部制组织

1)事业部制组织结构的产生

事业部制组织也被称为 M 型组织,最早是由美国通用汽车公司总裁斯隆(Sloan)于1924 年提出的,故有"斯隆模型"之称。20 世纪 20 年代,通用汽车通过并购迅速扩大了规模,但并购后各企业仍然独立经营,直接导致企业整体生产效率降低。1923 年,斯隆就任通用汽车总裁,对组织结构进行了大胆改组,在维持分权的同时,以单位资本收益率作为考核指标对下属企业进行管理,大大改善了通用汽车的经营状况,事业部制组织从此受到多元化大企业的推崇。

事业部制组织结构是指组织面对不确定的环境,按照产品或类别、市场用户、地域及流程等不同的业务单位分别成立若干个事业部,由事业部进行独立经营和分权管理的一种分权式组织结构。其主要特点是"集中决策,分散经营"。事业部制组织结构中的事业部具备三个基本要素,即独立的市场、自负盈亏、独立经营,而总部只保留人事决策、预算控制和监督等职能,通过利润等指标对事业部进行控制。事业部制组织结构如图 3.6 所示。

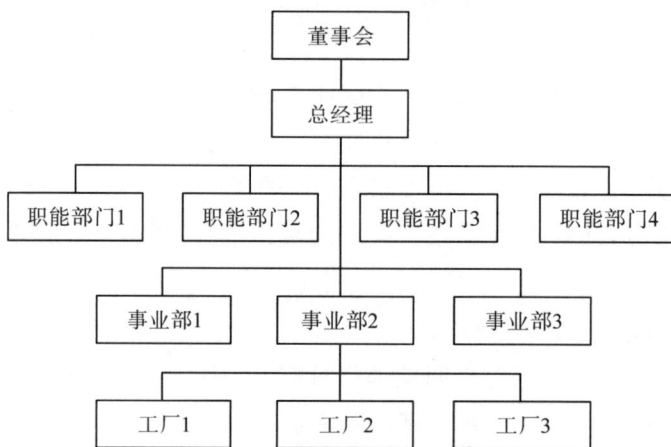

图 3.6　事业部制组织结构

2)事业部制组织结构的优点

(1)有利于管理者专注于战略规划与决策。由于各事业部独立经营,组织的最高管理层能摆脱日常行政事务,将精力集中于组织的战略规划与决策。

(2)有利于培养通才。事业部独立进行生产经营活动,对经营结果负完全责任,有利于培养经理人员的全局意识及多方面的管理技能,能为组织培养通才型高级管理人才。

(3)提高了组织对环境的适应能力。各事业部享有独立经营的权利,有利于发挥其积极性、主动性和创造性,提高了对环境的适应能力。同时,由于多个事业部的存在,也增强了组织抵御风险的能力。

3)事业部制组织结构的缺点

(1)机构重复设置导致管理成本上升。总部与各事业部均设有完备的职能机构,必然会造成管理人员增加,管理成本上升。

(2)容易滋生本位主义。虽然各事业部拥有独立的市场,但由于高度分权,容易导致各事业部只考虑自己的利益,给相互间的支持、协调带来困难,影响企业总体战略目标的实现。

知识拓展:什么是超事业部组织结构

超事业部制组织又叫作"执行部制组织",是在事业部制组织结构的基础上,在 20 世纪 70 年代美国和日本的一些大公司中出现的一种新的管理组织结构形式。它是在组织最高管理层和各个事业部之间增加了一级管理机构,负责管辖和协调所属各个事业部的活动,使领导方式在分权的基础上又适当地集中。

超事业部制组织可以更好地协调各事业部之间的关系,甚至可以同时利用若干个事业部的力量开发新产品,减轻公司总部的工作负荷。超事业部制组织强化了对各事业部的统一领导和有效管理,但增加了需要配备的人员和支付的各项费用。这种组织机构形式对规模很大的公司尤为适宜。

20 世纪 70 年代中期,随着大企业的迅速扩张,事业部越来越多,以通用电气公司而言,自 50 年代初期共分 20 个事业部,到 1967 年便膨胀到 50 多个,这使得组织的协调成本加大;而美国 70 年代的经济停滞,更加剧了企业的困难。于是从 1971 年开始,通用电气在最高领导和事业部之间设立了 5 个"超事业部"(执行部),统辖协调所属事业部活动,由副总经理负责超事业部日常事务决策,并向执行部报告,以加强各部门间的协调。1978 年 1 月,这种体制正式确立,其后一些大企业也相继采用类似结构,它反映了 70 年代大企业的集权倾向。

5.矩阵制组织

1)矩阵制组织结构的产生

由于直线职能制组织结构、事业部制组织结构均存在沟通路径过长、难以协调的弊端,于是一些企业开发了矩阵制组织结构。矩阵制组织结构是为了加强职能制组织之间的协调、引进项目管理的形式而开发的一种组织形式。

矩阵制组织结构的特点是:既有按职能划分的垂直领导系统,又有按产品或项目划分的横向领导关系,每一名下属同时接受两名上司的领导;项目组人员来自不同部门,任务完成后就解散,有关人员回原单位工作;项目小组为临时组织,负责人也是临时委任的。因此,这种组织结构非常适合需要横向协作的攻关项目。矩阵制组织结构如图 3.7 所示。

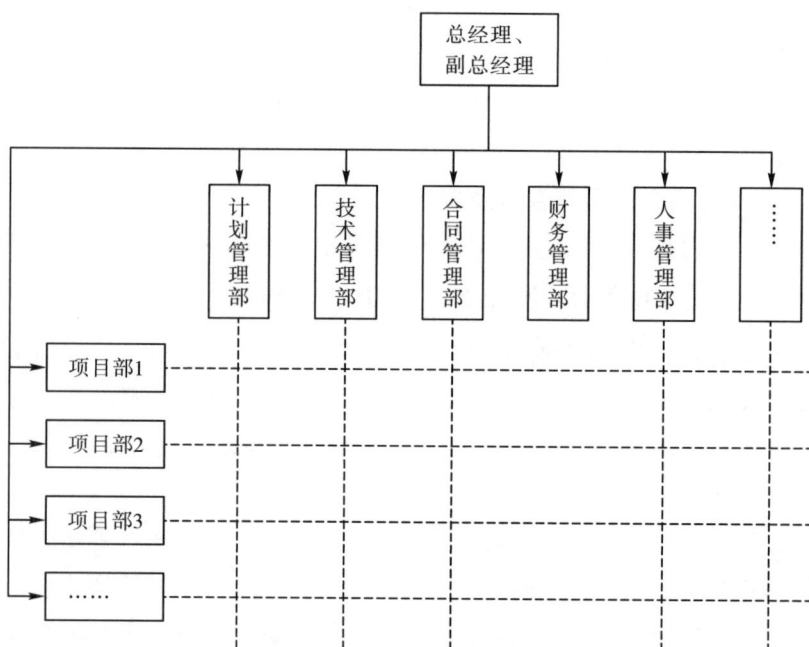

图 3.7　矩阵制组织结构

2）矩阵制组织结构的优点

（1）机动性强。矩阵制组织以项目的形式组成，成员从不同的部门抽调，具有很好的机动性，随着项目的开发与结束进行项目组的组合和解散。

（2）目标明确、人员结构合理。矩阵制组织的目标十分明确、具体，各项目组有着特定的攻关任务，人员来自与任务相关的部门，结构合理。

（3）通过异质组合实现创新。矩阵制组织的人员从各职能部门抽调而来，有着不同的专长，成员荣誉感强，工作热情高，目标一致，不同部门的员工在一起有利于相互启发，集思广益，思维的碰撞有利于技术的创新。

（4）沟通顺畅。矩阵制组织是对统一指挥原则的一种突破，由于成员同时拥有两名上司，且纵向与横向的联系形成了网络状的信息传递通道，组织内部的沟通更加顺畅。

3）矩阵制组织结构的缺点

（1）稳定性差。由于矩阵制组织的成员来自不同的部门，被抽调后势必影响原部门的工作，当项目任务完成后，成员回到原有部门时的岗位安排容易出现问题，影响组织的稳定性。

（2）多头指挥。矩阵制组织的网状结构固然能够缩短沟通路径，但由于每一名成员都要接受项目组和职能部门的领导，如果上级领导不能进行充分的沟通和协调，容易出现多头指挥的局面，不仅让下属无所适从，而且会影响目标的实现。

（3）权责不对等。为了保持组织的机动性，项目组负责人同样属于临时抽调，任务完成之后回到原部门工作，其责任大于权力，在一定程度上会对负责人的积极性造成消极影响。

矩阵制组织结构适用于一些临时性的、需要多个部门密切配合的项目。企业可以通过矩阵制组织来完成涉及面广、临时性的、复杂的重大工程项目、新产品研发或管理改革任务。

通用汽车公司的组织结构变革

当杜邦公司刚取得对通用汽车公司的控制权的时候，通用汽车公司只不过是一个由生产小轿车、卡车、零部件和附件的众多厂商组成的"大杂烩"。这时的通用汽车公司由于不能达到投资人的期望而面临困境，为了使这一处于上升时期的产业为它的投资人带来应有的利益，公司在当时的董事长和总经理杜邦(DuPont)及他的继任者斯隆的主持下进行了组织结构的重组，形成了后来为大多数美国公司和世界上著名的跨国公司所采用的多部门结构。

在通用汽车公司新形式的组织结构中，原来独自经营的各工厂，依然保持各自独立的地位，总公司根据它们服务的市场来确定它们各自的活动。这些部门均由企业的领导，即中层经理们来管理，它们通过下设的职能部门来协调从供应者到生产者的流动，即继续担负着生产和分配产品的任务。这些公司的中低管理层执行总公司的经营方针、价格政策和命令，遵守统一的会计和统计制度，并且掌握这个生产部门的生产经营管理权。最主要的变化表现在公司高层上，公司设立了执行委员会，并把高层管理的决策权集中在公司总裁一个人身上。执行委员会的时间完全用于研究公司的总方针和制定公司的总政策，而把管理和执行命令的负担留给生产部门、职能部门和财务部门。同时在总裁和执行委员会之下设立了财务部和咨询部两大职能部门，分别由一位副总裁负责。财务部担负着统计、会计、成本分析、审计、税务等与公司财务有关的各项职能；咨询部负责管理和安排除生产和销售之外公司的其他事务，如技术、开发、广告、人事、法律、公共关系等；职能部门根据各生产部门提供的日报表、月报表、季报表和年报表等，与下属各企业的中层经理一起，为该生产部门制定出"部门指标"，并负责协调和评估各部门的日常生产和经营活动。同时，根据国民经济和市场需求的变化，不时地对全公司的投入–产出做出预测，并及时调整公司的各项资源分配。

公司高层管理职能部门的设立，不仅使高层决策机构–执行委员会的成员们摆脱了日常经营管理工作的沉重负担，而且也使得执行委员会可以通过这些职能部门对整个公司及所属各工厂的生产和经营活动进行有效的控制，保证公司战略得到彻底和正确的实施。这些庞大的高层管理职能机构构成了总公司的办事机构，也成为现代大公司的基本特征。

另外，在实践过程中，为了协调职能机构、生产部门及高级主管三者之间的关系和联系，斯隆在生产部门间建立了一些由三者中的有关人员组成的关系委员会，加强了高层管理机构与负责经营的生产部门之间广泛而有效的接触。实际上这些措施进一步加强了公司高层管理人员对企业整体活动的控制。

问题：

(1)事业部制为什么能够帮助通用汽车公司取得成功？

(2)我国什么样的组织能应用事业部制？在应用事业部制时应注意什么问题？

3.3.4　组织结构的发展趋势

知识经济、全球化给现代组织管理提供了新的机遇，也带来了新的挑战。20世纪80年代之后，组织结构正在悄然发生变化，现有的组织结构形式已经不能满足企业发展的需要。企业在不断地对组织结构进行动态调整，扁平化、柔性化、无边界化、虚拟化成为组织结构演进的大趋势。

1. 扁平化

组织结构存在两种典型的类型，即高耸型组织和扁平型组织。前者组织层级多而管理幅度小，后者则正好相反。近年来，随着信息技术的发展，新型沟通工具与管理工具的使用，有效管理幅度得到提高，组织结构呈现出扁平化的趋势。

扁平化的优点在于：减少组织层级，便于高层管理者了解各科层组织的运行情况；大幅削减管理人员，节省管理成本，有效降低协调的难度；信息传递速度加快，减少信息的过滤和失真；管理幅度加大，强调员工的自我管理，有利于调动成员的积极性，提高决策的民主化程度。与此同时，扁平化存在一些弊端：管理幅度加大无形中加重了管理人员的工作负荷；虽然不同层级间的沟通路径缩短，但相同层级的沟通会产生新的困难；对管理人员的素质要求较高；以员工的自我管理、自我控制为基础，要求下属人员自立、自律，否则容易失去控制。

可见，扁平化改革，需要根据组织的特点，与业务整合、工作流程变革、信息技术（如网络建设、沟通工具）运用、制度建设、员工培训实现有机的结合。

2. 柔性化

随着环境不确定性的增加，组织需要增加柔性以应对环境变化。柔性化是通过设置协调岗位、临时委员会或工作团队的形式加强组织内部的横向联系，增强组织机动性的一种趋势。

增强组织结构的柔性通常有两种方式：一是充分发挥非正式组织的作用；二是加强横向沟通。如果特定直线部门之间需要频繁联系，可设置联络官来解决问题；为了解决直线部门间的共同问题，可设置临时委员会；如果从组织层面解决横向合作问题，则需要设置协调人员。

柔性化趋势是在企业面临的经营环境日益复杂的背景下产生的。现代企业强调随时响应客户的需求，强调创新与灵活性，采用更加柔性化的组织结构、更加灵活的管理方式，有利于企业更好地适应环境变化，建立竞争优势。

3. 无边界化

传统观点认为，组织是有边界的。这种边界包括物理边界，如企业的土地、厂房、设备；人员边界，即组织内部的成员；业务边界，即组织所在行业在价值链中所处位置。然而，在全球化时代，企业需要从世界范围内调配资源；与企业相关的人员范围也从股东、管理者、员工扩大到包括顾客、供应商、竞争者、各类协会、社区、政府等在内的利益相关者；企业的业务不再封闭,与其他组织之间的联系更加紧密,企业的边界正在被打破,组织结构也呈现出无边界化的趋势。

无边界组织概念最早由韦尔奇(Welch)提出。其基本内涵是:在构建组织结构时,不是按照某种预先设定的结构来限定组织的横向、纵向和外部边界,而是力求打破和取消组织边界,以保持组织的灵活性和有效运营。其中,横向边界是由专业分工和部门划分形成的,纵向边界是将员工划归于不同组织层次的结果,外部边界则是指将组织与顾客、供应商及其他利益相关者分离开来的"隔墙"。通过运用跨层级团队和参与式决策等结构性手段,可以取消组织内部的纵向边界,使组织结构趋向扁平化;通过跨职能团队和工作流程而非职能部门组织相关的工作活动等方式,可以取消组织内部的横向边界;通过与供应商建立战略联盟及体现价值链管理思想的顾客联系手段等方式,可以削弱或取消组织的外部边界。

无边界组织并不是一种真正意义上的组织结构,其实质是一种组织设计理念。事实上,任何组织都不可能完全取消组织内部的纵向指挥链和横向职能部门,也不可能完全消除组织与外部的边界,"无边界"只是为组织结构设计提供了一种思路,其操作要点是尽量淡化和模糊组织边界,而非绝对地消除组织边界。

4. 虚拟化

随着计算机技术发展、互联网的普及、移动终端的进化,人类已经步入数字化时代。这种技术的变化不仅影响着人们的沟通和工作方式,而且对企业的生产经营活动带来了深刻影响。虚拟化是组织结构的另一个演变趋势,而电子商务领域的企业组织是虚拟组织的最好范例。

1)电子商务企业组织的虚拟化

电子商务企业并没有制造型企业那样硕大的厂房和分销体系,但它却通过信息和资源整合创造巨大的价值,而且能够培育众多的创业者,形成一个以网络为载体的创业生态系统。2014年,阿里巴巴在美国纽约证券交易所上市,人们只知道这是一家中国电商企业,注册地在杭州。然而,杭州并不是其传统意义上的企业总部所在地,而只是注册地。与大型跨国制造企业相比,阿里巴巴是一个不折不扣的虚拟组织。

2)动态网络虚拟组织

虚拟组织并不局限于电子商务、互联网领域,制造型企业组织同样存在虚拟化的趋势,一些企业所采用的动态网络结构同样是虚拟化的具体尝试。小米手机的前身是一家以杀毒软件起家、后改做互联网的企业,但它通过资源整合实现了手机生产,创业以来的短短数年间,年产销量已经达到数千万台,一跃成为我国手机行业的龙头企业,是虚拟组织的代表,采用了动态网络型组织结构。

动态网络型组织结构是一种以项目为中心,通过与其他组织建立研发、生产制造、营销、售后服务等业务合同网,有效发挥核心业务专长的核心型组织形式。它以市场的组合方式替代传统的纵向科层组织,实现组织内在核心优势与市场外部资源优势的动态有机结合,从而具备了敏捷性和快速应变能力。其优点在于：组织结构具备更大的灵活性，以项目为中心的合作能够更好地结合市场需求整合资源，网络中的价值链可以动态调整；结构简单，多数业务实现了外包，组织结构更加扁平，效率也更高了。动态网络虚拟组织也存在缺点：组织活动多通过与其他组织的合作来完成，因此稳定性差；组织的核心是项目，因此对商业模式的要求高，需要能够持续地为合作企业带来利益；与外部组织的合作靠利益关系来维系，难以形成组织文化，不利于组织的可持续发展。

3.4 企业文化

"文化"乃是"人文化成"一语的缩写。此语出于《易经•贲卦•象传》："刚柔交错，天文也。文明以止，人文也。观乎天文，以察时变。观乎人文，以化成天下。"所谓文，就是指一切现象或形象。天文就是指自然现象，也就是由阴阳、刚柔、正负、雌雄等两端力量交互作用而形成的错综复杂、多彩多姿的自然世界。所谓人文，就是指自然现象经过人的认识、点化、改造、重组的活动。

人类传统的观念认为，文化是一种社会现象，它是由人类长期创造形成的产物，同时又是一种历史现象，是人类社会与历史的积淀物。确切地说，文化是凝结在物质之中又游离于物质之外的，能够被传承的国家或民族的历史、地理、风土人情、传统习俗、生活方式、文学艺术、行为规范、思维方式、价值观念等，它是人类相互之间进行交流的普遍认可的一种能够传承的意识形态，是对客观世界感性上的知识与经验的升华。

本书主要研究企业这一组织的文化，即企业文化。

3.4.1 企业文化的内涵

企业文化是在一定的条件下，在企业生产经营和管理活动中所创造的具有该企业特色的精神财富和物质形态。它包括企业愿景、文化观念、价值观念、企业精神、道德规范、行为准则、历史传统、企业制度、文化环境、企业产品等。企业文化主要包括物质层、行为层、制度层和精神层等四个层次的文化，如图3.8所示。

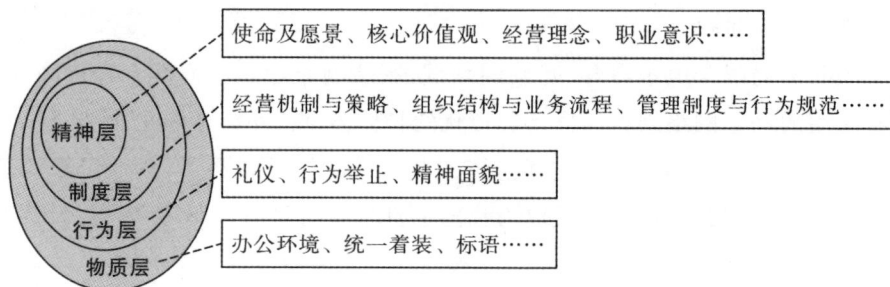

图 3.8　企业文化"洋葱"模型

1. 物质层文化

企业物质层文化也叫企业文化的物质层,是指由职工创造的产品和各种物质设施等构成的器物文化,是一种以物质形态为主要研究对象的表层企业文化。相对核心层而言,它是容易看见、容易改变的,是核心价值观的外在体现。企业物质层文化是组织文化的表层部分,是组织创造的物质文化,是形成组织文化精神层和制度层的条件,具体内容如下。

1)产品或服务

有形的产品包括其品质、特色、式样、外观和包装,如生产制造出质量可靠、性价比高的商品;无形的服务包括可以给顾客带来附加利益和心理上的满足感及信任感的售后服务。

2)企业外部特征

企业外部特征包括:企业标识,如企业名称、标志、象征物、标语等;工作环境或厂容,如企业的建筑风格、文化体育设施、办公环境等;技术装备,如配置先进的机器设备。

3)人才资源及福利待遇

人才资源及福利待遇方面,比如:通过全程、终身培训使员工均达到行业社会优秀水平,人尽其才;公司员工通过辛勤劳动获得行业和当地领先的工资、福利待遇。

4)企业广告及文化传播网络

企业广告及文化传播网络,包括企业自办的报纸、刊物、有线广播站、计算机网络平台、宣传栏、广告牌、招贴画等。

2. 行为层文化

企业行为层文化即企业文化的行为层,是指企业员工在企业经营、教育宣传、人际关系活动、文娱体育活动中产生的文化现象。它是企业经营作风、精神风貌、人际关系的动态体现,也是企业精神、企业价值观的折射。企业行为层文化建设的好坏,直接关系到企业职工工作积极性的发挥,关系到企业经营生产活动的开展,关系到整个企业未来的发展方向。企业行为层文化集中反映了企业的经营作风、经营目标、员工文化素质、员工的精神面貌等文化特征,直接影响着企业经营业务的开展和经营活动的成效。

从人员结构上划分,企业行为中又包括企业家的行为、企业模范人物的行为、企业员工群体的行为。

1)企业家行为

企业家是理念体系的建立者,富有创见,管理上明理在先,导行在后;企业家高瞻远瞩,能够敏锐地洞察企业内外的变化,为企业也为自己设计长远的战略和目标;企业家将自己的理念、战略和目标反复向员工传播,形成巨大的文化力量;企业家艺术化地处理人与工作、雇主与雇员、稳定与变革、求实与创新、所有权与经营权、经营权与管理权、集权与分权等关系;企业家公正地行使企业规章制度的"执法"权力,并且在识人、用人、激励人等方面学高为师、身正为范;企业家与员工保持良好的人际关系,关心、爱护员工及其家庭,并且在企业之外广交朋友,为企业争取必要的资源。在一定层面上,企业家的价值观代表了一个企业的价值观,"企业文化就是老板文化"的说法是有一定道理的。

2)模范人物的行为

模范人物使企业的价值观人格化,他们是企业员工学习的榜样,他们的行为常常被企业员工作为仿效的行为规范。企业的模范行为可以分为企业模范个体的行为和企业模范群体的行为两类。企业模范个体的行为标准是,卓越地体现企业价值观和企业精神的某个方面;一个企业中所有的模范人物的集合体构成企业的模范群体,卓越的模范群体必须是完整的企业精神的化身,是企业价值观的综合体现。企业模范群体的行为是企业模范个体典型行为的提升,具有全面性,因此在各方面都应当成为企业所有员工的行为规范。

3)员工群体行为

员工的群体行为决定了企业整体的精神风貌和企业文明的程度,员工群体行为的塑造是企业文化建设的重要组成部分。要通过各种开发和激励措施,使员工提高自身的知识素质、能力素质、道德素质、心理素质和身体素质,将员工的个人目标与企业目标结合起来,形成合力。

3.制度层文化

企业制度是在生产经营实践活动中所形成的,对人的行为带有强制性,并能保障一定权利的各种规定。从企业文化的层次结构看,企业制度属中间层次,是精神文化的表现形式,是物质文化实现的保证。企业制度作为职工行为规范的模式,使个人的活动得以合理进行、使内外人际关系得以协调、使员工的共同利益受到保护,从而实现企业的最终目标。

企业制度层文化主要包括领导体制、组织机构和管理制度三个方面。

1)领导体制

企业领导体制是企业领导方式、领导结构、领导制度的总称,其中主要是领导制度。企业的领导制度,受生产力和文化的双重制约,生产力水平的提高和文化的进步,就会产生与之相适应的领导体制。不同历史时期的企业领导体制,反映着不同的企业文化。在企业制度文化中,领导体制影响着企业组织结构的设置,制约着企业管理的各个方面。所以,企业领导体制是企业制度文化的核心内容。卓越的企业家就应当善于建立统一、协调的企业制度文化,特别是统一、协调的企业领导体制。

2)组织机构

如果把企业视为一个生物有机体,那么组织机构就是这个有机体的骨骼。因此,组织机构是否适应企业生产经营管理的要求,对企业生存和发展有很大的影响。不同的企业文化,有着不同的组织机构。影响企业组织机构的不仅是企业制度文化中的领导体制,而且企业文化中的企业环境、企业目标、企业生产技术及企业员工的思想文化素质等也是重要的影响因素。组织机构形式的选择,必须有利于企业目标的实现。

3）管理制度

企业管理制度是实现企业目标的有力措施和手段。它作为职工行为规范的模式,能使职工个人的活动得以合理进行,同时又成为维护职工共同利益的一种强制手段。因此,企业各项管理制度,是企业进行正常的生产经营管理所必需的,是一种强有力的保证。优秀企业文化的管理制度必然是科学、完善、实用的管理方式的体现。

4. 精神层文化

精神层文化是指企业生产经营过程中,受一定的社会文化背景、意识形态影响而长期形成的一种精神成果和文化观念,包括企业精神、经营哲学、企业道德、企业价值观念、企业风貌等内容,是企业意识形态的总和。

1）企业精神

企业精神是指企业基于自身特定的性质、任务、宗旨、时代要求和发展方向,经过精心培养而形成的企业员工群体的精神风貌。企业精神要通过企业全体员工有意识的实践活动体现出来。因此,它又是企业员工观念意识和进取心理的外化。可以说,企业精神是企业的灵魂。

企业精神通常用一些既富有哲理,又简洁明快的语言予以表达,便于员工铭记在心,时刻用于激励自己;也便于对外宣传,容易在人们脑海里形成印象,从而在社会上形成个性鲜明的企业形象。

2）经营哲学

经营哲学也称企业哲学,是一个企业特有的从事生产经营和管理活动的方法论原则。它是指导企业行为的基础。一个企业在激烈的市场竞争环境中,面临着各种矛盾和多种选择,要求企业有一个科学的方法论来指导,有一套逻辑思维的程序来决定自己的行为,这就是经营哲学。长城汽车以"精心对车、诚心待人"为服务宗旨,通过首问负责制、24小时援助服务、一次性限时服务、完善的"三级回访"等服务理念,为用户创造放心、安心、舒心的用车感受,以获得更高的用户满意度,体现"长城人"的全心关怀,提升长城汽车品牌美誉度。

3）企业道德

企业道德是指调整该企业与其他企业之间、企业与顾客之间、企业内部职工之间关系的行为规范的总和。它是从伦理关系的角度,以善与恶、公与私、荣与辱、诚实与虚伪等道德范畴为标准来评价和规范企业的。

企业道德与法律规范和制度规范不同,不具有那样的强制性和约束力,但具有积极的示范效应和强烈的感染力,当被人们认可和接受后具有自我约束的力量。因此,它具有更广泛的适应性,是约束企业和职工行为的重要手段。

4）企业价值观念

企业价值观念,是指企业职工对企业存在的意义、经营目的、经营宗旨的价值评价和为之追求的整体化、个异化的群体意识,是企业全体职工共同的价值准则。只有在共同的价值准则基础上才能产生企业正确的价值目标。有了正确的价值目标才会有奋力追求价值目标的行为,企业才有希望。因此,企业价值观决定着职工行为的取向,关系着企业的生死存亡。只顾企业自身经济效益的价值观,不仅会损害国家和人民的利益,还会影响企业形象。只顾眼前利益的价值观,会使企业急功近利,搞短期行为,失去后劲,导至灭亡。

5)企业风貌

每一个人、每一个团队或组织,在人们心目中都会有一种感觉和印象,这就是风貌。企业风貌,能够彰显群体的个性和气质,是团队精神的外在表露。要使企业员工有一个良好的精神风貌,企业管理者首先要提高自己的修养和素质,有一个良好的精神风貌,这样才能带动全体员工,把优秀的企业文化展现出来。

3.4.2　企业文化的形成与发展

企业文化是人类文化、民族文化发展的结果,是人类文化经过渔猎文化、农耕文化发展到商业文化的产物,是商业文化中的一部分,是商品经济高度发展的工业社会特有的社会文化现象。应当说,有企业和企业管理存在,就有企业文化存在。但是,一般说来,这时的企业文化属于自然生成的企业文化,真正把企业文化当成一门科学来对待,有意识地对它进行研究并运用于企业管理实践,是 20 世纪 80 年代以后的事情。

3.4.3　企业文化的功能

1. 组织文化的导向功能

组织文化的导向功能,是指组织文化能对组织整体和组织每个成员的价值取向及行为取向起引导作用,使之符合组织所确定的目标。组织文化只是一种软性的理智约束,通过组织的共同价值观不断地向个人价值观渗透和内化,使组织自动生成一套自我调控机制,以一种适应性文化引导着组织的行为和活动。

2. 组织文化的约束功能

组织文化的约束功能,是指组织文化对每个组织员工的思想、心理和行为具有约束和规范的作用。组织文化的约束不是制度式的硬约束,而是一种软约束,这种软约束相当于组织中弥漫的组织文化氛围、群体行为准则和道德规范。

3. 组织文化的凝聚功能

组织文化的凝聚功能,是指当一种价值观被该组织员工共同认可之后,它就会成为一种黏合剂,从各个方面把组织成员团结起来,从而产生一种巨大的向心力和凝聚力。而这正是组织获得成功的主要原因,"人心齐,泰山移",凝聚在一起的员工有共同的目标和愿景,推动组织不断前进和发展。

4. 组织文化的激励功能

组织文化的激励功能,是指组织文化具有使组织成员从内心产生一种高昂情绪和发奋进取精神的效应,它能够最大限度地激发员工的积极性和首创精神。组织文化强调以人为中心的管理方法。它对人的激励不是一种外在的推动而是一种内在的引导,它不是被动消极地满足人们对实现自身价值的心理需求,而是通过组织文化的塑造,使每个组织员工从内心深处产生为组织拼搏的精神。

5. 组织文化的辐射功能

组织文化的辐射功能,是指组织文化一旦形成较为固定的模式,不仅会在组织内发挥作用,对本组织员工产生影响,而且也会通过各种渠道对社会产生影响。组织文化向社会辐射的渠道是很多的,但主要可分为利用各种宣传手段和个人交往两大类。一方面,组织文化的传播对树立组织在公众中的形象有帮助;另一方面,组织文化对社会文化的发展有很大的影响。

6. 组织文化的调适功能

组织文化的调适功能,是指组织文化可以帮助新成员尽快适应,使自己的价值观和组织相匹配。在组织变革的时候,组织文化也可以帮助组织成员尽快适应变革后的局面,减少因为变革带来的压力和不适应。

胖东来的企业文化和管理理念

1. 胖东来的企业文化

胖东来秉持公平、自由、快乐、博爱的企业文化,其最显著的特点是以人为本。胖东来在追求企业盈利的过程中,不仅高度关注顾客,也同样重视员工。2021 年,于东来以"胖东来是一所学校,而非一个企业"为题进行演讲,揭示了胖东来企业管理的关键要点——注重对"人"的培养。在服务行业,员工常面临大量情绪劳动,对快乐和幸福感的需求更为迫切。为解决企业与员工的内驱力问题,胖东来构建了一套"以人为本"的文化体系。它以"自由·爱"为企业信仰,以"传播先进的文化理念"为企业使命,以"培养健全的人格,成就阳光个性的生命"为企业愿景。从这一驱动管理理念可以看出,胖东来的企业文化并非单纯追求商业效率与野心,而是倡导企业内部的和谐。

2. 胖东来的管理理念

(1)管理认知:科学、规范、公正的管理,本质上是对员工的真诚关爱。

(2)总体原则:激励员工积极努力,规范业务流程,约束违规行为,促进协作共生。

(3)员工工作规则:员工需遵规守纪,严格执行操作流程,积极协作,主动承担责任,确保规范运作,做到令行禁止。

(4)管理风格:尊重员工人格,就事论事,以理服人,依制度管理。

从小草房到 500 强：奇瑞获评"全国企业文化最佳实践企业"

继 2023 年荣获我国企业文化领域最高荣誉——全国企业文化优秀成果特等奖后，2024 年 5 月，奇瑞再度斩获"全国企业文化最佳实践企业"称号，在企业文化建设方面又获权威认可。

奇瑞控股集团党委书记、董事长尹同跃表示："企业文化是企业发展过程中一切软实力的总和，决定着一个企业能否薪火相传。"

自创立之初，奇瑞便形成了"小草房精神""奇瑞人品质"等企业文化理念。此后，奇瑞以"小草房精神"为核心，不断融入互联网用户思维、开放协作的生态思维及精益敏捷的组织思维。

据悉，奇瑞践行"三心"（好奇心、好胜心、自信心）、"三力"（领导力、学习力、沟通力）、"两声音"（倾听自己的声音、倾听客户的声音）的文化理念，凭借文化的引领，年营收超 3000 亿、拥有近 10 万员工的集团企业稳健发展，立志成为坚持长期主义的"马拉松"选手。

从"小草房"起步到跻身"500 强"，奇瑞已连续 21 年位居中国品牌乘用车出口榜首，是全球化的中国汽车企业。作为中国汽车"出海"的先行者，开放合作、互利共赢的文化理念伴随着奇瑞全球化经营的步伐，使其业务遍布全球 80 多个国家和地区。

得益于文化软实力的赋能，如今的奇瑞在技术和品牌上不断突破。2024 年 1~4 月份，奇瑞集团取得"四个第一"的佳绩：销售汽车 71.2 万辆，同比增长 55.7%，增速位居行业第一；销售新能源汽车 9.3 万辆，同比增长 137.3%，新能源增速位居行业第一；出口汽车 34.3 万辆，持续保持中国汽车出口第一；SUV 销量 57.8 万辆，市场占有率 14.4%，SUV 市占率位居行业第一。

3.3.4 企业文化的建设

1.企业文化建设的原则

1）以人为本

企业文化模式必须以人为中心，充分反映人的思想文化意识，通过企业全体人员的积极参与，发挥首创精神，企业才能有生命力，企业文化才能健康发展。

2）讲求实效

进行企业文化建设，要切合企业实际，符合企业定位，一切从实际出发，不搞形式主义，必须制定切实可行的企业文化建设方案，借助必要的载体和抓手，建立规范的内部管控体系和相应的激励约束机制，逐步建立起完善的企业文化体系。

3）全员参与

员工是企业文化的创造者，也是企业文化的实践者和丰富者。企业文化建设应坚持企业核心价值，凝聚和激励员工为实现企业的愿景而奋斗，实现企业与员工的共同发展。企业文化建设是一项具有战略意义的、长期的系统工程，是管理文化、全员文化，而不是企业文化建设部门的文化。企业文化建设没有旁观者,必须坚持管理者率先垂范与员工广泛参与,依靠广大员工主观能动作用的充分调动和发挥,形成企业文化建设广泛的群众基础,促使企业执行层理念转化为员工的自觉行动。

4)突出特色

搞好企业文化建设关键在于突出企业的鲜明个性,追求与众不同的特色、优势和差异性,培育出适应知识经济时代要求的,能够促进企业整体素质提高、健康发展,具有自身鲜明特色的企业文化。

5)循序渐进

企业文化建设是一项长期的渐进的系统工程,具有实践性和渐进性,只有经过长期的努力才能实现,在建设中必须突出重点,分步实施。同时企业文化也是一个动态发展的过程。要在继承长期生产经营过程中形成的优秀企业价值理念和管理思想的同时,不断学习,积极借鉴和吸收国内外优秀企业文化的成功经验,并在新形势下不断探索和建立包括理念创新、经营创新、管理创新、体制创新在内的全面创新体系。

2. 企业文化建设的步骤

1)制定组织文化系统的核心内容

企业价值观和企业精神是组织文化的核心内容。首先,企业价值观体系的确立应结合企业自身的性质、规模、技术特点、人员构成等因素。其次,良好的价值观应从企业整体利益的角度来考虑问题,更好地融合全体员工的行为,第三,一个企业的价值观应该凝聚全体员工的理想和信念,体现企业发展的方向和目标,成为鼓励员工努力工作的精神力量。第四,企业的价值观中应包含强烈的社会责任感,使社会公众对企业产生良好的印象。

2)进行组织文化表层的建设

组织文化表层建设主要指组织文化的物质层和制度层的建设。组织文化的表层建设主要是从企业的硬件设施和环境因素方面入手,包括制定相应的规章制度、行为准则,设计公司旗帜、徽章,建造一定的硬件设施等,为组织文化精神层的建设提供物质上的保证。

3)组织文化核心观念的贯彻和渗透

(1)员工的选聘和教育。

(2)英雄人物的榜样作用。

(3)礼节和仪式的安排和设计。

(4)组织宣传口号的设计传播。

人本管理

L 公司是一家投资近 3 亿美元的中外合资企业,坐落于上海浦东高新技术开发区。整个厂区宽敞、漂亮,整片的绿地与现代化的厂房交相辉映。

L 公司的张总经理是中方选派的,张总经理对自己的企业发展与管理颇有想法:"我们 L 公司设备先进、产品先进。作为一个高科技的企业,作为一个新成立的企业,我们并不担心技术与市场的问题,而担心文化的冲突,担心新员工进入企业后能否迅速整合的问题。"中外合资企业中通常拥有不同投资方所在国文化的背景,来自不同国家的员工具有不太一致的价值观、思维方式、行为习惯。这些不一致可能导致一个企业内存在文化的冲突。"我以为解决这个问题的关键在于迅速建立本公司的特定文化。我设想的本公司的企业文化要有一个核心理念,要有一整套将核心理念层层演化于各部门、各员工的具体表述。但是我反对形式化、千篇一律、没有变化。企业文化活动应丰富多彩,应以员工为中心。"

1. 座右铭活动

张总经理不久便在公司成立了企业文化建设委员会。该委员会经过研究开展了L员工座右铭活动。员工座右铭活动是这样展开的:每个新进公司的员工应自己掏钱买一棵公司指定范围内的树,然后亲手种在公司指定的地域之内;这棵树上挂着种植人的姓名,并由种植人负责照看,意即"十年树木,百年树人",员工与公司一起成长;与此同时,每个员工在经过公司的新员工培训后,提出自己的人生座右铭,公司希望每个员工的人生座右铭能够成为他们各自生活、工作的准则。

2. 集思广益活动

集思广益活动是指全体员工为了把生产、经营、管理等诸方面的工作做得更好而出主意、想办法、提建议。员工有建议有设想,就可写出来贴在公司各处安放的集思广益招贴板上,如果其他人对这些意见有不同看法或更进一步的想法,可以把自己的意见贴在旁边,以期讨论。每周五,部门、车间等安排一个小时的时间讨论本周的尤其是本部门内的各项建议,以期取得一致意见,安排具体改进的人员和任务;如果本周无甚建议,则可研究下周的工作安排等事项。

3. 文化活动

公司开展了一系列文化活动,如摄影比赛、体育比赛、书画活动等,让每个员工都参与活动,充分展示他们各自的才能并进行评奖。例如,摄影比赛可评出一等奖、二等奖,但评选方法并不是去找几位领导和专家打分决定,而是把选票放在展品旁边,每个人都可以去投一票,选你认为的最佳或最差的作品。更有意思的是,公司将食堂的桌椅都设计得富有变化,如桌子的形状有三角形、六角形、长方形、正方形、圆形等,椅子的色彩也富有变化。

一段时间后,上述这些活动变得难以深入展开了,因为老是这些活动,几次过后便形式化了,员工们也开始厌倦。怎么办?是公司的理念未定,还是企业文化本身就很难从变化中建立?张总经理也陷入深思,他希望从更高层次上来看待企业文化问题,但从何处着手呢?

问题:

(1)员工座右铭活动的实质是什么?与以人为本的管理思想相关吗?

(2)集思广益活动是否可能一直进行下去?它与以人为本的管理思想又有什么关系?

(3)企业文化建设如何摆脱形式化,从而真正具有丰富多彩的个性化特点?

(4)中外合资企业的文化冲突有哪些解决的思路与方法?

工作任务书

任务一:SWOT 分析方法应用		
项目	任务描述:运用 SWOT 分析方法,对自己目前的状态进行自我 SWOT 分析,并制定未来学习规划	教师打分
理论分析	可行性分析(学生课前填写)	
解决方案	(学生课前填写)	
优化方案	总结提升(学生课后填写)	
任务反思	比较研究(学生课后填写)	
任务二:学校社团组织结构设计		
项目	任务描述:画出学校某个社团的组织结构,找出其存在的问题,并运用所学知识修正组织结构,借助计算机画出组织结构图	教师打分
理论分析	可行性分析(学生课前填写)	
解决方案	(学生课前填写)	
优化方案	总结提升(学生课后填写)	

任务反思	比较研究(学生课后填写)	

任务三:班级文化建设

项目	任务描述:谈谈你所在班级的班级文化内容,并利用所学知识制定优秀班级文化建设方案	教师打分
理论分析	可行性分析(学生课前填写)	
解决方案	(学生课前填写)	
优化方案	总结提升(学生课后填写)	
任务反思	比较研究(学生课后填写)	

案例分析

某地方生产传统工艺品的企业,近年来逐渐发展壮大起来,销售额和出口额近十年来平均增长 15％,员工也由原来的不足 200 人增加到了 2000 多人。企业还是采用过去的类似直线型的组织结构,企业一把手王厂长既管销售,又管生产,是一个多面全能型的管理者。最近企业发生了一些事情,让王厂长应接不暇。其一:企业基本按订单生产,由王厂长传达生产指令,碰到着急的订单,往往是厂长带头,和员工一起挑灯夜战,虽然可按时交货,但质量不过关,许多产品被退回,并被要求索赔;其二:以前企业招聘人员人数少,所以王厂长一人就可以决定了,现在每年要招收大中专学生近 50 人,还牵涉到人员的培训等,以前的做法就不行了;其三:过去总是王厂长临时抓人去做后勤等工作,现在这方面工作太多,临时抓人去做,已经做不了做不好了。凡此种种,以前有效的管理方法已经失去作用了。

思考题:请从组织工作的角度说明企业存在的问题及建议措施。

第4章

如何激发员工积极性　增强团队凝聚力

🔵 **学习目标**

知识目标：1.掌握人员招聘与培训的方法；

2.掌握绩效考评的方法；

3.掌握薪酬管理的方法；

4.掌握激励原理与方法。

能力目标：1.能够选择合适的招聘和培训方法；

2.学会设计绩效考评方案。

价值目标：1.理解人是组织中最宝贵的资源；

2.理解以人为本，人性化管理；

3.理解人与人之间的相互理解和尊重。

🔵 **工作情境**

提拔错了吗？

朱彬是一家房地产公司负责销售的副总经理，他将公司里业绩最为出色的销售员李珊提拔为销售部经理。然而，李珊在这个新岗位上的表现差强人意。她的下属反映，李珊待人缺乏耐心，几乎无法从她那里得到工作上的指导。李珊自己也对这份工作不满意。做销售员时，她每促成一笔交易，就能立刻拿到奖金；但成为经理后，工作成效取决于下属们的表现，而且奖金要到年终才能确定。此外，有人说李珊是"被高度激发了"——她拥有一套位于市区的高价住房，开着豪华轿车，所有收入都用于生活开销。如今的李珊与之前判若两人，这让朱彬感到十分困惑。

一位管理咨询专家被请来研究这一情况，他的结论是，对李珊来说，销售部经理一职不是她所希望的，她不会卖力工作以祈求成功。

问题：就以上资料分析管理咨询专家为什么会得出这个结论？

• 95 •

名人名言

你可以搬走我的机器,烧毁我的厂房,但你要留下我的员工,我就可以有再生的机会。

——IBM 开拓者小托马斯·沃特森(Thomas J. Watson Jr.)

内容导航

		人员招聘的方式
	人员招聘	人员招聘的依据
		人员招聘的流程
	人员培训与开发	人员培训与开发的意义
		人员培训的方法
		绩效考评的分类
如何激发员工积极性	绩效考评	绩效考评的内容
增强团队凝聚力		绩效考评的方法
		绩效考评的作用
		薪酬的构成
		薪酬设计的目标
	薪酬管理	薪酬支付的 4P 理论
		薪酬设计的原则
		薪酬制度的分类
		激励的机理分析
	员工激励	激励的理论基础
		激励的原则
		激励的方法

知识模块

组织结构设计为整个组织系统的运行提供了可依托的框架。整个框架要正常运转,还需由人来操作。因此,在设计了合理的组织结构的基础上,还需为这些机构的不同岗位选配合适的人员。可以说,人员配备是组织设计的延续活动。人是组织活动的关键资源。组织中的物力或财力资源需要通过人的积极组合和利用才能发挥效用。

人员配备是企业为了实现生产经营的目标,采用科学的方法,根据岗得其人、人得其位、适才适所的原则,实现人力资源与其他物力、财力资源的有效结合而进行的一系列管理活动的总称。

人员配备的程序如下:

(1)制定用人计划,使用人的数量、层次和结构符合组织的目标任务和组织机构设置的要求。

(2)确定人员的来源,即确定是从外部招聘还是从内部重新调配人员。

(3)对应聘人员根据岗位标准要求进行考察,确定备选人员。

(4)确定人选,必要时进行上岗前培训,以确保其能适用于组织需要。

(5)将所定人选配置到合适的岗位上。

(6)对员工的业绩进行考评,并据此决定员工的续聘、调动、升迁、降职等。

4.1　人员招聘

4.1.1　人员招聘的方式

人员招聘是组织及时寻找、吸引并鼓励符合要求的人,到本组织中任职和工作的过程,是组织运作中一个重要环节。组织需要招聘员工可能基于以下几种情况:新设立一个组织;组织扩张;调整不合理的人员结构;员工因故离职而出现的职位空缺;等等。新员工入职流程如图 4.1 所示。

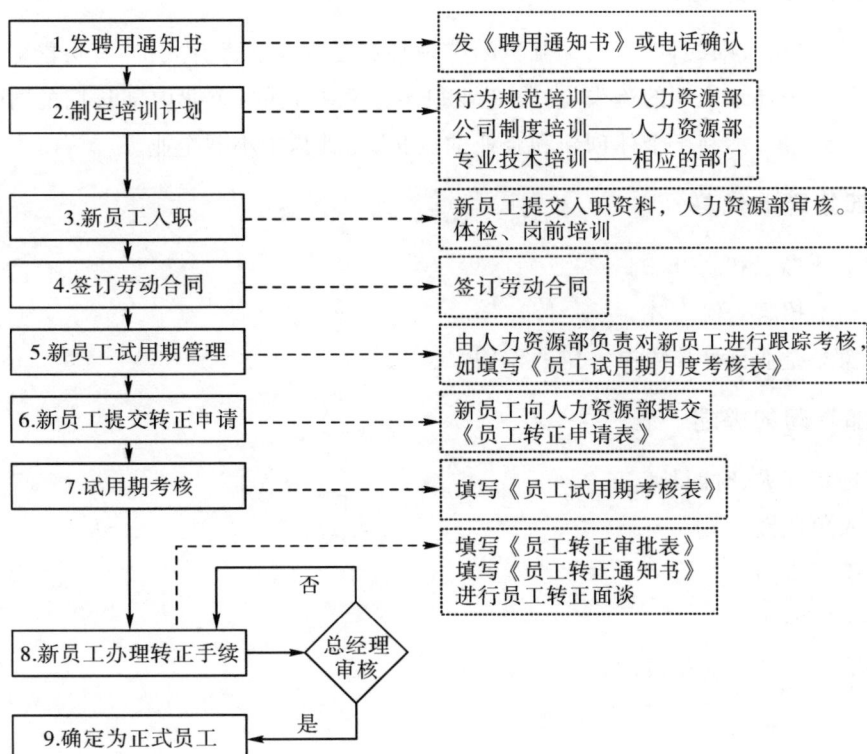

图 4.1　新员工入职流程

人员招聘的方式有内部和外部两种。

内部招聘的方式可以有晋升、工作调换、工作轮岗等,公布方法可以有推荐法、档案法、布告法等。外部招聘的方式可以有员工推荐、网络招聘、校园招聘、猎头推荐、职业介绍机构介绍等。

1. 内部招聘的优势

(1)招聘成本和效率。从内部培养和选拔人才,直接成本比较低,效率也相对较高,但企业内部要有一套系统的人员培养和选拔体系。

(2)选拔的效度与信度。企业和员工之间的信息是对称的,用人风险比较小,成功率较高。企业对于内部员工工作态度、素质、能力及发展潜能等方面有比较准确的认识和把握。

(3)员工激励。内部选拔能够给员工提供更多的成长空间,使员工的成长与组织的成长同步,容易激励和鼓舞员工士气,形成积极进取、追求成功的氛围,达成美好的愿景。

(4)价值观念。长期的磨合,员工与企业在同一个目标基础上形成趋同的价值观,相互比较信任,员工已融入企业文化之中,认同组织的价值观念和行为规范,对组织的忠诚度较高。

(5)学习成本。内部员工对企业的现有人员、业务模式和管理方式非常熟悉,易于沟通和协调,因而可以更快地进入角色,学习成本更低,有利于发挥组织效能。

2. 内部招聘的弊端

新的岗位总是有限的,内部员工竞争的结果必然是有人欢喜有人忧,有可能影响到员工之间的关系,甚至导致人才的流失,这是企业很不愿意看到的;企业内部长期的"团体思维""长官意志"等现象,不利于个体创新和企业的成长,尤其是中小型企业。

3. 外部招聘的优势

(1)带来新思想和新方法。

(2)有利于招聘一流人才。

(3)对树立企业良好形象有一定的作用。

4. 外部招聘的弊端

(1)筛选难度大、时间长。

(2)进入角色慢。

(3)招聘成本高。

(4)决策风险大。

(5)影响内部员工的积极性。

小知识:鲶鱼效应

挪威人喜欢吃沙丁鱼,尤其是活鱼。市场上活鱼的价格要比死鱼高许多,所以渔民总是千方百计带活沙丁鱼回港。虽经种种努力,可大部分沙丁鱼还是会在中途窒息而死。后来,有人在装沙丁鱼的鱼槽里放进了一条以鱼为主要食物的鲶鱼。沙丁鱼见了鲶鱼四处躲避,这样一来缺氧的问题得到解决,大多数沙丁鱼活蹦乱跳地回到了渔港。这就是著名的"鲶鱼效应"。

从人才开发的角度来看,"鲶鱼效应"是企业管理者激发员工活力的有效措施,具体是指组织管理部门通过引进优秀人才以激活原有员工的活力,产生一石激起千层浪的激荡效果。

讨论:"空降兵"? or"子弟兵"?

企业高级管理人才的来源无非以下两种:

一是选聘外来的高管人员,即"空降兵";

二是从企业内部选拔培养,即"子弟兵"。

有许多企业通过更高的薪金与福利待遇引进人才,"空降兵"们踌躇满志地进入企业,使一些企业浴火重生;然而有的时候,却在人们的一声叹息中黯然离去。这不仅会使企业元气大伤,而且在无形中挫伤了内部培养人才的积极性,故这些企业再也不愿意引进"空降兵"了。提问:难道是引进的"空降兵"能力不足?

我们不得不静心思索:如何处理所谓外部引进人才——"空降兵"与内部培养人才——"子弟兵"的关系?你倾向于哪种看法呢?谈谈你的看法。

4.1.2　人员招聘的依据

通常组织结构设计中的职位说明书,对各职位已有了明确的规定。在人员招聘时,可以通过职务分析来确定某一职务的具体要求。

1.职位说明书的含义

职位说明书(也称职务说明书、岗位说明书)是通过对工作的职位描述把直接的实践经验归纳总结上升为理论形式,使之成为指导性的管理文件。职位说明书是对企业职位的任职条件、目的、指挥关系、沟通关系、职责范围、负责程度和考核评价内容给予的定义性说明。

职位说明书主要包括两个部分:一是职位描述,主要对职位的工作内容进行概括,包括职位设置的目的、基本职责、组织图、业绩标准、工作权限等内容;二是职位的任职资格要求,主要对任职人员的标准和规范进行概括,包括该职位的行为标准,胜任职位所需的知识、技能、能力、个性特征及对人员的培训需求等内容。职位说明书的这两个部分并非简单地罗列,而是通过客观的内在逻辑形成一个完整的系统。

2.编写职位说明书的作用

编写职位说明书的作用主要体现在以下几方面:

(1)为招聘、录用员工提供依据;

（2）对员工进行目标管理；

（3）是绩效考核的基本依据；

（4）为企业制定薪酬政策提供依据；

（5）是员工进行继续教育与培训的依据；

（6）为员工晋升提供依据。

表 4.1 为某公司人力资源部部长职位说明书：

表 4.1　职位说明书

职位名称	部长	职位编号	
所属部门	人力资源部	所属职系	管理职系
直接上级	总经理	直接下级	人力资源规划与职位管理岗、招聘管理岗、培训与员工发展岗、薪酬管理岗、社保管理岗、绩效管理岗、劳动纪律监察岗
职责概述：全面负责本部门工作,制定本部门工作规划计划与预算并组织落实,组织本部门团队建设协调本部门内外部工作关系;完成目标责任要求			
职责一	组织本部门各项职责的有效执行,完成目标责任要求		
职责二	负责提出本部门内部组织设计、职能规划及岗位规划的建议,及时进行说明书的修订、完善工作,参与本部门人员招聘		
职责三	根据公司战略规划和年度经营计划,编制部门年度工作计划与预算并组织实施;定期召开部门会议,对部门各项工作任务进行合理分配		
职责四	组织收集本部门各项统计数据,及时掌握本部门各项工作进展情况并向分管领导汇报;负责与政府人力资源管理部门日常联系与沟通		
职责五	组织草拟、修订和完善本部门制度、流程和作业指导书;负责相关制度、流程与指引的宣贯与培训,确保员工理解并遵照执行		
职责六	负责本部门员工业务能力建设,对员工进行业务指导;组织本部门后备人才培养和核心人才储备		
职责七	负责制定本部门各岗位绩效考核方案;建立员工日常绩效台帐,收集和提供员工绩效数据;定期与员工进行绩效或能力提升方面的沟通		
职责八	负责组织部门文书传递、文件档案日常立卷与管理,并按档案管理规定归档		
职责九	负责组织本部门使用的设施、设备、办公用品的领用、日常维护、保管及登记		
职责十	完成上级领导交办的其他工作,完成相关部门的协办工作		
任职条件			
教育背景	本科及以上		
专业	人力资源管理、工商管理、行政管理等相关专业		
工作经验	8 年以上工作经验;5 年以上相关工作经验;3 年以上管理经验		
专业资格要求	人力资源师		
知识技能要求	人力资源管理	管理学	自动化办公软件	
	精通	熟悉	熟悉	
本岗位适用职级	高级经理		

4.1.3　人员招聘的流程

大多数企业人事部门招聘人员的基本流程为:确定人员需求—制定招聘计划阶段—人员甄选阶段—招聘评估阶段。人员招聘的具体流程如下:

(1)用人部门提出申请,向人事部门提出所需人数、岗位、要求,并解释理由;

(2)人力资源部门复核,由最高管理层审核招聘计划;

(3)人事部根据部门递交的需求人员申请单,确定招聘的职位名称和所需的名额;

(4)对应聘人员的基本要求即资格及条件进行限制,比如该职位所限制的学历、要求的年龄、所需能力和经验等;

(5)所有招聘的职位的基本工资和预算工资的核定;

(6)制定及发布资料,准备通知单或公司宣传资料,申请办理日期;

(7)联系人才市场或张贴招聘通知,安排面试时间及场地和面试方式;

(8)最终确定人员,办理试用期入职手续,合格录用则转正及办理手续;

(9)签订合同并存档。

知识链接

面试按结构化程度,可分为结构化面试、非结构化面试和半结构化面试。

结构化面试亦称"标准化面试",是一种在面试过程中采用统一的标准、问题、评价方法和评分标准来评估应聘者能力的面试方式。这种面试方式是通过对岗位需求和能力进行深入研究,并设计出标准化的面试问题来评估候选人的相关能力的。

非结构化面试与结构化面试相反,它没有固定的面试问题和评价标准,通常是基于招聘者的需求和应聘者的个人背景进行的。非结构化面试更加注重发掘应聘者的潜力和个性特质,而非仅仅考查其是否具备特定技能或知识。

半结构化面试,是指只对面试的部分因素有统一要求的面试,如规定有统一的程序和评价标准,但面试题目可以根据面试对象而随意变化。

4.2　人员培训与开发

4.2.1　人员培训与开发的意义

人员培训与开发是指企业通过培训和开发项目改进员工能力水平和组织业绩的一种有计划的、连续性的工作。培训的目的是使培训对象获得目前工作所需的知识和能力。开发是指有助于雇员为未来工作做好准备的正规教育、工作实践、人际互动及人格和能力评价等各种活动。开发是以未来为导向的,因此在开发过程中所学习的东西并不一定与雇员当前所从事的工作直接相关。

人员培训是企业、组织长盛不衰的源泉,是组织人力资源管理与开发的重要组成部分和关键职能,是企业、组织效益提高的重要途径。

人员培训与开发的意义主要体现在以下几个方面。

1.能提高员工的工作能力

人员培训的直接目的就是要发展员工的职业能力,使其更好地胜任现在的日常工作及未来的工作任务。在能力培训方面,传统的培训重点一般放在基本技能与高级技能两个层次上,但是未来的工作需要员工具有更广博的知识,培训可使员工学会知识共享,创造性地运用知识来提高企业竞争力或服务能力。同时,培训使员工的工作能力得以提高,为其取得良好的工作成果提供帮助,也为员工提供了更多的晋升和提高收入的机会。

2.有利于企业获得竞争优势

面对激烈的市场竞争,一方面,企业需要越来越多的复合型人才,为进军更大的市场打好人才基础;另一方面,员工培训可提高企业新产品研究开发的能力。人员培训就是要不断培训与开发高素质的人才,以获得竞争优势,尤其是人类社会步入以知识资源和信息资源为重要依托的新时代,智力资本已成为获取生产力、竞争力和经济效益的关键因素。企业的竞争不再只依靠自然资源、廉价劳动力、精良机器和雄厚财力,而主要依靠知识密集型的人力资本。培训是创造智力资本的途径。智力资本包括基本技能、高级技能及自我激发的创造力。因此,这要求建立一种新的适合未来发展与竞争的培训观念,以提高企业员工的整体素质。

3.有利于提高企业的工作质量

工作质量包括生产过程质量、产品质量、客户服务质量等。毫无疑问,培训使员工素质、职业能力得以提高,将直接提高和改善企业的整体工作质量。培训能提高员工的工作质量,降低成本;增强员工的安全操作知识;提高员工的劳动技能水平;增强员工的岗位意识和责任感,规范生产安全规程;增强员工的安全管理意识,提高企业管理水平。

4.有利于构建高效的工作绩效体系

在当今,科学技术的发展导致员工技能和角色不断变化,企业需要对组织结构进行重新设计,比如建设团队。今天的员工已不是简单接受工作任务,提供辅助性工作,而是需要参与企业管理与服务的团队活动。在团队工作系统中,员工扮演许多管理性质的角色。他们不仅具备运用新技术获得提高客户服务与产品质量的信息、与其他员工共享信息的能力;还具备人际交往技能和解决问题的能力、集体活动能力、沟通协调能力等。尤其是培训员工学习使用信息工具的能力,可使企业工作绩效系统高效运转。

5.可以满足员工实现自我价值的需要,传播企业价值观、宗旨、精神等

在现代企业中,员工的工作目的更重要的是"高级"需求——自我价值的实现。培训不断教给员工新的知识与技能,使其具有接受挑战性的工作与任务的能力,实现自我成长和自

我价值,这不仅使员工在物质上得到满足,而且使员工得到精神上的成就感。通过培训传播企业精神、企业文化内容,提升核心竞争力,增强员工凝聚力、归属感,使企业始终处于高速发展的道路之上。

4.2.2　人员培训的方法

1.人员培训的具体方法

1)讲授法

讲授法属于传统的培训方式,优点是运用起来方便,便于培训者控制整个过程。缺点是单向信息传递,反馈效果差。常被用于一些理念性知识的培训。

2)视听技术法

视听技术法即通过现代视听技术(如投影仪、录像机等工具)对员工进行培训。优点是视觉与听觉的感知方式直观鲜明。缺点是学员的反馈与实践较差,且制作和购买的成本高,内容易过时。多用于企业概况、传授技能等培训内容,也可用于概念性知识的培训。

3)讨论法

讨论法按照费用与操作的复杂程序又可分成一般小组讨论与研讨会两种方式。研讨会以专题演讲为主,中途或会后允许学员与演讲者进行交流沟通,优点是信息可以多向传递,与讲授法相比反馈效果较好,但费用较高。而小组讨论法的特点是信息交流方式为多向传递,学员的参与性高,费用较低。讨论法多用于巩固知识,训练学员分析、解决问题的能力与人际交往的能力,但运用时对培训教师的要求较高。

4)案例研讨法

案例研讨法通过向培训对象提供相关的背景资料,让其寻找合适的解决方法。这一方式费用低、反馈效果好,可以有效训练学员分析、解决问题的能力。

5)角色扮演法

角色扮演法即授训者在培训教师设计的工作情况中扮演其中角色,其他学员与培训教师在学员表演后作适当的点评。由于这种培训方式信息传递多向化、反馈效果好、实践性强、费用低,因而多用于人际关系能力的训练。

6)互动小组法

互动小组法也称敏感训练法。此法主要适用于管理人员的人际关系与沟通训练,即让学员在培训活动中亲身体验以提高他们处理人际关系的能力。其优点是可明显提高学员人际关系与沟通的能力,但其效果在很大程度上依赖于培训教师的水平。

7)网络培训法

网络培训法是一种新型的计算机网络信息培训方式,投入成本较大。但由于其使用灵活,符合分散式学习的新趋势,故可节省学员集中培训的时间与费用。这种培训方式信息量大,新知识、新观念传递优势明显,更适合成人的培训,因此,特别为实力雄厚的企业所青睐,也是培训发展的一个必然趋势。

8）个别指导法

师徒传承法也叫"师傅带徒弟""学徒工制""个别指导法"，是由一个在年龄上或经验上资深的员工，来支持一位较资浅者进行个人发展或生涯发展的培训机制。师傅的角色包含了教练、顾问及支持者等。身为教练，会帮助资浅者发展其技能；身为顾问，会提供支持并帮助资浅者建立自信；身为支持者，会以保护者的身份积极介入各项事务，让资浅者得到更重要的任务，或运用权力让他们升迁、加薪。

2. 培训方法的选择

企业培训的效果在很大程度上取决于培训方法的选择，不同的培训方法具有不同的特点，要选择到合适有效的培训方法，需要考虑到培训目的、培训内容、培训对象的自身特点及企业具备的培训资源等因素。在人力资源开发中，究竟选用何种培训方式与方法，经常需要考虑的因素主要有以下几种。

1）学习的目标

学习目标对培训方法的选择有着直接的影响。一般来说，学习目标若为掌握认识或了解一般的知识，那么，程序化的教学、多媒体教学、演讲、讨论、个案研读等多种方法均能采用；若学习目标为掌握某种应用技能或特殊技能，则示范、实习、模拟等方法应列为首选。

2）所需的时间

由于各种培训方式所需要的时间的长短不一样，所以，培训方式的选择还受时间因素的影响。有的培训方式需要较长的准备时间，如多媒体教学、影录带教学；有的培训方式实施起来则时间较长，如自我学习。这就需要根据企业组织、学习者及培训教师个人所能投入的时间来选择适当的培训方式。

3）所需的经费

有的培训方式需要的经费较少，而有的则花费较大。如演讲、脑力激荡、小组讨论等方法，所需的经费一般不会太高，差旅费和食宿费是主要的花费；而影音互动学习和多媒体教学则花费惊人，如各种配套设备购买等需要投入相当的资金。因此需考虑企业组织与学员的消费能力和承受能力。

4）学员的数量

学员人数的多少也影响着培训方式的选择。当学员人数不多时，小组讨论或角色扮演将是不错的培训方法；但当学员人数众多时，演讲、多媒体教学、举行大型的研讨会可能比较适当。学员人数的多少不仅仅影响着培训方式，而且影响着培训的效果。

5）学员的特点

学员所具备的基本知识和技能的多少，也影响着培训方式的选择。例如，当学员毫无计算机知识时，网络化训练或多媒体教学就不太适用；当学员的教育水准较低时，自我学习的效果就不会很好；当大多数学员分析能力欠佳并不善于表达时，辩论或小组讨论的方式将难以取得预期的效果。因此,培训方式的选择还应考虑学员本身的知识状况和应对能力。

6)相关科技的支持

有的培训方式是需要相关的科技知识或技术工具予以支持的。如,网络化训练自然需要计算机的配备;影音互动学习至少需要会用计算机和影碟机;多媒体教学则需要更多的声光器材的支持。所以,培训单位或组织能否提供相关的技术和器材,将直接影响高科技训练方式的采用。

4.3　绩效考评

绩效考评是企业绩效管理中的一个环节,是指考核主体对照工作目标和绩效标准,采用科学的考核方式,评定员工工作任务的完成情况、员工的工作职责履行程度和员工的发展情况,并且将评定结果反馈给员工的过程。

4.3.1　绩效考评的分类

1. 根据考评时间不同分为日常考评和定期考评

(1)日常考评:对被考评者的出勤情况、产量和质量实绩、平时的工作行为所做的经常性考评;

(2)定期考评:按照一定的固定周期所进行的考评,如年度考评、季度考评等。

2. 根据考评形式不同分为定性考评和定量考评

(1)定性考评:其结果呈现为对员工工作情况的文字评价,或是以优、良、中、及格、差等形式,体现员工之间评价高低的相对排序。

(2)定量考评:其结果则以分值或系数等数值形式表示。

3. 根据考评内容不同分为特征导向型、行为导向型、结果导向型考评

(1)特征导向型考评:考评的重点是员工的个人特质,如诚实度、合作性、沟通能力等,即考量员工是一个怎样的人。

(2)行为导向型考评:考评的重点是员工的工作方式和工作行为,如服务员的态度、待人接物的方法等,即对工作过程的考量。

(3)结果导向型考评:考评的重点是员工的工作内容和工作质量,如产品的产量和质量、劳动效率等,侧重点是员工完成的工作任务和生产的产品。

4. 根据考评意识不同分为客观考评和主观考评

(1)客观考评:对可以直接量化的指标体系所进行的考评,如生产指标和个人工作指标。

(2)主观考评:由考评者根据一定的标准设计考评指标体系并对被考评者进行主观评价,如工作行为和工作结果。

4.3.2 绩效考评的内容

绩效考评主要从工作态度、工作能力、工作业绩三个主要方面进行人员的考评。

1. 工作态度

工作态度是对工作所持有的评价与行为倾向,包括工作的认真度、责任度、努力程度等。由于这些因素较为抽象,因此通常只能通过主观性评价来考评。

考评工作态度的目的是了解组织成员工作上是否具有积极性、主动性,是否能够钻研业务、勇于创新,是否能够充分发挥自己的能力,是否具有较好的组织纪律性等。工作态度作为工作的内在心理动力,影响员工对工作的知觉性与判断力。一般说来,积极的工作态度可使员工对工作的知觉性、判断力、学习能力、工作忍耐力等发挥积极的影响,从而能提高其工作效率,使其取得良好的工作绩效。

具体考评如下内容:一是人际关系,即是否与同事相处融洽,并受到欢迎;二是组织纪律性,即是否能严格遵守组织制度;三是团队合作,即是否具有良好的团队合作精神,工作上能做到理解、支持、配合;四是积极主动性,即对自己的工作是否有抵触情绪,以及其严重程度如何;五是责任心,即工作是否认真负责,严于律己,不乱发议论和牢骚,对工作是否有敷衍的现象;六是进取心,即是否积极学习工作上所需要的知识,不断自我学习,不断进取。

2. 工作能力

工作能力是指对一个人担任一个职位的一组标准化的要求,用以判断其是否称职。这包括其知识、技能及行为是否能够与其工作要求相匹配。能力通常是指一个人能够发挥的力量。人的能力包括本能、潜能、才能、技能等,它直接影响着一个人做事的质量和效率。对于提高工作能力,心理学有两种解释:一是个人所能为者,二是个人将来可能为者。个人行为所表现出来的实际能力,心理学称之为"成就",而通过学习和训练或在行为中表现出来的能力,心理学则称之为"潜能"。

员工的工作能力与工作业绩呈密切的正相关关系。业绩是外在的,能力是内在的。具有较好工作业绩的员工,在一般情况下,其工作能力也一定较高;而工作能力较强的员工在工作业绩表现上也一定很不错。

一般来说,能力包括必备的知识、专业技能、一般能力等。与能力测评不同,考评工作能力,是考评员工在工作中发挥出来的能力,考评员工在工作过程中显示出来的能力,根据标准或要求,确定员工能力发挥得如何,对应于其所担任的工作、职务是多还是少、是大还是小等,最后作出评定。同时,考评能力不是考评能力的绝对值,根本点在于考评能力提高速度和幅度的相对值。通过考评要求员工原有的基础上快速、大幅度地提高工作能力。

3. 工作业绩

工作业绩是指工作人员在实际工作中所做出的成绩。比如经营者的工作业绩,就是完成主管部门下达的各项经济效益指标和工作任务的情况。工作业绩考评的出发点是对员工担当工作的结果或履行职务的工作结果的评价。工作业绩是考评的重点所在,也是考评的中心。评价、考评工作业绩的项目或指标可从工作效率(包括组织效率、管理效率、机械效率)、工作任务(包括工作数量、工作质量)、工作效益(包括社会效益、经济效益、时间效益)等方面去衡量。

4.3.3　绩效考评的方法

1. 相对评价法

1)序列比较法

序列比较法是对按员工工作成绩的好坏进行排序考评的一种方法。在考评之前,首先要确定考评的模块,但是不确定要达到的工作标准。将相同职务的所有员工在同一考评模块中进行比较,根据他们的工作状况排列顺序。最后,将每个员工几个模块的排序数字相加,就是该员工的考评结果。

2)相对比较法

相对比较法是对员工进行两两比较,任何两位员工都要进行一次比较。两个员工比较之后,相对较好的员工记"1",相对较差的员工记"0"。所有的员工相互比较完毕后,将每个人的得分相加,总分越高,绩效考评的成绩越好。

3)强制比例法

强制比例法是指根据被考评者的业绩,将被考评者按一定的比例分为几类(最好、较好、中等、较差、最差)进行考评的方法。

2. 绝对评价法

1)目标管理法

目标管理是通过将组织的整体目标逐级分解至个人目标,最后根据被考评人完成工作目标的情况进行考评的一种绩效考评方式。在开始工作之前,考评人和被考评人应该对需要完成的工作内容、时间期限、考评的标准达成一致。在时间期限结束时,考评人根据被考评人的工作状况及原先制定的考评标准来进行考评。

2)关键绩效指标法

关键绩效指标(key performance index, KPI)是通过对组织内部流程的输入端、输出端的关键参数进行设置、取样、计算、分析,衡量流程绩效的一种目标式量化管理指标,是把企业的战略目标分解为可操作的工作目标的工具,是企业绩效管理的基础。KPI 可以使部门主管明确部门的主要责任,并以此为基础,明确部门人员的业绩衡量指标。建立明确的切实可行的 KPI 体系,是做好绩效管理的关键。关键绩效指标是用于衡量工作人员工作绩效表现的量化指标,是绩效计划的重要组成部分。

小知识

KPI 法符合一个重要的管理原理:"二八原理"。二八原理,是由意大利经济学家帕累托(Pareto)提出的一个经济学原理。在一个企业的价值创造过程中,存在着"80/20"的规律,即 20%的骨干人员创造企业 80%的价值;而且在每一个员工身上"二八原理"同样适用,即 80%的工作任务是由 20%的关键行为完成的,抓住 20%的关键,就抓住了主体。二八原理为绩效考评指明了方向,即考评工作的主要精力要放在关键的结果和关键的过程上。因此,绩效考评一定要放在关键绩效指标上,考评工作一定要围绕关键绩效指标展开。

3)等级评估法

等级评估法根据工作分析,将被考评岗位的工作内容划分为相互独立的几个模块,在每个模块中用明确的语言描述完成该模块工作需要达到的工作标准。同时,将标准分为几个等级选项,如"优、良、合格、不合格"等,考评人根据被考评人的实际工作表现,对每个模块的完成情况进行评估。总成绩便为该员工的考评成绩。

3.描述法

1)全视角考评法

全视角考评法(360°考评法),即上级、同事、下级、自己和顾客对被考评者进行考评的一种考评方法。通过这种多维度的评价,综合不同评价者的意见,则可以得出一个全面、公正的评价。

360°考评法的优点:

①打破了由上级考评下级的传统考评制度,可以避免传统考评中考评者极容易发生的"光环效应""居中趋势""偏紧或偏松""个人偏见"和"考评盲点"等现象。

②管理层获得的信息更准确。

③可以反映出不同考评者对于同一被考评者不同的看法。

④防止被考评者急功近利的行为(如仅仅致力于与薪金密切相关的业绩指标)。

⑤较为全面的反馈信息有助于被考评者多方面能力的提升。360°考评法实际上是员工参与管理的方式,在一定程度上可增强他们的自主性和对工作的把控,员工的积极性会更高,对组织会更忠诚,提高了员工的工作满意度。

360°考评法的不足:

①考评成本高。当一个人要对多个同伴进行考评时,时间耗费多,由多人来共同考评所导致的成本上升可能会超过考评所带来的价值。

②成为某些员工发泄私愤的途径。某些员工不正视上级及同事的批评与建议,将工作上的问题上升为个人情绪,利用考评机会"公报私仇"。

③考评培训工作难度大。组织要对所有的员工进行考评制度的培训,因为所有的员工既是考评者又是被考评者。

2) 重要事件法

重要事件法是指考评人在平时注意收集被考评人的"重要事件"（这里的"重要事件"是指那些会对部门的整体工作绩效产生积极或消极的重要影响的事件），对这些事件要形成书面记录，根据这些书面记录进行整理和分析，最终形成考评结果。

每一个绩效管理者也需要根据企业环境、企业发展现状、员工整体水平及组织综合能力，来选择最为适合企业的绩效考评方法。

4.3.4　绩效考评的作用

1. 有助于企业达成目标

绩效考评本质上是一种过程管理，而不是仅仅对结果的考评。它是将中长期的目标分解成年度、季度、月度指标，不断督促员工实现、完成的过程。有效的绩效考评能帮助企业达成最终目标。

2. 帮助企业发现问题、改进问题

绩效考评是一个不断制订计划、执行、检查、处理的 PDCA 循环过程，在整个绩效管理环节，过程为：绩效目标设定—绩效要求达成—绩效实施修正—绩效面谈—绩效改进—再制定目标的循环，这也是一个不断发现问题、改进问题的过程。

3. 科学分配员工利益

与利益不挂钩的考评是没有意义的，员工的工资一般都分会为两个部分：固定工资和绩效工资。绩效工资的分配与员工的绩效考核得分息息相关，影响绩效工资的发放。

4. 促进企业与员工的共同成长

绩效考评的最终目的并不是单纯地进行利益分配，而是促进企业与员工的共同成长。通过考评发现问题、改进问题，找到差距进行提升，最后达到双赢。绩效考评的应用重点在薪酬和绩效的结合上。薪酬与绩效在人力资源管理中是两个密不可分的环节。在设定薪酬时，一般已将薪酬分解为固定工资和绩效工资，绩效工资正是通过绩效予以体现的，而对员工进行绩效考评也必须要表现在薪酬上，否则绩效和薪酬都失去了激励的作用。

5. 人员激励

通过绩效考评，把员工聘用、职务升降、培训发展、劳动薪酬相结合，使企业激励机制得到充分运用，有利于企业的健康发展；同时对员工本人，也便于建立其不断自我激励的心理模式。

4.4　薪酬管理

对企业人力资源管理来说,薪酬制度无疑是基础而核心的内容,由于薪酬的敏感性和重要性,所以企业建立合理的薪酬制度是非常必要的。倘若企业的薪酬制度存在不科学不合理的问题,那么不仅会影响员工满意度,导致员工工作积极性下降,严重的还可能会导致员工的离职,从而影响企业的稳定。

4.4.1　薪酬的构成

薪酬,由薪和酬组成。在现实的企业管理环境中,往往将两者融合在一起。

薪,指薪水,又称薪金、薪资,所有可以用现金、物质来衡量的回报可称之为薪,也就是说薪是可以数据化的,我们发给员工的工资、保险、实物福利、奖金、提成等都是薪。做工资、人工成本预算时我们预计的数额都是"薪"。

酬,涵盖报酬、报答、酬谢等含义,是一种侧重于精神层面的酬劳。在企业管理实践中,常出现两种看似矛盾的现象:有些企业给予员工的工资水平较高,福利也不错,但员工仍对企业诸多不满,甚至传播负面评价;而另一些企业,工资不高,员工工作量大、工作辛苦,却依然保持积极的工作态度。究其根源,问题往往出在"酬"的层面。当企业缺乏文化内涵与情感关怀时,员工会感到梦想缺失、前途渺茫、缺乏安全感,进而将与企业的关系简化为纯粹的金钱交易。这种单纯基于"薪"的交换关系,难以让员工产生归属感。

从某种意义上说,薪酬是组织对员工的贡献包括员工的态度、行为和业绩而做出的各种回报。从广义上讲,薪酬包括工资、奖金、休假等外部回报,也包括参与决策、担更大的责任等内部回报。

外部回报是指员工因为雇佣关系从自身以外所得到的各种形式的回报,也称外部薪酬。外部薪酬包括直接薪酬和间接薪酬。直接薪酬是员工薪酬的主体组成部分,它包括员工的基本薪酬,即基本工资,如周薪、月薪、年薪等;也包括员工的激励薪酬,如绩效工资、红利和利润分成等。间接薪酬即福利,包括公司向员工提供的各种保险、非工作日工资、额外的津贴和其他服务,比如单身公寓、免费工作餐等。

内部回报指员工自身心理上感受到的回报,主要体现为一些社会和心理方面的回报。一般包括参与企业决策,获得更大的工作空间或权限、更大的责任、更有趣的工作、更多的个人成长机会和活动的多样化等。内部回报不是简单的物质付出,对于企业来说,如果运用得当,也能对于员工产生较大的激励作用。然而,在管理实践中内部回报方式经常会被管理者所忽视。管理者应当认识到内部回报的重要性,并合理地利用。

4.4.2　薪酬设计的目标

薪酬要发挥应有的作用,薪酬管理应达到以下三个目标:效率、公平、合法。达到效率和公平目标,就能促使薪酬激励作用的实现,而合法性是薪酬的基本要求,因为合法是公司存在和发展的基础。

1. 效率目标

效率目标包括两个层面:第一个层面是站在产出角度来看的,即薪酬给组织绩效带来的最大价值包括所有的员工绩效考评;第二个层面是站在投入角度来看的,即实现薪酬成本的控制。薪酬效率目标的本质是用适当的薪酬成本给组织带来最大的价值。

2. 公平目标

公平目标包括三个层次,分配公平、过程公平、机会公平。

(1)分配公平是指组织在进行人事决策、决定各种奖励措施时,应符合公平的要求。如果员工认为受到不公平对待,将会产生不满。员工对于分配公平的认知,来自其对于工作的投入与所得进行主观比较而定,在这个过程中还会与过去的类似经验、同事、同行、朋友等进行对比。分配公平分为自我公平、内部公平、外部公平三个方面。自我公平,即员工获得的薪酬应与其付出成正比;内部公平,即同一企业中,不同职务的员工获得的薪酬应正比于其各自对企业做出的贡献;外部公平,即同一行业、同一地区或同等规模的不同企业中类似职务的薪酬应基本相同。

(2)过程公平是指在决定任何奖惩决策时,组织所依据的决策标准或方法符合公正性原则,程序公平一致、标准明确、过程公开等。

(3)机会公平指组织赋予所有员工同样的发展机会,包括组织在决策前与员工互相沟通,组织决策考虑员工的意见,主管考虑员工的立场,建立员工申诉机制等。

3. 合法目标

合法目标是企业薪酬管理的最基本前提,要求企业实施的薪酬制度符合国家、省区的法律法规、政策条例要求,如不能违反最低工资制度、法定保险福利等。

4.4.3　薪酬支付的 4P 理论

薪酬支付的基础有四种:职位(position)、能力(person)、绩效(performance)和市场(place),这就是所谓的"4P 理论"。

1. 基于职位的薪酬设计

基于职位的薪酬设计所暗含的逻辑是薪酬的支付应该根据职位的相对价值确定。其实这种方式就是要对某一职位所应该履行的义务、承担的责任进行支付,而与谁在这个职位上工作无关,可以简单概括为"对事不对人"。这种方法的优点是职位价值的衡量相对简单,具有较强的客观性,比较适用于传统产业和管理职位等。

2. 基于能力的薪酬设计

基于能力的薪酬设计则与基于职位的薪酬设计正好相反，叫作"对人不对事"，即不论员工在哪个职位工作，不论他实际做了哪些工作，只要他自身具备了一定的知识、技能和经验，企业就要支付给他相应的薪酬。这是一种能够有效促进员工学习、成长的方法，通常来说，研发人员、高层管理人员比较适合这种方式。

3. 基于绩效的薪酬设计

基于绩效的薪酬设计比较容易理解，那就是完全依照员工的工作结果来支付薪酬。无论他处于什么职位、拥有什么样的能力、在工作中如何努力，只要最终的绩效结果不好，那么他都无法获得相应的报酬。比如传统的计件工资制就是典型的基于绩效的薪酬方案。基于绩效的薪酬具有更强的公平性、灵活性、激励性。通常来说，销售人员比较适合这种方式。

4. 基于市场的薪酬设计

基于市场的薪酬设计更容易理解，首先，薪酬的设计不是盲目的，它应具有一定的市场导向性。企业要想留住人才，就必须考虑其市场价值来制定薪酬模式，一般以高于同行业的薪资标准挽留人才，以提高企业外部竞争力。

4.4.4 薪酬设计的原则

设计薪酬时必须遵循一定的原则，这些原则包括战略导向、经济性、体现员工价值、激励作用、内部一致性（相对公平）、外部竞争性等原则。

1. 战略导向原则

战略导向原则强调企业设计薪酬时必须从企业战略的角度进行分析，制定的薪酬政策和制度必须体现企业发展战略的要求。

2. 经济性原则

薪酬设计的经济性原则强调企业设计薪酬时必须充分考虑企业自身发展的特点和支付能力。它包括两个方面的含义，短期来看，企业的销售收入扣除各项非人工（人力资源）费用和成本后，要能够支付起企业所有员工的薪酬；从长期来看，企业在支付所有员工的薪酬及补偿所用非人工费用和成本后，要有盈余，这样才能支撑企业追加和扩大投资，获得企业的可持续发展。

3. 体现员工价值原则

现代的人力资源管理必须解决企业的三大基本矛盾，即人力资源管理与企业发展战略之间的矛盾，企业发展与员工发展之间的矛盾和员工创造与员工待遇之间的矛盾。

4. 激励作用原则

企业在设计薪酬制度时,应当体现对员工的激励作用和对人力资源的保护作用,注重长期激励与物质激励,应当有利于保持和吸引优秀的人才。

5. 内部一致性(相对公平)原则

内部一致性原则是亚当·斯密公平理论在薪酬设计中的运用,它强调企业在设计薪酬时要"一碗水端平"。内部一致性原则包含几个方面。一是横向公平,即企业所有员工之间的薪酬标准、尺度应该是一致的;二是纵向公平,即企业设计薪酬时必须考虑历史的延续性,一个员工过去的投入产出比和将来的都应该是基本一致的,而且还应该是有所增长的。

6. 外部竞争性原则

外部竞争性原则前文已经提到过,它强调企业在设计薪酬时必须考虑同行业薪酬市场的薪酬水平和竞争对手的薪酬水平,保证企业的薪酬水平在市场上具有一定的竞争力,能充分地吸引和留住企业发展所需的战略、关键性人才。

4.4.5　薪酬制度的分类

在企业薪酬制度中,其实有多重分类,每种分类都是不相同的,一般主要分为岗位、技能、市场和绩效四种导向的薪酬,企业可以根据自身发展实际进行合理的选择。

1. 以岗位为导向的薪酬制度

这种薪酬制度主要以岗位为导向,但并非全部只按照岗位来执行,即企业在做好岗位评价的基础上,根据岗位的重要性、对企业的贡献、工作难度进行薪酬的确定。不过这种薪酬制度模式不适合单独使用。

2. 以技能为导向的薪酬制度

这种薪酬制度在民营企业中应用比较多,主要是以能力定薪酬,具有较强的公平性,其实和传统的"多劳多得"道理差不多。不过这种薪酬制度容易出现薪酬差异化,企业还需要这方面的管理。

3. 以市场为导向的薪酬制度

这种薪酬制度相对来说是非常合理的,因为薪酬的确定都是依照市场进行的,不仅可以体现出很好的公平性,而且有利于提高企业薪酬的市场竞争力。比如薪酬水平的制定可以通过薪酬调查方式来进行,可以让自身的薪酬水平更富竞争力。

4. 以绩效为导向的薪酬制度

顾名思义,绩效就是员工的工作业绩,相对应的就是员工的个人能力,目前企业中广泛采用的绩效考评就是对这种制度最好的诠释。以绩效为导向的薪酬制度可以很好地加强薪酬激励的作用。

4.5 员工激励

4.5.1 激励的机理分析

什么是激励？美国管理学家贝雷尔森（Berelson）和斯坦尼尔（Steiner）给激励下了如下的定义："一切内心要争取的条件、希望、愿望、动力等都构成了对人的激励——它是人类活动的一种内心状态。"心理学家一般认为，人的一切行动都是由某种动机引起的。动机是人类的一种精神状态，它对人的行动起激发、推动、加强的作用，因此称之为激励。人类的有目的的行为都是出于对某种需求的追求。未得到满足的需求是产生激励的起点，进而导致某种行为。行为的结果，可能是需求得到满足，之后再发生对新需求的追求；行为的结果也可能是遭受挫折，追求的需求未得到满足，由此而产生消极的或积极的行为。这种激励过程可用图 4.2 来描述。

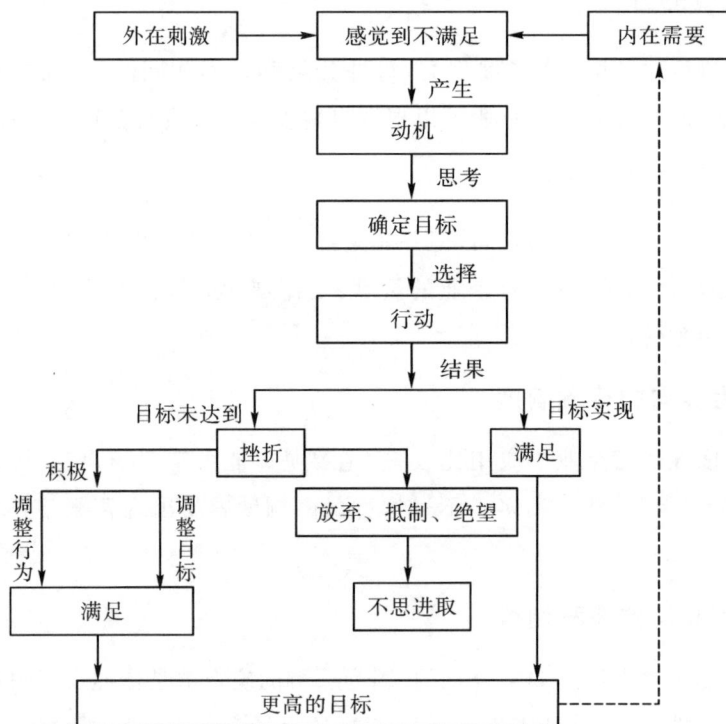

图 4.2 激励的基本过程

4.5.2　激励的理论基础

激励理论是关于激励的指导思想、原理和方法的概括与总结。按照研究的侧重不同,激励理论通常可分为行为基础理论、过程激励理论和行为强化理论。

行为基础理论着重研究人的需要,回答了"以什么为基础(或根据),什么才能激发人的积极性"的问题,主要包括需求层次理论、双因素理论和成就需要理论。

过程激励理论着重研究行为的发生机制,回答了"如何由需要引起动机,由动机推动行为,并由行为导向目标"的问题,主要包括公平理论、期望理论和目标设置理论。

行为强化理论着重研究对行为的修正和固化,回答了"怎样使积极行为得到巩固,使消极行为得以转化"的问题,代表理论为强化理论。

1. 需求层次论

需求层次理论是由美国著名的心理学家马斯洛教授在 1943 年出版的《人类的动机理论》一书中提出的,这一理论的基本内容是:人有多种需求,共分为五个层次,见图 4.3。这五个需求是有层次之分的,分为较低层次需求(生理需求、安全需求)和较高层次需求(社交需求、尊重需求和自我实现需求)。

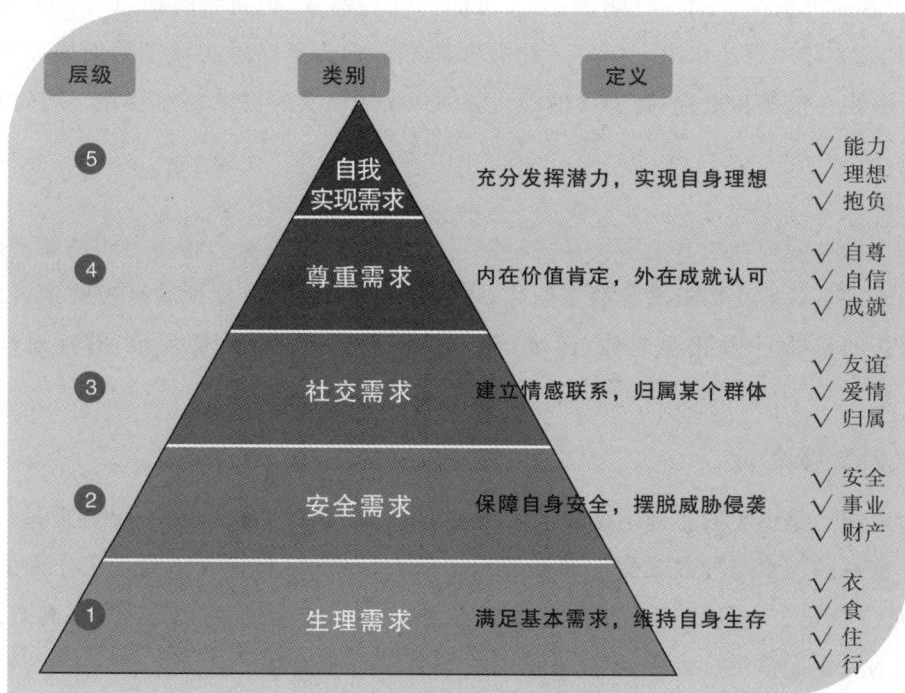

图 4.3　马斯洛需求层次理论

1)基本内容

(1)生理需求:人的最基本的需求,在各层次需求中居于基础地位,是维持生命所必需的,包括人们的衣、食、住、行。该需求得不到满足,也就谈不上其他的需求。只有生理需求得到满足了,人们才会关注更高层次的需求。

(2)安全需求:保护自己免受生理和心理伤害的需求。不仅包括对现在的社会生活各个方面的安全需求,也包括对未来的安全需求。

(3)社交需求:也称归属需求。人是社会动物,是社会关系的总和。任何人都不可能孤立地生存和工作,总希望与别人交往,在交往中受到关注、接纳、关心、友爱等,要求在感情上有所归属。

(4)尊重需求:包括内部尊重需求和外部尊重需求。人们并不仅仅满足于作为组织的一员,总是希望自己的重要性得到认可,希望自己的成就、人品、才能等得到较高的评价,希望自己拥有一定的声望,有一定的影响力。内部尊重因素,如自尊、自立和成就;外部尊重因素,如地位、认可和关注。

(5)自我实现需求:最高层次的需求,在上述需求满足后,这个需求就凸显出来了。自我实现需求是一种追求个人能力极限的内驱力,包括成长与发展、发挥自己的潜能和实现理想的需求。

五种需求像阶梯一样从低到高,按层次逐级递升,但这种次序不是完全固定的,可以变化,也有种种例外情况。同一时期,一个人可能有几种需求,但每一时期总有一种需求占支配地位,对行为起决定性作用。任何一种需求都不会因为更高层次需求的发展而消失。各层次的需求相互依赖和重叠,高层次的需求发展后,低层次的需求仍然存在,只是对行为影响的程度大大减小了。

2)实践启示

正确认识被管理者的需求层次,进行科学分析,区别对待;努力将本组织的管理手段、管理条件同管理者各层次需求满足联系起来,不失时机地、最大限度地满足被管理者的需求;在科学分析的基础上,找出受时代、环境、个人条件差异影响的优势需求,有针对性地进行激励。

2. 双因素理论

双因素理论是由美国心理学家赫茨伯格提出的,该理论也称为激励-保健理论。他认为导致工作满意的因素与导致工作不满意的因素是有区别的,管理者消除了工作中的不满意因素,只能安抚员工,而不能激励员工。赫茨伯格修正了传统的关于满意与不满意的观点,认为满意的对立面是没有满意,不满意的对立面是没有不满意。

1)保健因素

保健因素也称为环境因素,主要包括除工作本身之外的外界环境因素,如公司政策、人际关系、监督、工作环境、薪金、地位等。他认为这些工作环境和工作条件不具备时,会使员工感到不满意,从而降低员工的工作积极性和热情。如果具备这些条件,就不会降低其工作热情,就能够维持员工已有的现状,但不会因此提高其工作积极性。

2)激励因素

激励因素主要是工作本身的因素,包括工作本身的挑战性、工作成就的认可、工作责任、晋升等。他认为这些工作本身因素的改善,能够激发和调动员工的积极性和热情,从而会经常性地提高员工的工作效率。如果这些因素没有处理好,也会引起员工的不满,但影响不是很大。

赫茨伯格所说的保健因素和激励因素在实际的工作中有所交叉,也因管理对象的不同而存在差异。作为管理者要善于区分和应用这两种因素的作用。要正确识别挑选激励因素,能够对员工产生激励的因素在实践中不是绝对的,常常因人因地不同,有时差别很大,必须在实际分析的基础上,灵活地加以确定和应用。

3. 公平理论

公平理论是美国心理学家亚当斯于 1963 年提出的,也称社会比较理论。该理论主要讨论报酬的公平性对人的工作积极性的影响,即人除了关注自己报酬的绝对量外,还关注与相关的他人的报酬相比较的相对量。该处的比较有横向比较和纵向比较之分,人们往往更注重横向比较的公平性。

1)横向比较

横向比较即将自己与别人相比较来判断自己所获报酬的公平性。O(outcome)代表报酬,如工资、奖金、提升、赏识、受人尊重等,包括物质方面和精神方面的所得。I(input)代表投入,如工作的数量和质量、技术水平、努力程度、能力、精力、时间等。A 代表当事人。B 代表参照对象。

横向比较用公式表示如下:

$(O/I)_A < (O/I)_B$　不公平(本人报酬低)

$(O/I)_A = (O/I)_B$　公平

$(O/I)_A > (O/I)_B$　不公平(本人报酬高)

$(O/I)_A$:本人的报酬与投入之比;$(O/I)_B$:相关他人的报酬与投入之比。

在感觉到不公平存在的情况下,个人主体就会采取措施。在第一种不公平下,他可能要求,一是增加自己的报酬绝对量或者减少自己的投入量;二是减少他人的报酬绝对量或者增加他人的投入量。在第二种不公平下,他可能自己主动要求多做些工作,但不会主动要求减少自己的报酬。

2)纵向比较

纵向比较即将自己当前的报酬与过去的报酬相比较。H 表示当事人过去的情况,有

$(O/I)_A < (O/I)_H$　过去的报酬高

$(O/I)_A > (O/I)_H$　现在的报酬高

当出现第一种情况时,人会有不公平的感觉,这可能导致其工作积极性下降。

当出现第二种情况时,人不会因此产生不公平的感觉,但也不会觉得自己多拿了报酬而主动多做些工作。调查和实验的结果表明,不公平感的产生,绝大多数是由于经过比较认为自己报酬过低而产生的;但在少数情况下,也会由于经过比较认为自己的报酬过高而产生。

3)实践启示

首先,影响激励效果的不仅有报酬的绝对值,还有报酬相对值。其次,激励时应力求公平,使上述等式在客观上成立,尽管有主观判断的误差,也不致造成严重的不公平感。再次,在激励过程中应注意对被激励者公平心理的引导,使其树立正确的公平观,一是要认识到绝对的公平是不存在的,二是不要盲目攀比。

为了避免职工产生不公平的感觉,企业往往采取各种手段营造公平合理的气氛,使职工产生一种主观上的公平感。如有的企业采用保密工资的办法,使职工相互不了解彼此的收支比率,以免职工相互比较而产生不公平感。

4. 期望理论

弗鲁姆(Vroom),美国心理学家,于1964年提出期望理论。人们在采取一定的行为之前,总是要对自己行为所指向的目标的价值及成功的概率进行一番估计。当他认为行为指向的目的正是自己所期望的,对自己的价值较大时,其行动的激发力量就会增大;反之,则反之。同时,当他估计到自己的行为成功的可能性较大时,其激发力量也会增大;反之,如果成功的概率微乎其微或者根本不可能,那么他的激发力量也就微乎其微或者为零。用公式表示如下:

(激发力量)M=(效价)V×(期望值)E

可以看出,V 和 E 任何一个出现其值小的情况,则 M 的值都将变小。

根据该理论,在实际管理中,须处理好以下几个方面的关系:

第一,努力和绩效之间的关系:只有当预期达到目标的概率较高时,才能激发很强的工作力量。

第二,绩效与奖励之间的关系:只有预期完成绩效能获得奖励时,才有较高的工作热情。

第三,奖励与个人目标之间的关系:如果获得奖励正是个人所期望的,即对个人的价值较大,则激发的工作力量也较大。

5. 强化理论

强化理论是美国心理学家斯金纳(Skinner)于20世纪70年代提出的,主要研究人的行为与外部因素之间的关系,是以学习的强化原则为基础的关于理解和修正人的行为的一种学说。人们为了实现自己的目标,就必须采取一定的行为。行为产生结果,结果作用于环境,环境对结果作出评价,该评价对人的以后的行为产生影响,好的评价会加强该行为,使其重复出现;不好的评价或者不进行评价,则该行为将会减弱甚至消失。环境所起的就是强化的作用。

利用强化方式改造行为,一般有四种基本方式。

(1)正强化:对于积极的、符合组织目标的行为进行奖赏,如奖金、表扬、提升、改善工作关系等。受到正强化的行为得到加强,就会重复出现,从而有利于组织目标的实现。

(2)负强化:对那些消极的、与组织目标偏离或者背道而驰的行为进行惩罚,如克扣奖金、批评、降级等。消极的行为得到负强化,就会减弱或消失。

(3)自然消退:对某种行为不予回应,以表示对该种行为的轻视或某种程度的否定,从而减少这种行为的出现。比如:有经验的教师往往对上课扮鬼脸的淘气的学生佯装未见,使其自讨没趣而自行收敛。

(4)惩罚:用批评、降职、罚款等带有强制性、威胁性的结果,创造一种令人不快甚至痛苦的环境,以表示对某些不符合要求行为的否定,从而消除这些行为重复发生的可能性。

上述基本强化方式中,正强化是影响行为的最有力手段,它能够增强或增加有效的工作行为。自然消退只使员工知道不应该做什么,而不能使其知晓应该做什么。

6. X 理论和 Y 理论

X、Y 理论是由麦格雷戈于 1957 年在他所著的《企业的人性面》一书中首次提出来的理论,实质上是 X、Y 假设。

1)X 理论基本内容

(1)多数人天生是懒惰的,他们都尽可能逃避工作;

(2)多数人都没有雄心大志,不愿负任何责任,而心甘情愿受别人的指导;

(3)多数人的个人目标都是与组织的目标相矛盾的,必须用强制、惩罚的办法,才能迫使他们为实现组织目标而工作;

(4)多数人工作都是为了满足基本的生理需要和安全需要,因此,只有金钱和地位才能鼓励他们努力工作;

(5)人大致可以分为两类,多数人都是符合于上述设想的人,另一类是能够自己鼓励自己、能够克制感情冲动的人,这些人应负起管理的责任。

2)Y 理论基本内容

(1)一般人都是勤奋的,如果环境条件有利,工作如同游戏或休息一样自然;

(2)控制和惩罚不是实现组织目标的唯一方法,人们在执行任务中能够自我指导和自我控制;

(3)在正常情况下,一般人不仅会接受责任,而且会主动寻求责任;

(4)在人群中广泛存在着高度的想象力、智谋和解决组织中问题的创造性;

(5)在现代工业条件下,一般人的潜力只利用了一部分。

Y 理论告诉管理者,要尊重和相信下属员工,要为他们提供工作和发展的条件和机会,要想办法激励和调动员工的工作积极性,使人的智力、才能得到充分的发挥,在满足个人需求和目标的同时实现组织的目标。从现代管理发展的趋势来看,似乎 Y 理论更容易被大多数人接受,但这并不代表说 Y 理论就十分正确、任何情况都适用。在实际管理工作中,还是要将两种理论结合起来,根据不同情况灵活运用。

4.5.3 激励的原则

在制定和实施员工激励政策时必须遵守一定的原则,才能进一步提高激励机制的效果和作用。

(1)目标结合原则。在激励机制中,设置目标是一个关键环节。目标设置必须同时体现组织目标和员工需要的要求。

(2)物质激励和精神激励相结合的原则。物质激励是基础,精神激励是根本。在两者结合的基础上,逐步过渡到以精神激励为主。一般来说,物质激励可转化为精神激励。

(3)引导性原则。外部激励措施只有转化为被激励者的自觉意愿,才能取得激励效果。因此,引导性原则是激励过程的内在要求。

(4)合理性原则。激励的合理性原则包括两层含义:其一,激励的措施要适度,要根据所实现目标本身的价值大小确定适当的激励量;其二,奖惩要公平。

(5)明确性原则。激励的明确性原则包括三层含义:其一,明确,激励的目的是需要做什么和必须怎么做;其二,公开,特别是应分配奖金等大量员工关注的问题的处理时,更为重要;其三,直观,实施物质奖励和精神奖励时都需要直观地表达它们的指标,总结授予奖励和惩罚的方式。直观性与激励影响的心理效应成正比。

(6)时效性原则。要把握激励的时机,“雪中送炭”和“雨后送伞”的效果是不一样的。激励越及时,越有利于将人们的激情推向高潮,使其创造力连续有效地发挥出来。

(7)正激励与负激励相结合的原则。对员工违背组织目的的非期望行为进行惩罚。正负激励都是必要而有效的,不仅作用于当事人,而且会间接地影响周围其他人。

(8)按需激励原则。激励的起点是满足员工的需要,但员工的需要因人而异,因时而异,并且只有满足最迫切需要(主导需要)的措施,其效价才高,其激励强度才大。因此,领导者必须深入地进行调查研究,不断了解员工需要层次和需要结构的变化趋势,有针对性地采取激励措施,才能收到实效。

彼得原理

彼得原理是美国学者劳伦斯·彼得(Laurence Peter)在对组织中人员晋升的相关现象研究后得出的一个结论:在各种组织中,由于习惯于对在某个等级上称职的人员进行晋升提拔,因而雇员总是趋向于被晋升到其不称职的地位。彼得原理有时也被称为“向上爬”理论。这种现象在现实生活中无处不在:一名称职的教授被提升为大学校长后无法胜任;一个优秀的运动员被提升为主管体育的官员,导致无所作为。对一个组织而言,一旦相当部分人员被推到其不称职的级别,就会使组织人浮于事、效率低下,导致组织发展停滞。将一名职工晋升到一个无法很好发挥才能的岗位,不仅不是对本人的奖励,反而使其无法很好地发挥才能,也会给组织带来损失。

4.5.4　激励的方法

1. 薪酬激励

薪酬激励是最常见的激励员工的方式之一。它是通过为员工提供有吸引力的薪酬和福利来激励员工的工作热情和工作效率的。薪酬激励可以包括基本工资、奖金、津贴、福利等多种激励方式,这些激励方式可以根据不同的员工需求和企业实际情况进行个性化定制。

1)基本工资

基本工资是员工工作的基础报酬,它是员工衡量自己价值的重要标准。为了激励员工的工作热情和工作效率,企业可以通过提高基本工资来激励员工。基本工资的提高可以通过调整工资结构、提高绩效工资等方式实现。

2)奖金

奖金是指在员工完成一定工作任务后,企业给予的额外报酬。奖金可以根据员工的工作表现、完成任务的质量和数量等进行评估,以奖励员工的出色表现。奖金可以是一次性的,也可以是定期的,如季度奖、年终奖等。

3)津贴

津贴是指额外的福利,如住房补贴、交通补贴、餐补等。津贴的提供可以减轻员工的生活压力,提高员工的工作满意度和工作热情。

4)福利

福利是指企业为员工提供的各种社会保障,如医疗保险、养老保险、失业保险等。提供完善的福利制度可以增强员工的安全感,提高员工的工作积极性和忠诚度。

2. 晋升机会

晋升机会是另一个重要的激励员工的方式。员工在职场上追求的不仅是薪酬的提高,更重要的是职业发展和晋升。提供晋升机会可以激励员工的工作积极性和主动性,让员工感觉到自己在企业中有一定的地位和发展前途。

1)明确的职业规划

企业可以为员工制定明确的职业规划,让员工清楚自己的职业发展方向和晋升路径。这样可以让员工有更明确的目标和方向,提高员工的工作积极性和主动性。

2)岗位轮换

岗位轮换是指让员工在企业内部不同的部门和岗位之间进行调动和交流。岗位轮换可以让员工了解企业的不同部门和业务,增强员工的综合素质和职业能力,为员工的职业发展提供更广阔的空间。

3）培训和发展

企业可以为员工提供各种培训和发展机会，包括技能培训、管理培训、职业导师等。这些培训和发展机会可以提高员工的专业技能和综合素质，为员工的职业发展提供更多的机会和选择。

3. 员工关怀

员工关怀是指企业为员工提供各种关心和照顾，包括身体健康、家庭生活、心理健康等方面。员工关怀可以提高员工的工作满意度和忠诚度，增强员工的归属感和凝聚力。

1）身体健康

企业可以为员工提供健康保障，包括定期体检、健康咨询、医疗保障等。健康保障可以让员工感受到企业的关心和照顾，提高员工的工作积极性和健康状况。

2）家庭照顾

企业可以为员工提供家庭照顾，包括产假、陪产假、育儿假等。这些照顾可以让员工更好地平衡工作和家庭，提高员工的工作满意度和忠诚度。

3）心理健康

企业可以为员工提供心理健康服务，包括心理咨询、心理辅导等。心理健康服务可以帮助员工缓解工作压力和情绪问题，提高员工的工作效率和生产力。

4. 奖励制度

奖励制度是指企业为员工提供额外的奖励，以表彰员工的出色表现和工作成果。奖励制度可以让员工感受到企业的认可和鼓励，提高员工的工作积极性和主动性。

1）表彰制度

表彰制度是指企业为员工制定的表彰机制，包括优秀员工、优秀团队、优秀项目等方面。表彰制度可以让员工感受到企业的认可和鼓励，提高员工的工作积极性和主动性。

2）荣誉制度

荣誉制度是指企业为员工提供的荣誉称号和奖项，如年度优秀员工、年度优秀团队、最佳创新团队等。荣誉制度可以激励员工的工作热情和主动性，提高员工的工作满意度和忠诚度。

3）物质奖励

物质奖励是指企业为员工提供的实物奖励，如礼品、旅游、购物卡等。物质奖励可以让员工感受到企业的关心和照顾，提高员工的工作满意度和忠诚度。

激励员工是企业管理中的一个重要环节，它可以提高员工的工作效率、激发员工的工作热情和提高企业绩效。在职场中，有很多方式可以激励员工，包括薪酬激励、晋升机会、培训和发展、员工关怀和奖励制度等。企业可以根据员工需求和企业实际情况进行个性化定制，以达到最佳的激励效果。

工作任务书

任务:为你所在的社团设计合理的激励措施		
项目	任务描述:XX 社团出现了成员工作积极性不高、工作不认真、相互推诿的现象,请找出问题所在,并制定合理的激励措施。	教师打分
理论分析	可行性分析(学生课前填写)	
解决方案	(学生课前填写)	
优化方案	总结提升(学生课后填写)	
任务反思	比较研究(学生课后填写)	

案例分析

　　童友玩具厂是生产木质娃娃、小动物等牵引玩具的企业,发展历史较长,规模不大。产品质量不错,最近开始做出口业务,而且订货有快速增多的趋势。

　　童友玩具厂里有个喷漆车间,全部用的是女工。玩具先在木工车间下料,砂光,然后进行部分组装,再经过浸泡假漆工序,送至喷漆车间上漆。这些玩具多数只有两种颜色,当然也有多彩的。总之,每多上一道彩,就要在车间多加一道工序。

　　多年以来,该厂的产品是全部手工生产的。但近来需求增大,质量要求也高了。厂领导向银行贷了一笔款,请了设计院来改进本厂生产工艺和流程布局。喷漆车间也改装了。如今全部女工沿着一条直线坐着,头上装有一根环轨,上面悬挂着吊钩,不停地从女工们侧上方向前移动,慢慢进入一座遂道式远红外烘干炉。每位女工坐在自己的一个由挡板隔开的小工作间里,待漆的玩具放在每位女工右手边的托盘里,她们取来,放在模板下,把彩漆按照设计的图案,喷到玩具上没被模板挡住的部位上。喷完后,取出来挂到前方经过的吊钩上,自动进炉烘干。吊钩的移动速度是设计工程师做过时间动作研究,并经过计算后设计的;据说女工们只要经过恰当的训练,就能在经过她们头顶上方的吊钩还在她们够得着的范围之内时,把一只漆好的玩具挂上去,使每一吊钩都能有负荷,不会有空着的,因为运动速度就是按此要求设计的。

女工们的奖金依据小组集体计奖制来设定。鉴于她们对新工艺尚不熟练,在半年的实习期间内,还无法达到新定额标准,因此会发放一笔"学习津贴"。不过,这笔津贴将逐月递减六分之一,半年后便会全部取消。届时,只有当全组产量超过定额时,才能获得一笔集体奖金,而且超额越多,奖金数额越高。

思考题:

(1)预计改装后产量会上升、下降或维持原水平?

(2)该案例可采用哪几个主要激励理论来分析?

第 5 章

如何进行有效领导　发挥团队力量

学习目标

知识目标: 1.了解领导及领导者的含义;

2.了解领导者的角色作用;

3.掌握几种领导理论。

能力目标: 1.具备初步的领导指挥能力;

2.能够针对不同情境采用不同的领导行为。

价值目标: 1.理解优秀的领导在组织中的作用;

2.理解领袖人物在历史发展中的作用。

工作情境

　　小刘是名牌大学电子系的优秀毕业生,毕业后进入一家电子配件公司,成为专管两条电容器生产线的股长,下属是2位领班加12名员工。这个公司当时并不大,作业内容单一,员工数量有限,人事关系很简单,做主管应该比较容易。然而小刘的股长当得却不太顺利,12名员工多数是刚毕业的大学生,有前任股长、现在升任科长的爱将,也有其他部门调过来的;2位领班,一位是总经理的校友,另一位是业务经理的小同乡,和他是貌合神离,除了工作之外,对他总是爱答不理的;调皮的男作业员时常争吵惹麻烦,还会当面顶撞小刘,几个女孩子对小刘还不错,但正常的工作关系却被流言中伤,这让小刘哭笑不得。小刘觉得这里环境太复杂,不如另谋高就,于是递交了辞呈。

　　辞呈递交上去时,科长没有挽留,也没有问辞职原因,只是签了字,辞呈很顺利地递交到总经理手里。对此,小刘很伤心,然而,总经理并没有批准他的辞呈,专门约他喝咖啡,讲自己的成长历程,帮他分析原因,给他指明方向。小刘受到勉励和鼓舞,一下子变得雄心万丈,他觉得无论如何困难,也要帮着总经理实现他的理想,事实上,这也等于帮自己开拓前途。他决定不再逃避问题,勇敢地承担起这一任务。

"总经理,谢谢您对我期望如此之高,不过不管如何,我一定尽力去做,希望总经理能指示一些我今后的工作方向。"

"这很难说明白,我只能告诉你几个原则,也就是领导者该如何发挥自己的作用。……"

听完总经理的一番话,小刘觉得受益匪浅。他突然明白,虽然自己当了股长,但并没有发挥自己的领导作用。仔细想想,这都是自己的优越感在作祟。

这次深谈之后,小刘下定决心要做个好主管,对上级来说,则要做一个好部下。

提问:学完本节之后,您觉得总经理会给小刘讲哪些话呢?

名人名言

成功的领导者来自领导者的影响力,而影响力非职权。

——肯尼斯·布兰查德(Kenneth Blanchard)

内容导航

		领导和领导者的含义
如何进行有效领导 发挥团队力量	领导及领导者	领导者的角色
		领导者的影响力
	领导理论	领导特质理论
		领导行为理论
		领导权变理论

知识模块

5.1 领导及领导者

5.1.1 领导和领导者的含义

1. 领导的含义

"领导"有两种词义。动词意义的领导,即领导工作是一项管理工作、管理职能,通过该项职能的行使,领导者能促成被领导者努力地实现既定的组织目标。

而现实生活中,"领导"一词还有一种名词含义,即组织中确定和实现组织目标的首领,也就是领导者,是从事领导工作的人。

到底什么是领导工作呢？一个组织在制订行动计划、安排好分工等工作之后，在实施计划的过程中，员工往往会出现动力不足、关系不和谐、理解出现偏差等情况，因此，就需要对他们进行激励，协调他们间的相互关系，保证他们团结，指导他们的具体工作，给出他们前进的方向，这些工作就是领导工作。我们把领导工作定义为，影响个体或群体来完成组织目标的各种活动过程。这一过程具体包括：通过沟通激励下属，调动他们的工作积极性，指导他们的活动，推动他们的工作，解决他们之间的冲突。于是，在一定意义上可以说，通过计划、组织、激励和协调来影响他人心理或行为的活动就是领导工作。

2. 领导者的含义

领导者是指在正式的社会组织中经合法途径被任用而担任一定领导职务、履行特定领导职能、掌握一定权力、肩负某种领导责任的个人和集体。在职权、职责、职能三者之中，职权是履行职责、行使职能的一种手段和条件，履行职责、行使职能是领导者工作的实质和核心。领导者要想有效地行使领导职能，仅靠制度化的、法定的权力是远远不够的，必须拥有令人信服和遵从的高度权威，才能对下属产生巨大的号召力、磁石般的吸引力和潜移默化的影响力。

5.1.2　领导者的角色

领导者是领导活动中的重要因素，是社会组织顺利展开组织运作的重要条件。

首先，领导者是领导活动的主体，在领导活动中起主导作用，居中心地位。领导者在一定的环境条件制约下，由其职权和素质共同形成对所辖组织和人员活动的影响力，这种影响力的大小与领导者的职权和素质成正比。领导者以其高尚的品德、渊博的知识和高超的艺术，产生巨大的吸引力和凝聚力，为实现领导目标创造条件。

其次，领导者在领导活动中起发动作用。其根据特定社会群体的利益和需求，进行科学决策、制定规划目标、发布指示命令，使领导活动处于动态状态。

再次，领导者在领导活动中起统率作用。其根据目标任务需要，设置组织机构、合理选人用人、安排计划实施，并在领导活动过程中，视情况的变化，协调各种关系，不断修正、完善决策。

5.1.3　领导者的影响力

影响力是指一个人在人际交往过程中影响他人思想和行为的能力。人与人之间的影响力在速度、强度、持久性等方面存在着个体差异。任何一个在位的现职领导者都同时拥有两种影响力——强制性影响力和自然性影响力。强制性影响力来源于领导者的地位权力，下级被动接受其影响，影响力持续的时间是短暂的；自然性影响力来源于领导者的个人条件，下级主动接受其影响，影响力持续的时间是持久的。影响力的影响因素包括权力因素和非权力因素两方面。

1. 权力因素

权力因素包括传统因素(人们对领导传统的观念,属于非完全强制性因素)、职位因素(强制性因素)、资历因素(非强制性因素)。

2. 非权力因素

非权力因素包括品格、能力、知识、情感等因素(完全非强制性因素)。

1)品格因素——非权力感召力产生的重要前提

品格是指反映在人的一切言行中的道德、品行、人格、作风等的总和。这是非权力感召力的本质要素。优良的品格会给领导者带来巨大的感召力,使群体成员对其产生敬爱感。一个适应社会的好的品格,常被人们作为典范来效仿。品格优良、作风正派的领导,必然带出一大批正直的下属。袁采说:"己之性行为人所重,乃可诲人以操履之详。"一个领导应该懂得无论他(她)职位有多高,倘若在品格上出了问题,其威望(感召力或亲和力)就会荡然无存。

2)能力因素——非权力感召力产生的重要内容

能力是指能够胜任某项工作的主观条件,这是非权力感召力的实践性要素。人的能力是多方面的,如果一个领导能够在安排下属的工作中,避其所短,扬其所长,比如使下属的专长得到充分的发挥,使本群体的各项工作更加井然有序,这就是领导者识人、用人的本领和能力。古人曰:"有才者不难,能善用其才则难",说的就是这样的道理。

3)知识因素——非权力感召力产生的重要依据

知识是指人们在改造客观世界的实践活动中所获得的直接经验和间接经验的总和。这是非权力感召力的科学性要素。知识是一个人的宝贵财富,是领导者领导群体成员实现群体目标的重要依据。丰富的知识会给领导者带来良好的感召力,会使下属对其产生依赖感。领导者如果具有某种专业知识,那么,必然会对他人产生影响,具备这种素质的领导比不具备这种素质的领导,在行使权力上要顺利得多。

4)情感因素——非权力感召力产生的重要纽带

情感是人对客观事物(包括人)主观态度的一种反映。这是非权力感召力的精神性要素。领导者深入基层,平易近人,时时体贴关心下属,和下属同甘共苦,与下属建立良好的情感,就容易使下属对其产生亲切感,下属的意见也容易反映到领导处,从而可以根据群众的工作情况和思想状况作出更科学、合理的决策。

5.2　领导理论

ABC 公司的领导风格

ABC 公司是一家中等规模的汽车配件生产集团。最近,对该公司的三个重要部门经理进行了一次有关领导类型的调查。

第一位:安西尔

安西尔对他部门的产出感到自豪。他总是强调对生产过程、生产量控制的必要性,坚持员工必须很好地了解生产指令以作出迅速、完整、准确的反馈。安西尔遇到小问题,会放手交给下级去处理,当问题很严重时,他则委派几个有能力的下属人员去解决问题。通常情况下,他只是大致规定下属人员的工作方针、完成报告及完成期限。安西尔认为只有这样才能更好地合作,避免重复工作。

安西尔认为对下属人员采取敬而远之的态度对一个经理来说是最好的行为方式,所谓的"亲密无间"会松懈纪律。

安西尔说,管理中的最大问题是下级不愿意承担责任。他讲道,他的下属人员可以有机会做许多事情,但他们并不是很努力地去做。他表示不能理解以前他的下属人员如何能与一个毫无能力的前任经理相处,并且他的上司对他们现在的工作运转情况非常满意。

第二位:鲍勃

鲍勃认为每个员工都有人权,他偏重管理者有义务和责任去满足员工的需要。他说,他常为他的员工做一些小事,如给员工两张下月在伽利略城举行的艺术展览的入场券等。他认为,每张门票才 15 美元,但对员工和其妻子来说价值却远远超过 15 美元。这种方式也是对员工过去几个月工作的肯定。

鲍勃说,他每天都要去工厂一趟,与至少 25% 的员工交谈。鲍勃不愿意为难别人,他认为安西尔的管理方式过于死板,安西尔的员工也许并不那么满意,但除了忍耐别无他法。

鲍勃说,他已经意识到在管理中有不利因素,但大都是由于生产压力造成的。他的想法是以一个友好、粗线条的管理方式对待员工。他承认尽管在生产率上不如其他部门,但他相信他的员工有高度的忠诚与士气,并坚持认为他们会因他的开明领导而努力工作。

第三位:查里

查里说他面临的基本问题是与其他部门的职责分工不清。他认为不论是否属于自己部门的任务都安排在他的部门,似乎上级并不清楚这些工作应该由谁来做。

查里承认他没有提出异议,他说这样做会使其他部门的经理产生反感。他们把查里看成朋友,而查里却不这样认为。

查里说过去在不平等的分工会议上,他感到很窘迫,但现在适应了,其他部门的领导也不以为意了。

查里认为纪律就是使每个员工不停地工作,预测各种问题的发生。他认为作为一个好的管理者,没有时间像鲍勃那样握紧每一个员工的手,告诉他们正在从事一项伟大的工作。他相信如果一个经理声称为了决定将来的提薪与晋职而对员工的工作进行考核,那么,员工则会更多地考虑他们自己,由此而产生很多问题。

他主张,一旦给一个员工分配了工作,就让他以自己的方式去做,取消工作检查。他相信大多数员工知道自己把工作做得怎么样。

如果说存在问题,那就是他的工作范围和职责在生产过程中发生了混淆。查理的确想过,希望公司领导叫他到办公室听听他对某些工作的意见。然而,他并不能保证这样做不会引起风波而使情况有所改变。他说他正在考虑这些问题。

问题:

(1)你认为这三个部门经理各采取了什么样的领导方式?试预测这些模式将分别产生什么结果?

(2)是否每一种领导方式在特定的环境下都有效?为什么?

领导理论是研究领导有效性的理论,是管理学理论研究的热点之一。影响领导有效性的因素及如何提高领导的有效性是领导理论研究的核心。

有关领导的理论很多,随着管理理论的发展,领导理论大致有四种理论学派:早期的特质理论和行为理论、近期的权变理论及当前的领导风格理论。按照时间的顺序,在20世纪40年代末,也就是领导理论出现的初期,研究者主要从事的是领导的特质理论的研究,其核心观点是,领导能力是天生的;从20世纪40年代末至60年代末,主要进行的是领导行为理论的研究,其核心观点是,领导效能与领导行为、领导风格有关;从60年代末至80年代初,出现领导权变理论,其核心观点是,有效的领导受不同情景的影响;从80年代初至今,大量出现了领导风格理论的研究,其核心观点是,有效的领导需要提供愿景、鼓舞和注重行动。

领导理论的研究成果可分为三个方面,即领导特质理论、领导行为理论和领导权变理论。

5.2.1 领导特质理论

1. 领导特质理论的起源

领导特质理论也称素质理论、品质理论、性格理论,这种理论着重研究领导者的品质和特性,是整个领导领域的开端,其理论基础来源于奥尔波特(Allport)人格特质理论。20世纪早期的领导理论研究者认为,领导的特质与生俱来,只有天生具有领导特质的人才有可能成为领导者。它强调领导者自身一定数量的、独特的并且能与他人区别开来的品质与特质对领导有效性的影响。

早在 20 世纪 30 年代,一些心理学家就把注意力放在那些在一定程度上可以成为伟人的领导者身上,希望发现领导者与非领导者在个性、社会、生理或智力因素方面的差异。通过大量的实证调查研究,特质理论的支持者找到了一些证据,证明领导者在社交性、坚持性、创造性、协调性等方面都超过了普通人,其个性特征与一般人也有区别。

2. 代表性的研究结论

管理学家、社会系统学派的代表人物切斯特·I.巴纳德(Chester I. Barnard)于 1938 年在《经理人员的职能》一书中,认为领导者应该具备的基本特质是:①活力与耐力;②当机立断;③循循善诱;④责任心;⑤智力。

心理学家吉伯(Gibb)在 1969 年的研究报告中,指出天才的领导者具备 7 项特质:①善言辞;②外表英俊潇洒;③智力过人;④具有自信心;⑤心理健康;⑥有支配他人的倾向;⑦外向而敏感。

心理学家斯托格迪尔(Stogdill)于 1974 年在《领导手册》一书中,进一步提出了领导者应该具备的 10 项特质:①才智;②强烈的责任心和完成任务的内驱力;③坚持追求目标的性格;④大胆主动的独创精神;⑤自信心;⑥合作性;⑦乐于承担决策和行动的后果;⑧能忍受挫折;⑨社交能力和影响别人行为的能力;⑩处理事务的能力。

1971 年,心理学家吉色列(Chiselli)在《管理才能探索》一书中,采用语义差别量表法,选择分布于交通、制造、通信、财政金融、保险、公用事业等 90 个不同组织,年龄跨度从 26~42 岁,学历层次 90% 为大学程度的 306 名管理人员进行研究,得出了包含 3 大类、13 个因子的领导特质。

第一类特质为能力,包括管理能力、智力、创造力 3 个因子。

第二类特质为个性品质,包括自我督导、决策、成熟性、工作班子的亲和力、男性的刚强或女性的温柔等 5 个因子。

第三类特质为激励,包括职业成就需要、自我实现需要、行使权利需要、高度金钱奖励需要、工作安全需要等 5 个因子。

遗憾的是,研究者们没有找到区分有效领导者与无效领导者的特质模型。不过,研究者还取得了一些研究成果,如发现领导者有 6 项特质不同于非领导者,即进取心、领导意愿、正直与诚实、自信、智慧和与工作相关的知识。此外,还发现高自我监控者在调节自己行为以适应不同环境方面具有很高的灵活性,比低自我监控者更易于成为群体的领导者。

特质理论的最近研究发现,与领导有效性有关的关键能力有:①驱力,追求目标的内在动机;②领导动机,使用社会化的权力影响他人以获取成功;③正直,可信赖性及把话语变为行动的意愿;④自信,相信自己的领导才能,坚信有能力实现目标;⑤智慧,处理信息、分析选项并发现机会的能力高于一般人;⑥商业知识,了解企业运作的商业环境,有助于准确决策和为组织带来成功;⑦情绪智力,基于自我监控的人格,确保优秀领导者具有更强的情境敏感性及在必要时适应环境的能力。

同期相关的研究还有:美国普林斯顿大学教授威廉·杰克·鲍莫尔(William Jack Baumol)针对美国企业界的实况,提出了企业领导者应具备的十项条件:①合作精神;②决策能力;③组织能力;④精于授权;⑤善于应变;⑥勇于负责;⑦勇于求新;⑧敢担风险;⑨尊重他人;⑩品德超人。

《世界经理人文摘》2002 年组织世界经理人网站用户、中国企业领导人和管理专家评选的中国企业领导人的十大特质是:①建立远景;②信息决策;③配置资源;④有效沟通;⑤激励他人;⑥人才培养;⑦承担责任;⑧诚实守信;⑨事业导向;⑩快速学习。中国对领导个性特质的研究中,赵国祥(2002 年)对党政部门的处级领导研究发现,其特质由责任心、情绪稳定性、社交性、自律性、决断性和创新性 6 个因素组成。任国华和孔克勤(2008 年)对中国高校及教育系统领导干部的人格特质研究发现,开拓与组织适应性、宜人与合作性、自信与进取性、责任与条理性、稳重与务实性、身心健康与理智性、自治与成熟性 7 个维度 30 个特质条目构成了高校和教育系统领导的人格特质系统。

3. 领导特质理论的研究趋势

从领导特质理论研究发展趋势来看,领导特质理论呈现出如下特点:领导特质理论研究的多视角化。领导特质理论之所以能够再次焕发生机,与领导特质理论研究视角的多样化是分不开的。领导特质理论起初只研究领导者应具备的领导特质,由于领导者的多样性,无法取得有关领导者的所有特质,研究结论自然无法大规模地应用。而伴随领导内涵的发展,领导发展成为一个包括领导者、追随者、情景的互动过程。领导内涵的扩大为领导特质研究拓宽了视角,领导特质理论研究通过将领导视为领导者、追随者、情景的互动过程,突破了领导者层面的研究,发展为多取向和多层次上的综合性研究,产生了魅力领导理论、内隐领导理论、成就领导与动机型领导理论、领导胜任力理论等。

5.2.2 领导行为理论

在特性理论的研究过程中,人们逐渐认识到按照成功的领导的特质培养出来的人才不一定都能成为优秀的领导。于是 20 世纪 40 年代起,许多管理心理学家在调查研究中发现领导者在领导过程中的领导行为与他们的领导效率之间有密切的关系,基于此,有些学者开始转向研究领导者的个人行为。他们认为,领导的有效性主要取决于领导的行为方式和做法。他们注重考察成功的领导者会做些什么,是怎样做的,为了寻求最佳的领导行为,许多机构对此进行过大量的研究。

1. 勒温的领导风格理论

领导风格理论是美国依阿华大学的著名心理学家勒温(Lewin)及其同事,从 20 世纪 30 年代起针对团体气氛和领导风格展开研究后得出的理论。勒温等人发现,团体的任务领导并不是以同样的方式表现他们的领导角色,领导者们通常使用不同的领导风格,这些不同的领导风格对团体成员的工作绩效和工作满意度有着不同的影响。勒温等研究者力图科学地识别出最有效的领导行为,他们着眼于三种领导风格,即专制型、民主型和放任型的领导风格。勒温认为,这三种不同的领导风格,会造成三种不同的团体氛围和工作效率。

1)专制型领导

专制型的领导者只注重工作的目标,仅仅关心工作的任务和工作的效率。但他们对团队的成员不够关心,被领导者与领导者之间的社会心理距离比较大,领导者对被领导者缺乏敏感性,被领导者对领导者存在戒心和敌意,群体成员容易产生挫折感和机械化的行为倾向。专制型团队的权力集中于领导者个人手中,在这种团队中,团队成员均处于一种无权参与决策的从属地位。团队的目标和工作方针都由领导者自行制定,具体的工作安排和人员调配也由领导者个人决定。团队成员对团队工作的意见不受领导者欢迎,也很少会被采纳。

2)民主型领导

民主型的领导者注重对团体成员的工作加以鼓励和协助,关心并满足团体成员的需要,营造一种民主与平等的氛围,领导者与被领导者之间的社会心理距离比较小。在民主型的领导风格下,团体成员自己决定工作的方式和进度,工作效率比较高。民主型团队的权力定位于全体成员,领导者只起到一个指导者或委员会主持人的作用,其主要任务就是在成员之间进行调解和仲裁。团队的目标和工作方针要尽量公之于众,征求大家的意见并尽量获得大家的赞同。具体的工作安排和人员调配等问题,均要经协商决定。

3)放任型领导

放任型的领导者采取的是无政府主义的领导方式,对工作和团体成员的需要都不重视,无规章、无要求、无评估,工作效率低,人际关系淡薄。放任型团队的权力定位于每一个成员,领导者置身于团队工作之外,只起到一种被动服务的作用,其扮演的角色有点像情报传递员和后勤服务员。领导者缺乏关于团体目标和工作方针的指示,对具体工作安排和人员调配也不做明确指导。领导者满足于任务布置和物质条件的提供,对团体成员的具体执行情况既不主动协助,也不进行主动监督和控制,听任团队成员各行其是,自主进行决定,对工作成果不做任何评价和奖惩,以避免产生诱导效应。在这种团队中,非生产性的活动很多,工作的进展不稳定,效率不高,成员之间存在过多的与工作无关的争辩和讨论,人际关系淡薄,但很少发生冲突。

在实际的组织与企业管理中,很少有极端型的领导,大多数领导都是介于专制型、民主型和放任型之间的混合型。

勒温能够注意到领导者的风格对组织氛围和工作绩效的影响,区分出领导者的不同风格和特性并以实验的方式加以验证,这对实际管理工作和有关研究非常有意义。但是,勒温的理论也存在一定的局限。这一理论仅仅注重了领导者本身的风格,没有充分考虑到领导者实际所处的情境因素,因为领导者的行为是否有效不仅仅取决于其自身的领导风格,还受到被领导者和周边的环境因素影响。

2. 领导行为连续统一体理论

领导行为连续统一体理论由美国学者坦南鲍姆(Tannenbaum)和施密特(Schmidt)于1958年提出。他们认为领导行为是一个连续统一体,如图5.1所示,在连续统一体图示的最左端,表示的领导行为是专制的领导;在连续统一体图示的最右端,表示的是将决策权授予下属的民主型的领导。

领导行为连续统一体理论主张按照领导者运用职权和下属拥有自主权的程度把领导模式看作一个连续变化的分布带,以高度专权、严密控制为其左端,以高度放手、间接控制为其右端,从高度专权的左端到高度放手的右端,划分七种具有代表性的典型领导模式,在具体情况下考虑各种因素,采取最恰当的模式。实践中的领导风格是丰富多彩的,影响领导风格成效的因素很多,不能给领导风格简单排序。

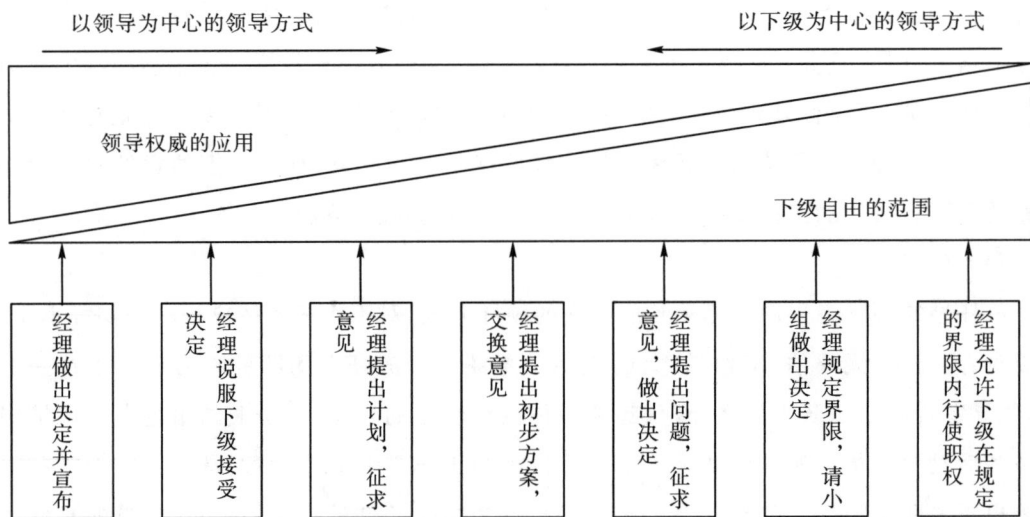

图5.1　领导行为连续统一体图示

3. 领导行为四分图理论

领导行为四分图理论(见图5.2)是由美国俄亥俄州立大学的领导行为研究者们在1945

年提出来的,他们列出了一千多种刻画领导行为的因素,通过高度概括归纳为两个方面:着手组织和体贴精神。研究结果认为,领导者的行为是组织与体贴精神两个方面的任意组合,即可以用两个坐标的平面组合来表示。用四个象限来表示四种类型的领导行为,它们是:低组织低体贴、低组织高体贴、高组织低体贴、高组织高体贴。(体贴,即关心)

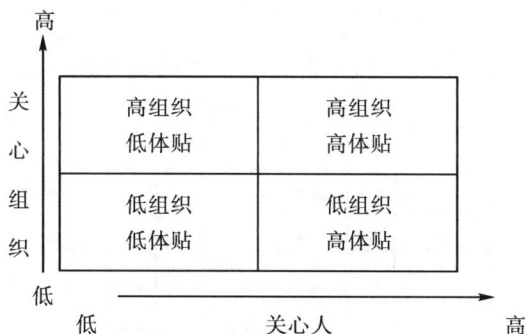

图 5.2　四分图理论示意

着手组织是指领导者规定自己与工作群体的关系,建立明确的组织模式、意见交流渠道和工作程序的行为,具体包括设计组织机构,明确职责、权力、相互关系和沟通办法,确定工作目标与要求,制定工作程序、工作方法与制度。

体贴精神是建立领导者与被领导者之间的友谊、尊重、信任关系方面的行为,具体包括:尊重下属的意见,给下属以较多的工作主动权,体贴下属的思想感情,注意满足下属的需要,平易近人、平等待人、关心群众、作风民主。

研究者们认为,组织与体贴精神不是一个连续带的两个端点,不是注重了一个方面必须忽视另一方面,领导者的行为可以是这两个方面的任意组合,即可以用二维坐标表示。

4. 管理方格理论

管理方格是研究企业的领导方式及其有效性的理论,是由美国得克萨斯大学的行为科学家罗伯特・R・布莱克(Robert R. Blake)和简・S・莫顿(Jane S. Mouton)在 1964 年出版的《管理方格》一书中提出的。他们就企业中的领导方式为题提出了管理方格理论,并将其用自己设计的一张纵轴和横轴各 9 等份的方格图(见图 5.3)进行表示,图中,纵轴和横轴分别表示企业领导者对人和对生产的关心程度。第 1 格表示关心程度最小,第 9 格表示关心程度最大。全图总共 81 个小方格,分别表示"对生产的关心程度"和"对人的关心程度"这两个基本因素以不同比例结合的领导方式。

管理方格图中,(1,1)定向表示贫乏的管理,对生产和人的关心程度都很小;(9,1)定向表示任务管理,重点抓生产任务,不大注意人的因素;(1,9)定向表示所谓乡村俱乐部式管理,重点在于关心人,企业充满轻松友好气氛,不大关心生产任务;(5,5)定向表示中间式或不上不下式管理,既不偏重关心生产,也不偏重关心人;(9,9)定向表示理想型管理,对生产和对人都很关心,能使组织的目标和个人的需要最理想最有效地结合起来。

布莱克管理方式表明,在对生产的关心和对人的关心这两个因素之间,并没有必然的冲突。他们通过有情报根据的自由选择、积极参与、相互信任、开放沟通、目标和目的、冲突的解决办法、个人责任、评论、工作活动等 9 个方面的比较,认为(9,9)定向方式最有利于企业的绩效。所以,企业领导者应该客观地分析企业内外的各种情况,把自己的领导方式改造成为(9,9)理想型管理方式,以达到最高的企业生产效率。

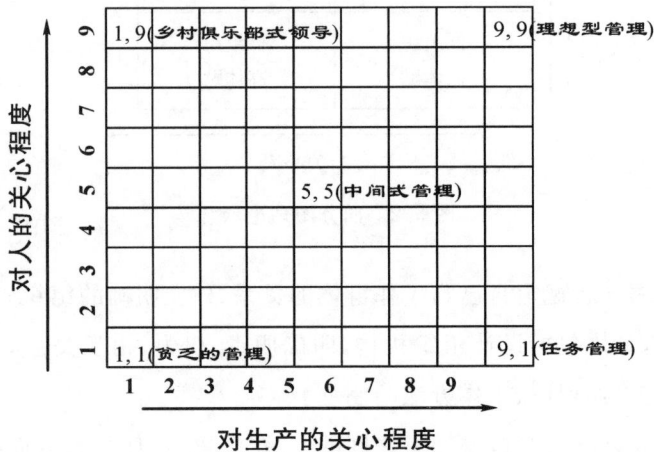

图 5.3　管理方格图

5.2.3　领导权变理论

权变理论学者们针对前两种理论研究的不足,在研究领导与绩效的关系时把情境因素考虑在内。权变理论方面比较有代表性的有菲德勒权变模型(Fred contingency fiedler)、保罗·赫西(Paul Hersey)和肯尼斯·布兰查德(Kenneth Blanchard)提出的情境领导理论、乔治·格雷恩(George Graen)提出的领导成员交换理论、罗伯特·豪斯(Robert House)提出的路径-目标理论、维多克·弗罗姆(Vector Vroom)和菲利普·耶顿(Phillip Yetton)提出的领导者参与模型等。下面主要介绍费德勒权变模型。

费德勒权变模型基于这样的前提假设:在不同类型的情境中,总有某种领导风格最为有效。这一理论的关键在于道德界定领导风格的不同及不同的情境类型,然后建立领导风格与情境的恰当组合。

关于影响领导效果好坏的情境因素,菲德勒认为有以下 3 个方面:

(1)领导者与被领导者的关系。这是指下属对其领导人的信任、喜爱、忠诚、愿意追随的程度,以及领导者对下属的吸引力。

（2）工作任务的结构。这是指下属担任的工作的明确程度，是枯燥乏味的例行公事，还是需要一定创造性的任务。

（3）领导者所处职位的固有权力。这是指与领导者职位相关联的正式职权及领导者从上级和整个组织各个方面所取得的支持程度。

费德勒相信影响领导成功的关键因素之一是个体的基本领导风格，因此他为发现这种基本风格而设计了最不喜欢同事问卷（least - preferred co - worker questionnaire，LPC 问卷），问卷由 16 组对应形容词构成。作答者要先回想一下自己共过事的所有同事，并找出一个最不喜欢的同事，在 16 组形容词中按 1～8 等级对其进行评估。如果以相对积极的词汇描述最不喜欢同事（LPC 问卷得分高），则作答者很乐于与同事形成良好的人际关系，就是关系取向型。相反，如果对最不喜欢同事的看法很消极，则说明作答者可能更关注生产，就称为任务取向型。菲德勒运用 LPC 问卷将绝大多数作答者划分为两种领导风格，也有一小部分处于两者之间，很难勾勒。

费德勒权变模型指出，当个体的 LPC 问卷分数与 3 项环境变数的评估分数相匹配时，则会达到最佳的领导效果。费德勒将 3 项环境变数任意组合成 8 种情况，对 1200 个团体进行了观察，收集了将领导风格同对领导有利或不利条件的 8 种情况关联起来的数据，得出在各种不同的情况下，为了领导的有效性所应当采取的领导方式。

费德勒权变模型表明，在领导与成员关系最有利和最不利的情况下（见图 5.4 中 1、2、3、8 项），采用任务导向，工作绩效效果比较好。在领导者与成员关系中等有利的情况下（见图 5.4 中 4、5 项），采用关系导向，工作绩效效果比较好。

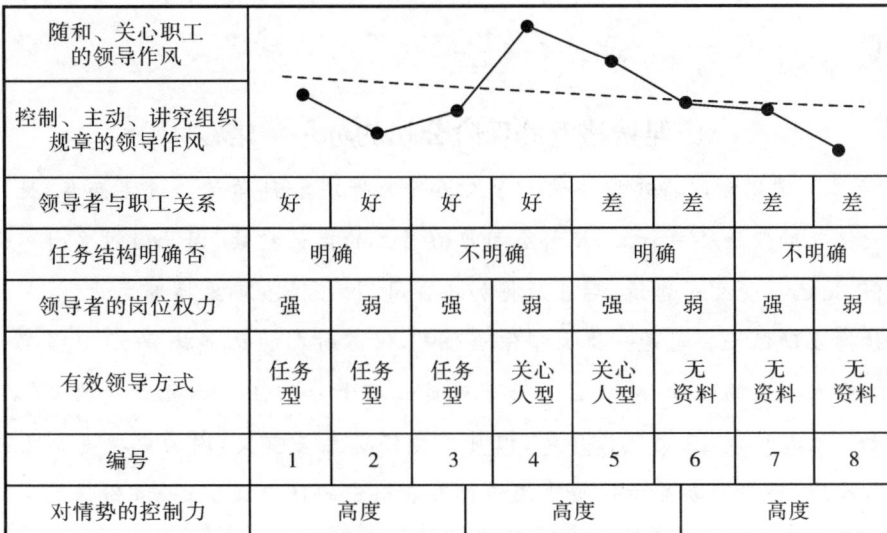

随和、关心职工的领导作风 控制、主动、讲究组织规章的领导作风								
领导者与职工关系	好	好	好	好	差	差	差	差
任务结构明确否	明确		不明确		明确		不明确	
领导者的岗位权力	强	弱	强	弱	强	弱	强	弱
有效领导方式	任务型	任务型	任务型	关心人型	关心人型	无资料	无资料	无资料
编号	1	2	3	4	5	6	7	8
对情势的控制力	高度			高度			高度	

图 5.4　费德勒对领导方式与绩效的调查总结

工作任务书

任务一:分析所在班级的班主任/班长的领导属于哪种领导风格。		
项目	任务描述:请分析你所在班级的班主任/班长的领导属于哪种领导风格。你觉得这种领导风格是否匹配班级管理工作情境?	教师打分
理论分析	可行性分析(学生课前填写)	
解决方案	(学生课前填写)	
优化方案	总结提升(学生课后填写)	
任务反思	比较研究(学生课后填写)	

案例分析

康涅狄格互助保险公司的苏·雷诺兹

22 岁的苏·雷诺兹即将获得哈佛大学人力资源管理本科学位。过去两年,她每年暑假都在康涅狄格互助保险公司打工,填补公司度假员工的岗位空缺,因此做过多种不同类型的工作。目前,她已接受公司邀请,毕业后将加入公司,担任保险单更换部主管。

康涅狄格互助保险公司是一家大型保险公司,仅苏所在的总部就有 5000 多名员工。公司奉行员工个人发展的经营哲学,自上而下对员工都十分信任。苏负责管理 25 名职工,他们的工作无须太多培训,且高度程序化,但员工责任感至关重要,因为更换通知需先发送至原保险单所在地,还要列表显示保险费用与标准表格中的任何变化;若某份保险单因未收到更换通知回复而取消,还需通知销售部。

苏工作团队的成员全部为女性,年龄在 19 岁到 62 岁之间,平均年龄 25 岁,大多是高中学历,此前无工作经验,月薪在 420 美元到 2070 美元不等。苏将接替已在公司工作 37 年、在保险单更换部担任 17 年主管且现已退休的梅贝尔。去年夏天,苏曾在梅贝尔的团队中工作过几周,熟悉其工作风格,也认识团队的大多数成员。她预计,除 50 多岁、在保险单更换部工作了 10 多年且在团队中颇具影响力的丽莲外,其他新下属不会有太多问题。苏深知,若得不到丽莲的支持,工作将举步维艰,所以她决心以正确的方式开启职业生涯。因此,她一直在认真思考:一名优秀的领导者应具备哪些素质?

思考题: 影响苏成功地成为领导者的关键因素是什么?为了帮助苏赢得人心和领导丽莲,你有何建议?

实施有效领导

根据调令,A 前往 B 公司担任经理。在交接班时,前任经理特意详细介绍了领导班子中一位副手的情况。前任经理称,这位副手个性强硬,不太好合作,凡事都要别人听从他的意见。有时候,即便经理做出了决策,只要他不同意,决策就很难得到有效执行。前任经理还对 A 透露,若不是自己即将调离,肯定会建议上级想办法撤换这位副手。前任经理的这番介绍,在 A 心里蒙上了一层厚厚的阴影。后来,A 正式到岗工作。在与这位副手的接触中,A 发现他确实个性鲜明:自尊心很强,为人正直,对工作很有主见,敢于担当责任,好胜心也强,总是希望自己分管的工作能比别人做得更出色。

思考题: 对于这位副手,应该怎样做,才能既调动其积极性,又能实现有效的领导,保证组织整体目标的实现?

第 **6** 章

管理创新　应对变化的未来

学习目标

知识目标: 1.掌握管理创新的含义和内容;

2.明确管理创新的类别作用;

3.了解管理创新的几个阶段。

能力目标: 1.能根据管理创新的知识对相关管理问题进行分析;

2.能够用创新的思维去思考并解决问题。

价值目标: 1.具备创新思维和理念;

2.理解任何一个组织的强大离不开创新。

名人名言

　　企业家精神的真谛就是创新,创新是一种管理职能。

——熊彼特(Schumpeter)

内容导航

管理创新 应对变化的未来	管理创新及其作用	管理创新的含义
		管理创新的作用
	管理创新的分类	—
	管理创新的内容	—
	管理创新的动力来源	—

知识模块

6.1　管理创新及其作用

计划、组织、领导与控制是保证组织目标实现所不可缺少的,从某种意义上来说,它们同属于管理的"维持职能",其任务是保证系统按预定的方向和规则运行。但是,管理是在动态环境中生存的社会经济系统,仅有维持是不够的,还必须不断调整系统活动的内容和目标,以适应环境变化的要求,这就需要管理的"创新职能"。

6.1.1　管理创新的含义

1. 创新的含义

创新从广义上讲是指产生新的思想和行为的活动。德鲁克认为,任何改变现存物质财富、创造潜力的方式都可以称为创新;创新是新思想的运行,是付诸行动的一切新的想法。熊彼特从经济学视角较早提出了管理创新的思想,他在《经济发展理论》一书中提出,管理创新就是建立一种新的生产组合过程,即把一种从未有过的关于生产要素和生产条件的"新组合"引入生产体系(熊彼特称之为新的生产函数)。它包括五种基本形式:一是引入一种新产品或者某产品的一种新的特性;二是引入一种新的生产方式,这里的生产方式并不是技术层面的,而是商业层面的;三是开辟新市场,即这个市场组织以前不曾进入过;四是获得原材料或半成品的一种新的供应来源;五是建立任何一种新的组织形式。

2. 管理创新的含义

从管理学的一般角度来看,我们认为,管理创新活动是相对于维持活动的另一类管理活动,它是在探究人类创新活动规律的基础上,对管理活动改变的过程,是一种产生新的管理思想和新的管理行为的过程。作为管理工作的一种状态,管理创新就是改变管理理念和创新职能管理手段,其目的不仅在于提升组织创新能力,而且在于提高组织管理效率,创造社会财富,实现组织新的目标。

管理创新,是指组织形成创造性思想,并将其转化为有用的产品、服务或作业方法的过程。也就是说,富有创造力的组织能够持续地将创造性思想转变为某种有用的成果。同时,管理创新还意味着企业把新的管理要素,如新的管理方法、管理手段、管理模式等,或要素组合引入企业管理系统,从而更有效地实现组织目标。

6.1.2　管理创新的作用

管理创新的作用主要包括以下几点。

(1)提高经济效益:通过创新的管理方式和管理手段,可以提高企业资源的利用率,从而提高企业的经济效益。

（2）降低交易成本：创新可以帮助企业减少不必要的交易成本，优化内部流程，使得运营更加高效。

（3）促进企业发展：管理创新能够促进企业稳定健康发展，是企业可持续发展的核心驱动力。

（4）拓展市场空间：通过创新的产品和服务，企业能够扩大市场份额，增强其在市场上的竞争力和影响力。

（5）形成企业家阶层：管理创新能够激励企业家精神，培养出一批有能力且有远见的领导者，这对于企业的高层管理和长远发展至关重要。

（6）增强核心竞争力：管理创新能够帮助企业在激烈的竞争中脱颖而出，拥有独特的竞争优势，这是企业抵御市场挑战的关键。

（7）适应外部环境变化：随着外部环境的不断变化，管理创新能够快速响应这些变化，为企业提供灵活的战略支持。

（8）改善工作环境和氛围：良好的管理创新可以促进员工满意度和忠诚度，提高工作效率和工作质量，进而提升整个组织的绩效。

（9）改变组织结构和文化：管理创新可能会涉及组织结构的调整和文化价值观的更新，这些都是推动企业持续进步的重要因素。

综上所述，管理创新是一个多维度的概念，它不仅关注于提高企业的经济效益和效率，还涉及组织结构、文化、人才等多个方面，是推动企业发展和形成竞争优势的关键因素。

6.2 管理创新的分类

1. 从创新的规模及创新对系统的影响程度来考察，可将其分为局部创新和整体创新

局部创新是指在系统性质和目标不变的前提下，系统活动的某些内容、某些要素的性质或相互组合的方式、系统的社会贡献的形式或方式等发生变动；整体创新则往往改变系统的目标和使命，涉及系统的目标和运行方式，影响系统社会贡献的性质。

2. 从创新与环境的关系来分析，可将其分为消极防御型创新与积极攻击型创新

消极防御型创新是指由于外部环境的变化对系统的存在和运行造成了某种程度的威胁，为了避免威胁或由此造成的系统损失扩大，系统在内部展开的局部或全局性调整；积极攻击型创新是在观察外部世界运动的过程中，敏锐地预测到未来环境可能提供的某种有利机会，从而主动地调整系统的战略和技术，以积极地开发和利用这种机会，谋求系统的发展。

3. 从创新发生的时期来看，可将其分为系统初建期的创新和运行中的创新

系统的组建本身就是社会的一项创新活动。系统的创建者在一张白纸上绘制系统的目标、结构、运行规划等蓝图,这本身就要求有创新的思想和意识,创造一个全然不同于现有社会(经济组织)的新系统,寻找最满意的方案,取得最优秀的要素,并以最合理的方式组合,使系统进行活动。但是"创业难,守业更难",在动荡的环境中"守业",必然要求积极地以攻为守,要求不断地创新。创新活动更大量地存在于系统组建完毕开始运转以后。系统的管理者要不断地在系统运行的过程中寻找、发现和利用新的创业机会,更新系统的活动内容,调整系统的结构,扩展系统的规模。

4. 从创新的组织程度上看,可分为自发创新与有组织的创新

任何社会经济组织都是在一定环境中运转的开放系统,环境的任何变化都会对系统的存在和存在方式产生一定影响,系统内部与外部直接联系的各子系统接收到环境变化的信号以后,必然会在其工作内容、工作方式、工作目标等方面进行积极或消极的调整,以应对变化或适应变化的要求。同时,社会经济组织内部的各个组成部分是相互联系,相互依存的。系统的相关性决定了与外部有联系的子系统根据环境变化的要求自发地做了调整后,必然会对那些与外部没有直接联系的子系统产生影响,从而要求后者也做相应调整。

6.3　管理创新的内容

管理创新包括目标创新、技术创新、制度创新、组织机构和结构创新、环境创新等方面。

1. 目标创新

企业是在一定的经济环境中从事经营活动的,特定的环境要求企业按照特定的方式提供特定的产品。一旦环境发生变化,要求企业的生产方向、经营目标及企业在生产过程中与其他社会经济组织的关系进行相应的调整。在市场经济背景下,企业经营的一般目标是"通过满足市场所反映的社会需求来获取利润"。至于企业在各个时期的具体的经营目标,则需要适时地根据市场环境和消费需求的特点及变化趋势加以调整,每一次调整都是一种创新。

2. 技术创新

技术创新是企业创新的主要内容,企业中出现的大量创新活动都是技术方面的,因此,有人甚至把技术创新视为企业创新的同义词。

技术水平是反映企业经营实力的一个重要标志,企业要在激烈的市场竞争中处于主动地位,就必须顺应甚至引导社会技术进步的方向,不断地进行技术创新。由于一定的技术都是通过一定的物质载体和利用这些载体的方法来体现的,因此企业的技术创新主要表现在要素创新、要素组合方法创新,以及作为要素组合结果的产品创新上。

1)要素创新与要素组合方法创新

要素创新包括材料创新、设备创新两方面。要素组合方法创新包括生产工艺和生产过程的时空组织两方面。

2）产品创新

生产过程中各种要素组合的结果是形成企业向社会贡献的产品。企业是通过生产和提供产品来求得社会承认，证明其存在的价值的，也是通过销售产品来补偿生产消耗，取得盈余，实现其社会存在的。产品创新包括许多内容，这里主要分析物质产品本身的创新，其主要包括品种和产品结构的创新。

品种创新要求企业根据市场需要的变化及费者偏好的转移，及时地调整企业的生产方向和生产结构，不断开发出用户欢迎的适销对路的产品。

产品结构的创新，在于不改变原有品种的基本性能，对现在生产的各种产品进行改进和改造，找出更加合理的产品结构，使其生产成本更低、性能更完善、使用更安全，从而更具市场竞争力。

产品结构的创新是企业技术创新的核心内容，它既受制于技术创新的其他方面，又影响其他技术创新效果的发挥：新的产品、产品的新结构，往往要求企业采用新的机器设备和新的工艺方法；而新设备、新工艺的运用又为产品的创新提供了更优越的物质条件。

数字科技焕发文化遗产新活力

2021年9月，北京市文物局与腾讯联合发起"数字中轴——北京中轴线申遗项目"，借助数字科技推动中轴线文化遗产的保护、传承与利用。腾讯运用数字孪生、云渲染、云游戏等数字技术，打造两大平台助力北京中轴线申遗。其中，中轴线申遗官网利用腾讯大数据及数字孪生技术，全景呈现中轴线700多年的历史沿革；"云上中轴"小程序则打造了公众参与的体验平台，其实用的服务功能可触达线上线下的公众。

新国风赓续传统文化

"二十四节气、七十二候"作为我国独创的传统历法，是中华民族悠久历史文化重要组成部分。哔哩哔哩（B站）联合8KRAW工作室打造《二十四节气·七十二候》系列高清文化短视频，该短视频以"文化润心"为主线，将诗意唯美的画面意境与深邃隽永的人文内涵有机融合，展现二十四节气、七十二候所代表的中国智慧，启迪广大网民特别是年轻人，激发新的创造力量。

2024蔚来创新科技日：创多个"全球首例"

在2024年7月27日举办的"NIO IN 2024 蔚来创新科技日"活动中，一项重大突破备受关注：蔚来成功发布了全球首颗5 nm智能驾驶芯片——神玑NX9031，并宣布其流片工作已圆满结束。这款芯片不仅实现了自主设计，更在综合性能和执行效率上达到了业界领先水平，一颗神玑NX9031便能匹敌四颗业界旗舰芯片。

在活动现场，蔚来创始人、董事长兼CEO李斌还宣布了整车全域操作系统SkyOS·天枢的全面发布。这一系统将进一步推动蔚来在智能驾驶领域的创新发展。这是蔚来经过四年精心研发、汇聚了超过23000人月的智慧与努力，专为AI时代打造的汽车智能基石。它将深刻影响用户的全生命周期体验，同时助力企业提升体系化效率。

SkyOS·天枢,作为面向 AI 的整车全域操作系统,凭借其高带宽、低时延、大算力等卓越特性,以及灵活持续进化的能力,成为智能汽车的强大后盾。它打通了智能硬件、计算平台、通信与能源系统,实现对车联、车控、智能驾驶、数字座舱、手机应用等全域应用的统一管理与协调。

3. 制度创新

要素组合的创新主要是从技术角度分析了人、机、料各种结合方式的改进和更新,而制度创新则需要从社会经济角度来分析企业各成员间的正式关系的调整和变革,制度是组织运行方式的原则规定。

(1)产权制度是决定企业其他制度的根本性制度,它规定着企业最重要的生产要素的所有者对企业的权利、利益和责任。不同的时期,企业各种生产要素的相对重要性是不一样的。在主流经济学的分析中,生产资料是企业生产的首要因素,因此,产权制度主要指企业生产资料的所有制。目前存在两大生产资料所有制:私有制和公有制(或更准确地说是社会成员共同所有的"公有制"),这两种所有制在实践中都不是纯粹的。企业产权制度的创新也许应朝向寻求生产资料的社会成员"个人所有"与"共同所有"的最适度组合的方向发展。

(2)经营制度是有关经营权的归属及其行使条件、范围、限制等方面的原则规定。它表明了企业的经营方式,即确定谁是经营者,谁来组织企业生产资料的占有权、使用权和处置权的行使,谁来确定企业的生产方向、生产内容、生产形式,谁来保证企业生产资料的完整性及增值,谁来向企业生产资料的所有者负责及负何种责任。经营制度的创新应是不断寻求企业生产资料最有效利用的方式。

(3)管理制度是行使经营权、组织企业日常经营的各种具体规则的总称,包括对材料、设备、人员及资金等各种要素的取得和使用的规定。在管理制度的众多内容中,分配制度是极重要的内容之一。分配制度涉及如何正确地衡量成员对组织的贡献并在此基础上如何提供足以维持这种贡献的报酬。由于劳动者是企业诸要素的利用效率的决定性因素,因此,提供合理的报酬以激发劳动者的工作热情对企业的经营就有着非常重要的意义。分配制度的创新在于不断地追求和实现报酬与贡献的更高层次上的平衡。

产权制度、经营制度、管理制度这三者之间的关系是错综复杂的(实践中相邻的两种制度之间的划分甚至很难界定)。一般来说,一定的产权制度决定相应的经营制度。但是,在产权制度不变的情况下,企业具体的经营方式可以不断进行调整;同样,在经营制度不变时,具体的管理规则和方法也可以不断改进。而管理制度的改进一旦发展到一定程度,则会要求经营制度做相应的调整;经营制度的不断调整,则必然会引起产权制度的革命。因此,反过来,管理制度的变化会反作用于经营制度;经营制度的变化会反作用于产权制度。

企业制度创新的方向是不断调整和优化企业所有者、经营者、劳动者三者之间的关系,使各个方面的权力和利益得到充分的体现,使组织的各种成员的作用得到充分的发挥。

4. 组织机构和结构的创新

企业系统的正常运行,既要求具有符合企业及其环境特点的运行制度,又要求具有与之相应的运行载体,即合理的组织形式。因此,企业制度创新必然要求组织形式的变革和发展。

从组织理论的角度来考虑,企业系统是由不同的成员担任的不同职务和岗位的结合体。这个结合体可以从结构和机构这两个不同层次去考察。所谓机构是指企业在构建组织时,根据一定的标准,将那些类似的或为实现同一目标有密切关系的职务或岗位归并到一起,形成不同的管理部门。它主要涉及管理劳动的横向分工的问题,即把对企业生产经营业务的管理活动分成不同部门的任务;而结构则与各管理部门之间,特别是与不同层次的管理部门之间的关系有关,它主要涉及管理劳动的纵向分工问题,即所谓的集权和分权(管理权力的集中或分散)问题。不同的机构设置,要求不同的结构形式;组织机构完全相同,但机构之间的关系不一样,也会形成不同的结构形式。

由于机构设置和结构的形成要受到企业活动的内容、特点、规模、环境等因素的影响,因此,不同的企业,有不同的组织形式,同一企业,在不同的时期,随着经营活动的变化,也要求组织的机构和结构不断调整。组织创新的目的在于更合理地组织管理人员的努力,提高管理劳动的效率。

5. 环境创新

环境是企业经营的土壤,同时也制约着企业的经营。企业与环境的关系,不是单纯地去适应,而是在适应的同时去改造、去引导,甚至去创造。环境创新不是指企业为适应外界变化而调整内部结构或活动,而是指通过企业积极的创新活动去改造环境,去引导环境朝着有利于企业经营的方向变化。例如,通过企业的公关活动,影响社区政府政策的制定;通过企业的技术创新,影响社会技术进步的方向;等等。就企业来说,环境创新的主要内容是市场创新。

市场创新主要是指通过企业的活动去引导消费,创造需求。成功的企业经营不仅要适应消费者已经意识到的市场需求,而且要去开发和满足消费者自己可能还没有意识到的需求。新产品的开发往往被认为是企业创造市场需求的主要途径。其实,市场创新的更多内容是通过企业的营销活动来进行的,即在产品的材料、结构、性能不变的前提下,或通过市场的物理转移,或通过揭示产品新的使用价值,来寻找新用户,再或通过广告宣传等促销工作,来赋予产品以一定的心理使用价值,影响人们对某种消费行为的社会评价,从而诱发和强化消费者的购买动机,增加产品的销售量。

孤岛卖鞋

有两名销售人员被分配到不同的市场上,其中一个被分配到一个孤岛上,这名销售人员上岛后发现这里的人们都是光着脚的,没有穿鞋的习惯,销售人员很沮丧,心想他们都不穿鞋,这鞋子肯定卖不出去,就匆匆离开了。

过了一段时间,公司对市场进行调整,换了另外一名销售人员,这名销售人员上岛后一看这情况,欣喜若狂,因为这里是一个空白市场。

于是,这名销售人员带来各式各样的鞋子,把大家组织起来,讲解穿鞋子的好处,还让大家试穿,试穿的人感觉穿了鞋子走路更舒适,很快大家都开始买鞋,习惯了穿鞋子走路。从而,这名销售人员打开了这个空白市场,并且把鞋子生意做得越来越好。

降落伞的合格率

这是发生在第二次世界大战中期的一个真实故事。在战争中扮演了重要角色的美国空军,为了降落伞的安全性问题与降落伞制造商发生了一段纠纷。当时降落伞的安全性能不好,合格率较低。厂商采取了种种措施,使合格率提升到 99.9%,但军方要求产品的合格率必须达到 100%。厂商认为这是天方夜谭,他们一再强调,99.9% 的合格率已经相当优秀了,没有必要再改进,任何产品都不可能达到 100% 合格,除非奇迹出现。

99.9% 的合格率乍看很不错,但对于军方来说,这就意味着每一千个伞兵中,会有一个人的降落伞不合格,他就可能因此在跳伞中送命。后来军方改变了检查产品质量的方法,决定每次从厂商上周交货的降落伞中随机挑出一个,让厂商负责人装备上身后,亲自从飞机上跳下。这个方法实施后,奇迹出现了:不合格率立刻变成了零。

6.4　管理创新的动力来源

创新源于企业内部和外部的一系列不同的机会。这些机会可能是企业刻意寻求的,也可能是企业无意中发现但发现后立即有意识地加以利用的。美国学者德鲁克把诱发企业创新的这些不同因素归纳成七种不同的创新来源。

1. 意外的成功或失败

企业经营中经常会产生一些出乎意料的结果:企业苦苦追求基础业务的发展,并为此投入了大量的人力和物力,但结果却是这种业务令人遗憾地不断萎缩。与之相反,另一些业务企业虽未给予足够的关注,却悄无声息地迅速发展。不论是意外的成功,还是意外的失败,都有可能是向企业昭示着某种机会,企业必须对之加以仔细地分析和论证。意外的成功虽然为企业创新提供了大量的机会,但这些机会却不仅可能被企业领导人视而不见,在他们的眼皮底下悄悄地溜走,而且有时甚至被视为异端而遭排斥。未曾料到的失败是企业不能不面对的,企业需要反思这种失败里必然隐含的某些变化,甚至从中思考企业可能存在的某种机会。

2. 企业内外的不协调

当企业对外部经营环境或内部经营条件的假设与现实相冲突,或当企业经营的实际状况与理想状况不一致时,便出现了不协调的状况。企业内外不协调现象主要是宏观或行业经济景气状况与企业经营绩效的不符,它是可以经常观察到的一种现象。也就是宏观环境处于景气状态,而企业业绩则出现了大幅度下滑。企业经营假设与现实有较大冲突等这种不协调既可能是已经发生的某种变化的结果,也可能是某种将要发生的变化的征兆。因此,企业必须仔细观察不协调的存在,分析出现不协调的原因,并以此为契机组织技术创新。

3. 过程改进的需要

过程改进的需要与企业内部的工作(内部的生产经营过程)有关。由这种需要引发的创新是对现已存在的过程(特别是工艺过程)进行改善,把原有的某个薄弱环节去掉,代之以利用新知识、新技术重新设计的新工艺、新方法,以提高效率、保证质量、降低成本。由于这种创新的需要通常存在已久,所以一旦采用,人们常会有一种理该如此或早该如此的感觉,因而可能迅速为组织所接受,并很快成为一种通行的标准。过程的改进既可能是科学技术发展的逻辑结果,也可能是推动和促进科技发展的原动力。

4. 产业和市场的改变

处在行业之内的企业通常对行业发生的变化不甚敏感,面对同一市场和行业结构的变化,企业可能做出不同的创新和选择,而多种选择都可能有其存在意义和价值创造空间。关键不是停留于对市场和产业变化的思辨之中,而是要通过迅速的创新行动,在行动中不断试错和迭代。

5. 人口结构的变化

人口因素对企业经营的影响是多方位的。作为企业经营中一种必不可少的资源,人口结构的变化直接决定着劳动力市场的供给,从而影响企业的生产成本;作为企业产品的最终用户,人口的数量及构成决定了市场的结构及规模。作为企业产品最终用户的人口,其有关因素对企业经营的影响进而对创新的要求是难以判断和预测的。分析人口数量对企业创新机会的影响,不仅要考察人口的总量指标,而且要分析各种人口构成的统计资料。总量指标虽然在一定程度上反映人口变化的趋势,但这种数据亦可能把企业的分析引入歧途。

6. 人们观念的改变

对事物的认知和观念决定着消费者的消费态度,消费态度决定着消费者的消费行为,消费行为决定一种具体产品在市场上的受欢迎程度。需要指出的是,人们观念的转变与企业进入时机间并非简单的线性关系,过迟不行,过早也不行。如果消费者的观念尚未转变或刚刚开始转变,企业在敏锐地观察到这种机会后即迅速采取行动,这样固然可以领先竞争者许多,但这种消费观念的转变并未真正促成市场的启动,企业经营也仍然处于困难时期,甚至等不到黎明的到来,企业就已经倒闭。

7. 新知识的产生

一种新知识的出现,将为企业创新提供异常丰富的机会。但与其他类型的创新相比,知识性创新具有最漫长的前置期,从新知识的产生到应用技术的出现,最后到产品的市场化,这个过程通常需要很长的时间。另外,知识性创新是多因素共同作用的结果。虽然在这类创新中,企业依靠一种或少数几种关键的技术及相关的知识,但在所有其他必备知识尚未出现之前,创新也是不可能实现的。

工作任务书

任务:用创新的思维解决身边的管理问题		
项目	任务描述:仔细观察你身边发生的事情,从中发现问题,并用创新思维提出解决办法	教师打分
理论分析	可行性分析(学生课前填写)	
解决方案	(学生课前填写)	
优化方案	总结提升(学生课后填写)	
任务反思	比较研究(学生课后填写)	

案例分析

华为的创新案例

华为,这家自 1987 年创立的全球领先 ICT(information and communication technology,信息与通信技术)基础设施和智能终端提供商,始终致力于构建一个万物互联的智能世界。他们追求的目标是,让无处不在的连接成为人人平等的权利,并作为智能世界的前提和基础。同时,华为致力于为世界提供多样化的算力,让云服务无处不在,让智能功能无所不及。借助 AI 技术,华为不断重新定义各种体验,让消费者在家居、出行、办公、影音娱乐、运动健康等各个场景中,都能享受到极致的个性化智慧体验。接下来,我们将深入探讨华为公司的 11 个精彩案例。

案例一：华为的 S.H.A.R.E. 理念

华为秉持着对可持续未来的追求，提出了 S.H.A.R.E. 理念（sustainability 可持续发展、harmony 和谐生态、all-inclusiveness 数字包容、reliability 安全可信、environment 绿色环保）。这一理念旨在通过技术的普及，推动数字世界的平等与包容；借助安全、可靠的 ICT 基础设施和服务，为数字世界构筑坚固的屏障；致力于科技创新，实现社会与生态环境的和谐共生；积极与产业链伙伴携手，共同打造健康、和谐的商业生态环境。

案例二：华为助力毛里求斯珊瑚重焕新生

毛里求斯蓝海湾的珊瑚礁群，这一被誉为世界顶级的珊瑚礁，正面临着多重威胁。过度捕捞、海水温度上升、不可持续的沿海开发及破坏性抛锚等活动，都导致海水成分发生深刻变化，严重威胁着珊瑚礁的生态平衡。2021 年，在 Tech4Nature 倡议的推动下，华为毛里求斯与当地合作伙伴携手合作。他们利用创新技术，大规模种植珊瑚并采集、传输、分析相关数据，旨在恢复珊瑚礁群及其生物多样性。截至 2023 年 8 月，已有 25000 个珊瑚碎片成功从珊瑚苗圃移植至毛里求斯东海岸费耶斯角珊瑚礁生态系统的退化区域，同时，在苗圃中还繁殖了 1890 个新的珊瑚碎片。这些努力为毛里求斯的珊瑚礁群带来了新的生机与希望。

案例三：华为助力 PRASA 打造跨越"赤道"的数字铁路

南非客运铁路局（Passenger Rail Agency of South Africa，PRASA）作为南非最大的综合客运集团，负责为南非各地提供通勤铁路服务。该局与华为合作，引入了创新的智能铁路围界防护解决方案，构建了端到端的铁路围界系统，旨在实现全方位、高效的安全检测。这是华为智能铁路周界防护解决方案在海外的重要应用案例。该系统融合了光视联动技术与上层集成管理平台，借助地图显示功能，使事件检测、上报及确认流程更加高效。通过这一创新解决方案，铁路围界的安全防护得到了全新的提升，真正实现了业务闭环。

案例四：华为盘古矿山大模型引领煤矿生产全场景人工智能创新

山东能源集团携手华为，借助盘古矿山大模型，打造了先进的人工智能训练与应用平台。该平台汇聚了视觉、图网络、多模态及自然语言等多大类大模型，全面支持集团六大业务板块的智能生产模式革新。这是盘古大模型在矿山行业的首次商业应用，旨在深度探索煤矿生产的各个环节，包括采矿、挖掘、机械操作和运输等，以实现全场景的人工智能应用。通过这一技术创新，山东能源集团力求实现"人工智能大规模下矿"的目标，使员工能够远离井下危险环境，同时提升生产运营的效率、安全性和可持续性。

案例五：华为上海旗舰店的设计理念与实践

华为全球旗舰店，坐落于繁华的上海南京东路商圈，由历史悠久的南京大楼精心打造而成。这家旗舰店占地超过 5000 m^2，分为三层，不仅提供产品体验和 HUAWEI Community（华为全连接）的交流空间，还设有全场景体验区和多功能体验区。奥雅纳（Arup）建筑设计团队巧妙地将硬核科技与建筑美学相结合，打造出一个独具特色的"城市客厅"。这一设计理念深受历史、未来和社区三大元素的启发，旨在将人们与未来紧密相连，同时实现科技与自然的和谐共存。在这里，人们能够深刻洞见华为"连接未来"的深远愿景，并形成品牌社群的核心凝聚力。

案例六：华为与广东省电力信息通信有限公司的数字化转型之旅

华为与广东电网携手，共同打造了一个全连接的数字化园区。该园区以"1 个中心＋1 个平台"为核心，即一个运营中心集成了协同办公、经营业务和生产监控等多功能，实现对全省近 3000 个行政办公场所的一体化管理，确保对突发事件能迅速做出反应；而一个数字化平台则提供了云计算、大数据、物联网和人工智能等前沿技术，为园区提供了包括综合安防、智能仓储、智慧食堂、智慧办公和智慧物业在内的全方位智能化服务。这些创新举措使得该园区在技术、安全、响应速度及员工满意度等多个方面均达到了行业领先水平，进一步推动了广东电网向智能电网运营商、能源产业价值链整合商及能源生态系统服务商的转型。

案例七：华为智慧教室，引领宁夏大学教学革新

宁夏大学携手华为，采用"动"教学理念，打造了 300 间未来教室，成为全球规模最大的智慧教室项目。华为智慧教室解决方案融合了 AI、云计算、物联网等前沿技术，提供常态化录播、远程教学、教学督导等多功能，打造了一个智慧可控的教学环境。这一创新举措不仅提升了教学效率和质量，更推动了宁夏大学教学模式的全面革新。

案例八：华为智慧教室助力全流程智慧教学

在人才培养方面，华为积极推动产教融合，将华为 HCIA Security（Huawei certified ICT associate － security，华为认证网络工程师－安全）纳入学校课程体系，使学生毕业后即具备安全工程师的基础能力。截至 2023 年，华为已与突尼斯 68 所院校达成 ICT Academy（ICT 学院）合作，累计有 7600 多名学生参与华为培训课程，其中 750 余人获得华为认证证书。此外，华为还通过举办 Spark 创业大赛支持了 15 个创业项目，并通过 ICT 人才大赛、未来种子等活动促进学生创业就业。

案例九：华为推出 Discover Huawei SASE 体验计划（即发现华为 SASE 体验计划）

在 GITEX GLOBAL（全球信息技术展）2024 期间的 IP Club（IP 俱乐部）主题日活动、IP Club 技术菁英汇峰会及安全论坛上，华为面向中东中亚地区发布了 Discover Huawei SASE（secure access service edge，安全访问服务边缘）体验计划，并详细介绍了相关活动规则。华为邀请客户和合作伙伴近距离体验其星河 AI 融合 SASE 解决方案在网络安全联动、EDR（endpoint detection and response，端点检测与响应）防勒索、零信任接入等方面的关键安全防护功能，助力各行业向智能化时代迈进。

案例十：华为 RuralStar 助力科特迪瓦北部偏远地区实现网络通信

在科特迪瓦的北部偏远地区，由于网络基础设施的不足，许多农村居民几乎与外界失去了联系。他们连基本的通信需求，如拨打电话、发送短信和上网，都难以满足，这严重影响了他们的生活质量。为了解决这一问题，科特迪瓦通信部与华为携手合作，引入了华为的一体式杆站和极简低成本的 RuralStar 解决方案。这一方案成功地帮助科特迪瓦北部偏远地区的农村实现了网络通信的覆盖，打破了与"互联网世界"的隔绝，使他们能够接入数字技术的广阔天地。这一实践不仅对个人、行业和国家具有深远意义，也为全球其他偏远地区的网络

建设提供了宝贵的经验和启示,进一步推动了数字包容的发展。

案例十一:华为携手 UnionDigital(联合数字银行)打造创新金融平台

菲律宾拥有庞大的低收入人口,他们月收入不足 200 美元,甚至缺乏银行账户,这使得他们难以获得必要的金融支持。为解决这一问题,华为与长亮控股合作,共同为菲律宾联合数字银行 UnionDigital 打造新一代核心业务平台。在短短的 35 天内,贷款核心系统便成功上线,为偏远地区的民众提供了便捷的数字化贷款服务。这一创新举措不仅满足了央行的合规要求,还助力 UnionDigital 在菲律宾银行业数字化进程中脱颖而出,成为市场领先者。通过敏捷且创新的数字化服务,数百万当地用户得以享受普惠金融服务,进一步推动了数字包容的发展。

思考题:华为的创新案例给你哪些启发?

中 篇

职场沟通篇

第7章

管理沟通面面观　带你认识管理沟通

学习目标

知识目标: 1.掌握沟通与管理沟通的核心概念;

2.认识管理沟通的相关要素和过程;

3.了解管理沟通的作用。

能力目标: 1.能理解管理沟通的核心是换位思考这一本质;

2.能尝试运用沟通解决日常生活中的问题。

价值目标: 充分认同沟通在团队工作中的重要价值。

工作情境

在你设计的一个技术方案中,领导认为部分设计过于烦琐,实现起来难度大,还会耗费大量人力、物力和财力,因而不同意这些设计。但你并不认同领导的看法,你觉得方案虽烦琐,却是出于全面考量。

问题: 这种情况下,你该怎么办?

名人名言

故言多类,事多变。故终日言,不失其类,故事不乱。终日不变,而不失其主,故智贵不妄。听贵聪,智贵明,辞贵奇。

——《鬼谷子》

内容导航

管理沟通面面观 带你认识管理沟通	管理与沟通的相关概念	测测你会沟通吗
		沟通的概念
		沟通的障碍
		管理沟通与人际沟通

	管理沟通的内涵与要素	管理沟通的内涵
		管理沟通的要素
		管理沟通的分类
	管理沟通的作用与过程	管理沟通的作用
		管理沟通的过程
		沟通的本质——换位思考

知识模块

7.1 管理与沟通的相关概念

7.1.1 测测你会沟通吗

回答沟通能力测评表 7.1 中相关问题,测评你的沟通能力。选择与你的经历最相近的答案,请尽量如实做答。如果你的回答是"从不"则填 1,"总是"填 4,依此类推。把得分加起来,参考表后的"分析",评定你的沟通能力,根据回答找出你在哪些方面需要改进。

表 7.1 沟通能力测评表

序号	问题	选项			
		从不	有时	经常	总是
1	我适时地把适当的信息传递给合适的人				
2	在决定该如何沟通前,我认真思考信息内容				
3	我表现出自信,讲话时信心十足				
4	我希望对方就我的沟通提供反馈				
5	我注意聆听并在回答前检查我的理解是否正确				
6	评价他人时,我努力排除各种个人成见				
7	会见他人时,我态度积极、礼貌周到				
8	我及时向他人提供他们需要与想要的信息				
9	我利用单独会见检查员工的表现并辅导他们				
10	我通过提问了解他人的想法及他们的工作进展				
11	我分发书面指示以提供关于某一任务的所有相关信息				

续表

序号	问题	选项			
		从不	有时	经常	总是
12	我运用专业的电话沟通技巧改进沟通效果				
13	我通过所有可以利用的电子媒介进行沟通				
14	我把写文章的规则应用到外部与内部沟通中去				
15	会见、调查或做会议记录时,我使用有效的记录方法				
16	写重要信件或文件时,在定稿前,我常征求 可信赖的批评者的意见				
17	我运用快速阅读技巧来提高工作效率				
18	做演讲前,我认真准备并多次试讲,演讲取得了成功				
19	进行内部培训时我发挥着明显的积极作用				
20	我安排的大型会议已达到了专业水平				
21	我用软性和硬性推销技巧说服他人接受我的观点				
22	谈判前我已经对问题进行了深入研究, 并熟知对方的需要				
23	我写的报告结构合理,内容准确、简明、清晰				
24	提出提议前我往往进行彻底的调查				
25	我努力了解有关听众对组织的看法				
26	我认真考虑技巧娴熟的顾问如何帮助我 解决公关问题				
27	我与记者及其他媒体工作人员进行有益的接触				
28	我确保由合格的专业人员来完成设计之类的专门工作				
29	我交给广告代理商的书面指示是以明确的 商业目标为基础的				
30	我把定期与员工沟通看作重要工作				
31	我积极接收并回应来自员工和他人的反馈				
32	我确定了沟通目标,并且不允许任何行为 阻碍这一目标的实现				

分析:现在你已经做完自我测评题目,请把各题得分加起来,然后通过阅读以下各评分范围所对应评语,检查你的表现。无论你在沟通方面已经取得了多么大的成功,一定要记住:永远有改进的余地。

32～64:你不能有效地沟通,要倾听反馈,努力从失败中吸取教训。

65～95:你在沟通方面表现一般,要针对弱点,努力提高。

96～128:你能极好地沟通,但要记住,沟通多多益善。

7.1.2　沟通的概念

沟者,构筑管道也;通者,顺畅也。沟通是人与人之间、人与群体之间思想与感情的传递和反馈的过程,以求思想达成一致和感情通畅。著名组织管理学家巴纳德认为个人协作意愿和组织共同目标只有通过信息沟通才能联系和统一起来,内部信息交流是实现组织目标的基础。没有沟通,就没有管理。沟通不畅几乎是每个企业都存在的问题,企业的机构越是复杂,其沟通越是困难。往往基层的许多建设性意见未及时反馈至高层决策者,便已被层层扼杀,而高层决策的传达,常常也无法以原貌展现在所有人面前。

管理沟通是企业组织的生命线,管理的过程,也就是沟通的过程。通过了解客户的需求,整合各种资源,创造出好的产品和服务来满足客户,从而为企业和社会创造价值和财富。企业是有生命的有机体,而沟通则是机体内的血管,通过信息流动来给组织系统提供养分,实现机体的良性循环,因此管理沟通是企业管理的核心内容和实质。

7.1.3　沟通的障碍

沟通作为人与人之间交流信息和情感的重要桥梁,是组织实现目标的重要行为方式,当沟通出现了问题,会对组织和个人产生严重的影响。具体而言,沟通的障碍有如下几种形式。

1. 语言障碍

语言是人类最重要的交际工具,它同思维有密切的关系,是人类形成和表达思想的手段,也是人类社会最基本的信息载体,人们借助语言保存和传递人类文明的成果。当双方都听不懂对方的语言时,尽管也可以通过手势或其他动作来表达信息,但其效果将大打折扣。即使双方使用的是同一种语言,有时也会因一词多义或双方理解力的不同而产生误解。在一个组织中,员工常常来自不同的地域,有着不同的说话风格。部门之间的分工和专业化使得所属人员发展了各自的行话和技术用语。在大型组织中,成员分布的区域十分分散,每个地区的员工也常常不自觉地使用该地特有的术语或惯用语,专业术语和字义的含糊在沟通中很容易造成语言障碍。有一句话很有意义:沟通是在别人的反应里看到自己。因此有效沟通即要求做好充足准备、诚实坦率、注意语气语调和尊重他人。

2. 观念障碍

沟通的观念障碍是指信息发送者和接收者的观念不一致。信息发送者在发送信息时要对信息进行"编码"，而发送者在信息"编码"过程中常常是根据自己的需要而对信息进行加工，只重视和关心与自己利益相关的信息，不自觉地受到气质、个性特征和经验的影响。这样就可能导致信息失真或被曲解，使信息传递后产生很大程度上的偏差，给沟通造成很大障碍，给管理带来很多麻烦。信息接收者在接收信息时，会对信息进行"解码"，这种解码过程往往也受到个人的经验、个性、态度及理解问题能力等主观因素的影响。沟通过程中，信息接收者对信息的理解与发送者不一致就可能导致信息失真，产生沟通障碍。

3. 时间限制

时间压力会引发沟通障碍。对沟通双方而言，时间限制和沟通中断一样，都是常见的人际沟通障碍。人际沟通并不是某个时间片段中的独立事件，它与未来的事件有所关联。与他人交谈的时候可能会受到未来事件和时间的影响，对方也是如此。时间限制与沟通中断不同的是，有时候我们可以忽略或忘记事件压力所形成的障碍。善于磋商谈判的人都知道，有时候和对方核对时间，会使谈判进行得顺利一点。因为时间的压力可能迫使对方做出让步与妥协。如果你是发出信息的一方，你应该留意对方是否焦虑不安，是否有时间上的压力。你可以说："我注意到你在看表，如果我们专心地讨论这个问题，大概再要十分钟就可以解决了。"另外，我们也可以在沟通开始之前约定好时间限制，以免时间压力影响了沟通的成效。

4. 经验的影响

辩证唯物主义认为，经验是一切认识的起点，但只有上升为理性认识，才能把握事物的本质，更正确地认识世界和改造世界。如果一个人根据过去的经验进行沟通，他的问题可能是对讨论的主题了解太多，而不是太少。身为沟通者，我们难免会把过去的经历累积为一种经验。当我们和同事或客户交谈时，不要忘了我们可能正以过去的经验在过滤我们的信息。当我们开会、阅读或听别人讲话时，也不要忘了我们对主题的了解可能会阻碍我们吸收新的信息。因为我们常常会根据自己所知道的内容，加上我们自己的假设和偏见预先推测结果，而并没有得到完整的信息，进行公允的判断。

5. 距离障碍

距离也是沟通中的一种障碍。无法面对面沟通同样会造成信息的失真和沟通的困难。比如，通过聊天软件沟通的两个人不容易辨析对方的表情。在一个上百人的座谈会上，坐最后一排的人难以与主讲者进行有效沟通。因此，为了克服距离的障碍，首先要正视距离所产生的沟通困难。例如，如果在聊天软件上与朋友、恋人吵起架来，闹了矛盾，要及时通过电话沟通或尽快面对面交谈，这样能听到对方的语气或看到对方的表情，有些误会就可以避免，有些苛责的话也会不忍心说出口。写报告的时候尽可能条理分明,即便读者粗略看也能了解最重要的信息。

6. 地位障碍

社会地位不同的人,他们的意识、价值观念和道德标准也会有所差别,从而造成沟通障碍。不同层级的成员,对同一信息会有不同的甚至截然相反的认识文化差别、观念差别、职业差别等都可成为沟通障碍。很多时候,年龄也会造成沟通障碍,比如"代沟"的现象。按照沟通的方向来说,上行沟通在实际中有不少障碍,心理研究表明,下级在向上级汇报工作或主动沟通的过程中,常常带有担心说错、怕承担责任和焦虑等心理,沟通氛围较为紧张;在下行沟通的过程中,主动沟通的是上级,会受到欢迎拥护,但有时他们会居高临下,造成下属的压迫感和紧张情绪,也会形成沟通障碍;平行沟通中,虽然彼此地位的差距不大,但并不存在地位完全相等的两个人,职权的重要程度、职称的高低、资历的深浅、他人的认可度等,都会在不同程度上形成地位的优越感或压迫感,进而引发沟通者心理障碍,造成沟通的不畅。

7. 环境干扰

环境干扰是影响沟通的一大原因。嘈杂的环境会影响信息传递的完整性、准确性,诸如交谈时相互之间的距离、所处的场合、过激的情绪、电话等传送媒介的质量等都会对信息的传递产生影响。环境的干扰往往造成信息在传递途中的损失和遗漏,甚至歪曲变形,从而造成错误的或不完整的信息传递。当然,还有其他一些影响有效沟通的因素,如成见、聆听的习惯、气氛等。

7.1.4 管理沟通与人际沟通

人际沟通涉及的范围与管理沟通有差异,它有时是正式的,有时是非正式的。在人际沟通的过程中,互动双方的主体是个人,因此情绪、自我认知、沟通风格等会影响人际沟通的效果。人际沟通在很大程度上满足的是沟通者的情感诉求和关系诉求。

管理沟通是管理者对情境的策略性反应。它和管理目的、沟通场景、沟通主体的性质、沟通手段及沟通内容等都有关系。在管理沟通中,最重要的是沟通者需要根据情境进行判断,合理定位。这对沟通者的角色意识、沟通路径和时机及沟通策略提出了很高的要求。与人际沟通相比,管理沟通与组织目标、管理目标及管理者岗位目标的关系更密切,它具有更多的规制性,需要更多的策略、机制和技巧。

7.2 管理沟通的内涵与要素

7.2.1 管理沟通的内涵

我们把沟通者为了某一目的,运用一定的策略和手段,将某一信息(或意思)传递给客体或对象,以期取得客体相应的反馈的整个过程称为管理沟通。管理沟通相较于一般的人际沟通,有以下几个特征。

1. 管理沟通的目的是达成预定的管理目标

管理沟通不同于人们平常的"聊天""打招呼",最关键的在于管理沟通是有管理目标导向的,也就是沟通者希望通过沟通解决管理工作的现实问题。例如为了推进公司改革,组织一个会议传达改革精神;为了激励下属,安排一个面谈;为了建立公司良好形象,召开一次新闻发布会。我们走路时遇到一个熟人问声好,或者由于好长时间没有碰到了,见面时交流一下工作近况,不能算作管理沟通,最多只能称为人际沟通,因为这种沟通的出发点不是解决管理问题。

2. 管理沟通是沟通双方的相互行为

所谓沟通双方的相互行为,是指沟通者不但要把信息传递给对方,还需要了解对方的反应,确认信息传递出去之后的效果。如果信息传递出去没有达到预期的效果,就说明本次沟通失败了,需要设计另一次沟通。这与我们平时听演唱会、看电视不一样,因为这样的"沟通"是单向的,而不是双向的。

3. 管理沟通需要有效的中介渠道

沟通首先要有"沟",无"沟"不"通",这个"沟"就是中介渠道。管理者为了达成信息的互通,必须要建设好交流的通道,还需要设计好信息传送的载体,是口头沟通还是笔头沟通,是正式沟通还是非正式沟通,等等。

4. 管理沟通需要设计有效的策略

管理沟通是一个复杂的过程,原因在于:①沟通内容的复杂性,包括信息沟通及情感、思想、观点和态度交流,内在地表现为人际关系。②沟通心理的复杂性,即信息发出者和接收者之间要考虑对方的动机和目的,需要考虑如何改变对方的行为。③沟通信息理解的复杂性,即语言文字含义的复杂性、沟通心理的复杂性,导致对沟通信息理解的复杂性,会出现信息失真,尤其是沟通双方在见解和爱好、背景与经历、观念与意识等方面的差异性,更加剧了信息理解的复杂性。正因为如此,需要沟通双方(尤其是直接沟通者)制定沟通的策略,以达到有效的结果。

7.2.2　管理沟通的要素

沟通应包括五个要素,即沟通主体、沟通客体、沟通介体、沟通环境、沟通渠道。

1. 沟通主体

沟通主体是指有目的地对沟通客体施加影响的个人和团体,诸如党、团、行政组织及家庭、社会文化团体、社会成员等。沟通主体可以选择和决定沟通客体、沟通介体、沟通环境和沟通渠道,在沟通过程中处于主导地位。

2.沟通客体

沟通客体即沟通对象,包括个体沟通对象和团体沟通对象,团体的沟通对象还有正式群体和非正式群体的区分。沟通对象是沟通过程的出发点和落脚点,因而在沟通过程中具有积极的能动作用。

3.沟通介体

沟通介体即沟通主体用以影响、作用于沟通客体的中介,包括沟通内容和沟通方法。沟通主体与客体间的联系可保证沟通过程的正常开展。

4.沟通环境

沟通环境既包括与个体间接联系的社会整体环境(政治制度、经济制度、道德风尚、群体结构),又包括与个体直接联系的区域环境(学习、工作或家庭环境等),对个体直接施加影响的社会情境及小型的人际群落等。

5.沟通渠道

沟通渠道即沟通介体从沟通主体传达给沟通客体的途径。沟通渠道不仅能使正确的思想观念尽可能全、准、快地传达给沟通客体,还能广泛、及时、准确地收集客体的思想动态和反馈的信息,因而沟通渠道是实施沟通过程,提高沟通效果的重要一环。沟通渠道很多,诸如谈心、座谈等。

7.2.3 管理沟通的分类

在企业组织中,沟通的类型有很多。根据不同的角度,可划分为正式沟通和非正式沟通,单向沟通和双向沟通,语言沟通和非语言沟通,自我沟通、人际沟通和组织沟通等。

1.正式沟通和非正式沟通

根据沟通渠道进行划分。正式沟通是指由组织内部明确的规章制度所规定的沟通方式,它和组织结构密切相关。非正式沟通则是指正式组织途径以外的信息流通,一般因组织成员在感情和动机上的需要而形成。

2.单向沟通和双向沟通

根据沟通的方向进行划分。单向沟通指的是一方发送,另一方接收,而且接收方并不向发送方发送信息。比如组织下达命令和指标,或者一位演讲者面向规模大的群体演讲。其优点在于,传播速度快,发送者能够控制所传递信息的类型、速度及时间等;缺点在于接收者领会的程度较低。

双向沟通指的是信息接收者不仅听取信息,而且有机会对发送的信息进行反馈,比如商讨、咨询、谈判等。这种沟通类型的优点在于,沟通双方有机会互动,有参与感,对达成共识有帮助;缺点在于传递速度慢,有时缺乏结构性,而且耗时长等。

3. 语言沟通和非语言沟通

根据沟通的媒介进行划分。语言沟通指的是使用正式语言符号所进行的沟通,又分为书面沟通和口头沟通。书面沟通指的是借助文字进行信息的传递和交流,比如布告、通知、书信、刊物、咨询报告等。书面沟通的优点在于,不受时空的限制,具有正式性和规范性,容易被复制;缺点在于,沟通效果未必好,有的时候不够灵活。

非语言沟通指的是借助非语言符号、口头表达及文字以外的符号系统进行的沟通,比如姿势、表情、眼神、形体动作、身体接触及服装等。它一方面有强化语言手段的作用,另一方面也可能抵消语言手段的效果。

4. 自我沟通、人际沟通和组织沟通

根据沟通的参与者进行划分。自我沟通也称内向沟通,即信息发送者和信息接收者为同一个行为主体,自行发出信息,自行传递,自我接收和理解。在日常生活和工作中,管理人员要花很多时间进行自我管理,其中包括自我沟通。对自己个性的了解、情商的培育,对待压力的态度、思维方法的训练等都和自我沟通能力有关。自我沟通对于自我察觉、调适自己的态度有重要作用。

人际沟通即个体之间的沟通。管理人员每天约花 70％的时间和各种人(如上司、下属、同事、客户、政府官员等)打交道。人际沟通在形成规范、建设团队、协调关系、支持目标实现等方面作用很大。

组织沟通首要特点是"非个人化"。根据组织目标、利益相关者的诉求等,组织或者部门会进行大量的信息传播、声誉构建及各种沟通事件的处理。其中会议制度、组织结构、文化类型、管理体制等都对组织沟通有影响。

7.3　管理沟通的作用与过程

7.3.1　管理沟通的作用

1. 有助于改进个人做出的决策

任何决策都会涉及干什么、怎么干、何时干等问题。每当遇到这些急需解决的问题,管理者就需要从广泛的企业内部的沟通中获取大量的信息情报,然后进行决策,或建议有关人员做决策,以迅速解决问题。下属人员也可以主动与上级管理人员沟通,提出自己的建议,

供领导者做出决策时参考,或经过沟通,取得上级领导的认可,自行决策。企业内部的沟通为各个部门和人员的决策提供了信息。

2. 促使企业员工协调有效地工作

企业中各个部门和各个职务是相互依存的,依存性越大,对协调的需求越高,而协调只有通过沟通才能实现。没有适当的沟通,管理者对下属的了解也不够充分,下属就可能对分配给他们的任务和要求他们完成的工作有错误的理解,使工作任务不能正确圆满地完成,导致企业在效益方面受损失。

3. 能激励员工,改善工作绩效

沟通有利于领导激励下属,建立良好的人际关系和组织氛围。除了技术性和协调性的信息外,企业员工还需要鼓励性的信息。管理沟通可以使领导了解员工的需要,关心员工的疾苦,在决策中考虑员工的要求,以提高员工的工作热情。人一般都会要求对自己的工作能力有一个恰当的评价。如果领导的表扬、认可或者满意能够通过各种渠道及时传递给员工,就会形成某种工作激励。同时,企业内部良好的人际关系更离不开沟通。思想上和感情上的沟通可以增进彼此的了解,消除误解、隔阂和猜忌,即使不能达到完全理解,至少也可取得谅解,使企业有和谐的组织氛围,所谓"大家心往一处想,劲往一处使"就是有效沟通的结果。

7.3.2 管理沟通的过程

沟通过程(见图7.1)是指沟通主体对沟通客体进行有目的、有计划、有组织的思想、观念、信息交流,并且是一个双向互动的过程。简单地说,沟通就是传递信息的过程。在这个过程中至少存在着一个发送者和一个接收者,即发出信息一方和接收信息一方。信息在二者之间的传递过程,一般经历以下七个环节。

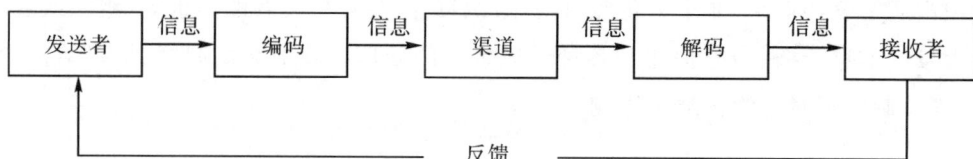

图 7.1 沟通过程示意

(1)发送者需要向接收者传递信息或者需要接收者提供信息。这里所说的信息是一个广义的概念,它包括观点、想法、资料等内容。

(2)发送者将所要发送的信息译成接收者能够理解的一系列符号。为了有效地进行沟通,这些符号必须适应媒体的需要。例如,如果媒体是书面报告,符号的形式应选择文字、图表或照片;如果媒体是讲座,就应选择文字、多媒体课件和板书。

(3)不同符号通过不同方式传递给接收者。由于选择的符号种类不同,传递的方式也不同。传递的方式可以是书面的,如信、备忘录等;也可以是口头的,如交谈、演讲、电话等;甚至还可以通过身体动作来表述,如手势、面部表情、姿态等。

(4)接收者接收符号。接收者根据发送来的符号的传递方式,选择相应的接收方式。例如,如果发送来的符号是口头传递的,接收者就必须仔细地听,否则符号就会丢失。

(5)接收者将接收到的符号译成具有特定含义的信息。由于发送者翻译和传递能力的差异,以及接收者接收和翻译水平的不同,信息的内容和含义经常被曲解。

(6)接收者理解被翻译的信息内容。

(7)发送者通过反馈来了解他想传递的信息是否被对方准确地接收。一般来说,由于沟通过程中存在着许多干扰和扭曲信息传递的因素(通常把这些因素称为噪音),沟通的效率大为降低。因此,发送者了解信息被理解的程度也是十分必要的。沟通过程中的反馈,构成了信息的双向沟通。

7.3.3　沟通的本质——换位思考

换位思考是人与人的一种心理体验过程。将心比心、设身处地是达成理解不可缺少的心理机制。它客观上要求我们将自己的内心世界,如情感体验、思维方式等与对方联系起来,站在对方的立场上体验和思考问题,从而与对方在情感上得到沟通,为增进理解奠定基础。

成功管理沟通的本质是换位思考,沟通者在每次沟通前要分析如下几个问题。首先要明确受众是谁,他们了解什么,他们感觉如何,如何激发他们等问题。归结到一点就是明确受众需要什么,然后尽量满足他们。其次是要确定我是谁,我在什么地方,我能给受众什么。管理者本身应注意识别这些问题,并提升自身的可信度。通过持续的自我沟通,不断提高管理者本身的沟通意识。

洛克(Locker)在《换位思考的 6 种技巧》中提到应用换位思考语言的 6 种技巧:

(1)不要强调你为对方做了什么,而要强调对方能获得什么或能做到什么。以正面或中立的立场强调对方想要知道的内容。

(2)参考对方的具体要求和指令。

(3)除非你有把握能够使对方感兴趣,否则尽量少谈自己的感受。

(4)不要告诉对方他们将有何感受。

(5)涉及褒奖的内容时,多用"你"而少用"我"。褒奖的内容与双方都有关系时,尽量用"我们"。

(6)涉及贬抑的内容时,避免使用"你"为主语,以保护对方的自我意识。要用被动语态或无人称表达法,避免有归咎于人之嫌。

工作任务书

任务:我喜欢的水果是?		
项目	任务描述:老师给定几种水果,每一位成员想一样自己喜欢的水果;要求成员不出声,仅靠自己的肢体语言来表现出自己喜欢的水果,并根据自己的判断快速找到和自己喜好相同的成员,在此期间可以调整肢体语言;所有人找到自己的同伴后,各组成员一起表演,向大家展示本组所喜欢的水果是什么,并说出喜欢的理由	教师打分
理论分析	可行性分析(学生课前填写)	
解决方案	(学生课前填写)	
优化方案	总结提升(学生课后填写)	
任务反思	比较研究(学生课后填写)	

案例分析

华南食品连锁有限公司

卞大海——华南食品连锁有限公司的常务副总,负责公司的生产加工、营销服务等业务工作,他的办公桌上放着三位商店经理的辞职信,他们都是公司内部提拔上来的具有多年商店管理经验的资深经理。下午,他花了近3个小时的时间和他们谈话,极力想挽留他们,但是希望渺茫,因为这三个人去意已决。从他们的谈话中,卞大海了解到他们离职后会去其他的公司,有一位可能去竞争对手的公司。他们离职的理由有些牵强,卞大海感觉到这件事情与公司近来对外招聘商店经理有关,公司上下正对此议论纷纷。

1.公司背景

华南食品连锁有限公司是一家经营良好的食品连锁公司。它成立于1988年,当时只有一家食品加工厂和几家食品商店,现在已拥有几家食品加工厂和78家食品商店,以GZ市为中心辐射周边中小城市。

在最初的10多年里,公司的发展几经挫折,有成功也有失败,状态相对平稳。2002年,这家当时只有28家商店的食品连锁公司被华南最大的一家食品公司并购,成为其子公司,独立经营,并由总公司提供资金来扩大规模。从此,公司的发展进入了快车道,规模迅速扩大,食品加工厂和食品商店开得越来越多。在此之前,由于公司规模较小,员工都相互认识,各连锁店之间经常互相走动、交流经验、探讨问题,人事变动也比较少,一些人员的调整和提升都是在公司内部进行的。在公司快速发展的初期,公司仍然坚持从内部提拔管理人员,因此,员工一直认为公司的用人策略是倾向于在组织内部挖掘人才。可是,随着公司规模越来越大,基层管理人员的来源发生了变化。老员工中能够胜任基层管理工作的人员越来越少,现在几乎难以从现有员工中提拔干部,公司不得不进行外部招聘。

2. 外部招聘引来的风波

2014年,公司业务得到飞跃式发展,一年内就新增24家商店。卞大海已经无法在公司内部找到足够多的合适的商店经理,只好对外招聘。结果有17家商店的经理是从外面招聘进来的。

最初,卞大海对于新经理的来源途径并没有太在意。他认为,公司扩大了,对外招聘基层管理人员是很自然的事情,员工对此应该是理解的。后来他听到了一些议论,一些老员工对此意见很大。于是,他和助手罗博群走访了各家商店。他注意到,商店经理和区域主管认为公司在实行新的人事政策。回到公司后,他与其他几位公司领导商量,准备印刷一些宣传品,或者召集区域主管和商店经理开两天会,介绍公司的发展状况、经营目标和新的发展方向。但他们对此看法不一,有人认为,宣传品不能清楚地说明这些内容,而公司又没有专人负责这些事情;也有人认为,开这样的会耗钱费时,公司整天忙于扩张,难以找到合适的时间,人员难以集中,而且会影响经营。由于意见不一致,此事也就搁下来了。不久,议论越来越尖锐,例如,"公司上层领导把我们都忘记了""像我这样在这里干了16年的老员工马上就要被扫地出门了""我们这些建厂的元老也要被人取代了"等等。尽管卞大海和罗博群试图对这些议论作出解释,但是很明显,员工和一些商店的经理不相信公司高层领导的这些解释。

3. 四位资深经理的更换

问题越来越严重了,自7月初以来,有四位商店经理被更换。他们都是前些年从公司内部提拔起来的,提拔前在公司干了许多年。有一位是自己想创业主动提出辞职的;有两位是因能力有限、业绩太差而被免职的;还有一位是自己要求从现任职位上退下来的,他认为商店的管理工作比过去更忙碌、更复杂,自己压力太大,不想继续干了。事情就这么巧,这四位经理的位置正好被外部招聘的人员接替了。

这四位经理的更换在员工中引发了很大的反响,一些员工觉得自己在公司的饭碗不保。卞大海发现,员工的情绪低落,士气下降,工作时甚至嬉闹,对顾客的态度不好。商店经理的态度发生了明显的变化,甚至连食品加工厂及公司其他部门的人员都受到了影响。一线人员不断被客户投诉,与客户的冲突事件也时有发生,销售量持续下降。

卞大海对此感到非常困惑,不知道问题出在哪儿。他想,公司发展趋势看好,为什么能干的商店经理会要求离职,而且要到别的公司去干。他非常清楚,这些商店经理的离职将会对公司造成怎样的影响。

卞大海坚持认为,员工们关于公司招聘外来人员替换老员工的说法是不正确的。对外招聘是公司发展的需要,有利于公司更快更好地发展。但是,员工们的议论越来越多,而且这些议论在公司范围内传播得越来越广。他意识到,必须立即把真相告诉所有的员工。但是他不能仅仅发布一条消息——"我们没有替换我们的老员工",因为这种解释已经很难让人们相信了。卞大海一直在思索,该如何向公司基层管理者和员工作出解释。

4. 公司内部沟通情况

在公司发展的前期,由于规模较小,商店分布区域比较集中,公司的组织结构比较简单,公司领导与下级的沟通大多采取走访的形式,他们很少在办公室待着,经常到各商店和加工厂了解情况,与员工一起讨论问题和解决问题。他们还经常与员工一起用餐,边吃饭边聊天,有说有笑。公司成员间的沟通方式都是非常直接的,且大多为口头方式。公司上下及员工之间经常互相交换看法,即使出现问题,也能很快地当场协调解决。公司所有人员都把公司看作一个大家庭,认为每个人都是这个家庭的成员。但是,随着公司的快速发展,规模不断扩大,公司内部的沟通方式逐渐发生了变化。公司领导经常出差,忙于对外谈判、出席开业典礼、在各种场合做嘉宾或主持等。领导与员工见面的机会越来越少。

思考题:华南食品连锁有限公司现在存在的是什么问题? 如何改善现状。

第8章

知己知彼　认识沟通主体与客体

学习目标

知识目标:1.掌握沟通主体与沟通客体的核心概念;

　　　　2.认识管理沟通的相关要素和过程;

　　　　3.掌握管理沟通的作用。

能力目标:1.能运用不同方法与技巧与不同沟通客体进行沟通;

　　　　2.能组织会议并学会会议沟通。

价值目标:能正确认识自我。

工作情境

　　小 C 加入甲公司快 3 个月了(试用期 3 个月),职位是内刊编辑,他经常以"公司记者"的身份采访公司员工、撰写稿件和策划公司内刊。一天,部门经理找到人事经理,决定终止小 C 的试用,理由是他经常"选题不好""思路不清""文字表述有问题"等。按公司惯例,人事经理都要与当事人谈话,谈话一开始,小 C 就怨声载道,觉得处理得太突然:一是"自己做得不错,写了那么多稿子";二是"我们主编从来也没说过什么"。

　　问题:你觉得小 C 的问题有可能出在哪里呢?

名人名言

　　与人交谈一次,往往比多年闭门劳作更能启发心智。思想必定是在与人交往中产生,而在孤独中进行加工和表达。

——列夫·托尔斯泰(Leo Tolstoy)

内容导航

		自我认知
知己知彼 认识沟通主体与客体	沟通主体	沟通策略
		自我沟通
	沟通客体	沟通客体特点分析
		激发客体兴趣
	与不同人员进行沟通的策略	与上级沟通的策略
		与下级沟通的策略
		与同级沟通的策略
		与客户沟通的策略
	会议沟通	会议沟通的基本要点
		会议与会者的职责及沟通技巧

知识模块

8.1　沟通主体

沟通主体是指有目的地对沟通客体施加影响的个人、团队或组织。沟通主体可以主动选择沟通对象,设计沟通环境,并通过明确目标与动态调整策略确保信息有效传递,在沟通过程中处于主导地位。

8.1.1　自我认知

简单地说,自我认识就是个体如何看待和感受自己。它反映了个体对自我的判断,由此影响着个体的情绪与行为表现。个体的自我概念由反映评价、社会比较和自我感觉三部分组成。沟通主体自我认知的内容有:

(1)沟通主体自我动机的认知;

(2)沟通主体自我态度的认知;

(3)沟通主体对自身可信度的认知,即对自身初始可信度和后天可信度的认知。

可信度是指沟通者(此部分指沟通主体)通过自身特质与行为赢得他人信任的能力。在制定沟通策略时,分析受众对自身可信度的认知至关重要。根据弗伦奇(French)、雷文(Raven)和科特(Kotter)的研究,沟通者的可信度主要取决于以下五个关键因素:自身角色、良好意愿、专业能力、形象气质及沟通双方的价值认同。

（1）沟通者的自身角色：沟通者需清晰认知自身角色所承载的职责与社会影响力。在特定情境中，合理运用角色中的积极因素，塑造专业、可靠的形象，从而增强沟通对象的信任感。

（2）沟通者的良好意愿：通过长期稳定的言行记录，沟通者可向对方展现真诚与善意。这种基于时间积累的信任，是建立持久关系的重要基础。

（3）沟通者的专业能力：专业知识与能力是可信度的内在核心。扎实的学识与实践经验，能够为沟通者的观点提供有力依据，使其主张更具说服力。

（4）沟通者的形象气质：外在形象是沟通的第一印象。得体的仪表与举止能够迅速吸引对方的注意，并为后续互动奠定积极的基调。

（5）沟通双方的价值认同：道德观、行为准则等共同价值是维系人际关系与深化沟通的本质要素。在沟通初期，通过强调双方的相似点，并将沟通信息与共同价值关联，可显著提升沟通者的可信度。

初始可信度指在沟通行为发生之前，沟通对象基于对沟通者的既有认知而形成的信任程度。高初始可信度如同一笔"信任储备"，能够为沟通者提供一定的容错空间。即使其观点或建议与沟通对象的预期不能完全吻合，对方仍可能基于先前的信任而保持开放态度。然而，初始可信度并非取之不尽，每一次使用都会消耗部分"储备"。因此，沟通者需持续通过专业表现和真诚互动来补充这一"信任账户"，以维持长期的可信度水平。

后天可信度产生于沟通过程中，是沟通对象基于实际互动对沟通者形成的评价。即使双方此前缺乏了解，沟通者仍可通过清晰的逻辑、专业的见解及富有感染力的表达方式赢得信任。因此，提升后天可信度的核心在于每一次沟通中的出色表现——无论是内容的深度、观点的创新性，还是传递方式的精准性，都能为沟通者积累新的信任资本。

8.1.2　沟通策略

有效的沟通策略是实现"双赢"结果的关键。这一过程始于清晰的自我认知，要求沟通者客观评估自身定位，并基于沟通目标选择恰当的渠道与策略。

（1）明确个人优势，建立互惠沟通基础。在管理沟通中，成功的关键在于通过自身优势向对方传递"我能为你创造价值"的积极信号。明确认知个人优势不仅有助于把握沟通契机，更能为对话创造良好的开端。这种价值导向的沟通方式，能够自然获得对方的认同，推动沟通进程顺利展开。

（2）重视弱势管理，化解文化风险。文化差异导致的沟通障碍是管理沟通中需要特别关注的重点。这种"文化风险"表现为因缺乏跨文化理解而引发的误解，可能严重影响组织协作效率。对此，沟通者应采取双重策略：一是充分发挥既有优势，巩固沟通基础；二是通过主动学习不同文化背景，提升文化敏感度与适应力，将潜在的沟通障碍转化为增进理解的契机。

优秀的沟通者需要平衡优势运用与弱势管理，通过持续的文化能力建设，降低沟通中的不确定性。这种动态调整的过程,不仅能规避文化冲突,更能创造新的沟通价值,最终达成超越预期的沟通成效。

有效的沟通应当实现双重目标:既要确保信息准确传达,又要促使沟通对象主动落实预期行动。为实现这一目标,我们需要构建系统化的沟通规划体系。首先,建立三级目标管理体系:总体目标作为战略导向,体现沟通的根本诉求;分目标作为战术支撑,设定可量化、有时限的具体步骤;子目标则聚焦操作层面,明确期望获得的实际反馈和行为改变。其次,基于沟通者对内容的掌控程度和受众参与深度的二维评估,可灵活运用四种基础策略:当需要单向传递既定信息时采用告知策略;在引导决策过程中运用说服策略;通过征询策略获取反馈与认同;借助参与策略实现协同创新。这种目标分层与策略匹配的体系,既保证了沟通的系统性和针对性,又能根据实际情境灵活调整,最终实现从认知到行动的完整转化。

(1)告知策略:适用于沟通者在专业权威或信息掌握方面具有绝对优势的情境。该策略下,沟通者以清晰明确的方式传递信息或要求,主要目标是确保沟通对象准确理解并执行相关内容,而不需要对方提供反馈意见。典型应用场景包括:管理者下达工作指令,教师讲解专业知识等。

(2)说服策略:适用于沟通者具备专业优势但最终决策权归属于沟通对象的情况。沟通者通过系统分析各种选择的利弊得失,为对方提供决策参考,最终目的是促使沟通对象采纳建议并采取相应行动。常见应用场景包括:商务谈判中的方案推介,项目资源申请汇报等。

(3)征询策略:当沟通者需要获得沟通对象的认同与支持,或期望通过协商达成共识时采用。该策略强调双向互动,双方通过平等交流实现互利共赢。典型案例包括:跨部门协作方案的意见征求,团队决策前的意见征询等。

(4)参与策略:适用于需要集思广益解决复杂问题的情境。该策略以高度协作的方式,鼓励所有参与者贡献智慧,共同探索创新解决方案。典型应用包括:新产品开发的头脑风暴,复杂问题的跨职能团队研讨等。

从策略属性来看,告知策略和说服策略可归为"指导性策略",主要应用于需要明确指引的工作场景;征询策略和参与策略则属于"咨询性策略",更适合需要激发创造力和凝聚共识的情境。指导性策略着重展现专业能力,咨询性策略则更强调开放包容的态度。在实际沟通中,应根据具体目标、对象特点和情境需求,灵活选择合适的策略组合。

8.1.3　自我沟通

自我沟通,又称内向沟通,是指信息发送者与接收者为同一个体的内在交流过程。有效的自我沟通需要经历三个递进阶段:首先是客观认知,即清醒认识自身的局限性、发展障碍、能力边界及待解决问题;其次是深度感悟,即通过开放心态和自省意识激发内在动力;最后是实践转化,即将认知成果转化为具体行动,实现自我提升。需要特别强调的是,自我沟通是一个持续循环的渐进过程,需要保持耐心和恒心,通过反复实践才能达到预期效果。

8.2　沟通客体

有效的管理沟通本质上是以沟通客体（以下简称"客体"）为中心的互动过程，要求沟通者能够换位思考，基于客体的实际需求和特征来组织与传递信息。要实现这一目标，需要系统性地解决以下三个核心问题：

(1)客体背景信息的收集与分析；

(2)基于客体利益的信息传递；

(3)客体类型划分及差异化沟通方案的制定。

8.2.1　沟通客体特点分析

深入理解沟通客体需要从两个维度展开。首先是个体分析，包括每位成员的教育背景、专业培训、年龄性别、兴趣爱好等，以及其潜在的态度倾向和期望需求。其次是群体分析，通过分组归类把握客体的整体特征，包括群体立场、行为规范、价值观念等共性特点，以及他们已有的认知基础和需要补充的知识盲区。其中，需要重点解决以下三个关键问题。

(1)新信息需求评估。准确判断客体对背景知识的掌握程度，包括：对沟通主题的现有认知水平、对专业术语的理解能力等。根据评估结果调整信息呈现方式：若客体对信息需求度高，需解释专业术语并将新信息与其已掌握内容有机衔接；若客体对信息需求度低，则可简化背景说明。

(2)内容需求分析。针对沟通主题，明确客体最关注的核心内容和所需的支持材料。对于追求翔实信息的客体，应提供充分的案例佐证和数据支撑；对于依赖专业判断的客体，则应突出结论建议。关键是要以客体实际需求为出发点，而非简单罗列现有信息。

(3)沟通偏好识别。把握客体在沟通方式和渠道上的倾向性：在风格层面，分析其对正式程度、直接程度、互动性的偏好；在渠道层面，了解其对书面/口头、线上/线下等不同形式的接受程度。这些偏好往往受到文化背景、组织环境和个人习惯的多重影响。

为预判沟通过程中客体可能产生的情感反应，沟通者需重点解决以下两个核心问题。

(1)信息关注度评估。沟通者需准确判断客体对沟通内容的兴趣程度，这主要取决于沟通信息对其财务状况、职业发展、价值观念等核心利益的影响程度。根据评估结果，客体可能呈现三种态度倾向：

正面或中立倾向，可着重强调信息中的利益点以强化认同。

负面倾向，可采用以下应对策略：

①主动预判并回应可能的反对意见；

②先引导认同部分关键观点，再推进整体方案；

③先建立问题共识,再提供解决方案。

(2)行动可行性评估。需审慎评估预期行动对客体的实施难度,包括时间成本、复杂程度等方面。若存在实施障碍,应采取以下策略:

①将大目标拆解为阶段性小目标;

②简化操作流程;

③提供清晰的操作指引和问题核查清单。

8.2.2　激发客体兴趣

1.基于客体利益分析的兴趣激发机制

客体背景分析的核心价值在于准确把握其利益诉求。客体的利益期望主要体现在接受沟通内容后可能获得的实质性收益中,可分为两大类别。

第一类是具体利益:需客观呈现价值,避免过度承诺。

第二类是潜在间接利益:

(1)工作效能提升:展示信息对其当前工作的实际帮助。

(2)任务驱动价值:激发客体对挑战性工作的内在动力,通过呈现任务的战略意义和成长机会来增强其参与意愿。

(3)职业发展支持:说明沟通内容对其职业声誉和人际网络的促进作用。

实施要点:

(1)精准识别直接利益与潜在间接利益。

(2)采用差异化信息传递策略。直接利益可直接告知。间接利益需要沟通者进一步发掘,建议采用以下方法:

①深入分析客体的核心需求动机;

②系统梳理产品或政策符合其需求动机的关键特性;

③清晰构建"特性-需求"的对应关系,告知客体如何借助产品或政策达成自身需求。

2.基于可信度的兴趣激发机制

(1)共同价值观构建策略。通过确立与客体的"共同出发点"来建立可信基础。实施要点:

①沟通初期优先强调目标一致性;

②在共识基础上处理分歧点;

③运用类比等方式建立隐性关联。

例如:先确认双方对产品质量的共同追求,再讨论具体改进方案的差异。

(2)互惠关系发展策略。基于社会交换理论,通过价值互换建立信任:

①主动提供有价值的信息或资源；

②以适度让步换取客体配合；

③建立长期互惠的沟通模式。

8.3　与不同人员进行沟通的策略

8.3.1　与上级沟通的策略

1. 基于 DISC 模型的上级分类方法

上级管理者在组织决策和员工发展中具有关键作用。DISC 人格分类模型为理解上级的管理风格提供了有效框架，其将管理者分为以下四种典型类型。

1）D 型（dominance）：支配型

D 型上司行动力强，以结果为导向，其典型特征如下。

（1）核心特质：

①决策迅速，行动力强；

②注重实际成果和问题解决；

③沟通风格直接高效。

（2）行为特征：

①强势的肢体语言、保持直视等；

②偏好主导谈话进程，常有打断他人发言的倾向；

③行动迅速，追求效率；

④反馈中重实质轻形式，较少使用客套用语。

2）I 型（influence）：影响型

I 型上司以建立轻松、积极的人际关系为核心管理风格，其典型特征如下。

（1）核心特质：

①追求社会认同与团队和谐；

②注重人员互动多于任务控制；

③擅长创建轻松愉快的工作环境。

（2）行为特征：

①常展现极具感染力的笑容；

②初次接触便能建立良好互动；

③偏好通过交流达成共识；

④善于倾听并认可合理意见；

⑤常保持得体时尚的外在形象。

3)S 型(steadiness):稳健型

S 型上司以流程优化和体系完善为核心管理理念,其典型特征如下。

(1)核心特质:

①追求精确性与系统性;

②注重流程规范与细节把控;

③决策注重数据分析。

(3)行为特征:

①社交互动温和有礼,握手力度适中;

②保持平和友善的面部表情;

③具备极强的倾听专注力;

④重视工作与生活的平衡;

⑤保持高度有序的工作环境;

⑥言行节奏沉稳从容;

⑦表达观点谨慎负责。

4)C 型(compliance):尽责型

C 型上司以尽忠职守、遵守规则、严谨认真为核心管理原则,其典型特征如下。

(1)核心特质:

①严格遵循组织规范;

②追求程序精确性;

③偏好制度导向的管理模式。

(2)行为特征:

①握手力度较轻,保持适度距离;

②办公环境整洁有序,注重规范性;

③语言表达逻辑严密,条理清晰;

④严格守时,计划性强;

⑤注重细节,追求精确。

2.差异化沟通策略

1)与 D 型上司沟通的策略

与 D 型上司沟通须把握以下核心原则:结果导向型交流;重点突出、数据支撑;保持高效节奏。与 D 型上司沟通的具体策略见表8.1。

表 8.1 与 D 型上司沟通的具体策略

项 目	具 体 策 略
结果导向	聚焦事件本身,突出成果、效率、速度与成本。配合上司干脆直接的性格,直切问题核心。以公事为先,非工作相关事宜,待工作事务交流完毕后再议
明确的问题和方案	提出明确问题,提供至少两种解决方案。方案需清晰、高效、逻辑严谨,执行过程确保让上司放心。意见相左时,依据事实展开探讨
给予肯定	赞赏上司的执行力与能力
满足额外需求	给予上司适当空间。沟通时,力求达成双赢局面
常用语句	多用成果、目标、效益、百分比、优势等词汇。例如:"如何达成目标?""下一步具体计划是什么?""怎样提升效益?"

2)与 I 型上司沟通的策略

与 I 型上司沟通需把握以下核心原则:关系导向型交流;营造积极友善的互动环境;给予建设性意见与支持。与 I 型上司沟通的具体策略见表 8.2。

表 8.2 与 I 型上司沟通的具体策略

项 目	具 体 策 略
以人为本	交流侧重工作中的人员情况,减少数据和事实陈述。留意沟通细节,营造友善的沟通氛围
赋予稳固地位感	主动汇报工作,充分展现尊重,多征求上司意见。表达意见时注意措辞的委婉,避免给上司造成压力
给予支持	谈论新颖有趣话题,生动描绘发展前景。支持上司的理想与目标
满足额外需求	沟通中要让其切实感受到被重视
常用语句	多使用指导、带领、感谢、和谐、进取等词汇。比如:"多亏了您的指导,我们的项目才能顺利推进。""有您带领,肯定能达成目标!"

3)与 S 型上司沟通的策略

与 S 型上司沟通需把握以下核心原则:流程导向型交流;内容系统化、结构化;互动时渐进式推进。与 S 型上司沟通的具体策略见表 8.3。

表 8.3　与 S 型上司沟通的具体策略

项目	具体策略
程序优先	清晰阐述自己做事的逻辑,提出明确问题。多围绕工作程序与计划展开交流,及时向上司汇报工作进度。详细告知上司工作的顺序、流程、时间节点
给予尊重	认真聆听上司讲话,积极回应上司观点,让上司感受到被重视。意见有分歧时,保持温和态度,避免激烈沟通
沟通态度	给上司留出充分思考和做决策的时间。感谢上司的帮助及对团队的贡献
沟通方式	可先营造良好氛围,再切入工作事务
常用语句	多使用程序、流程、步骤、进展、数据等词汇。比如:"下一步流程是什么?""您的工作进展得顺利吗?""需要我提供哪些支持呢?"

4)与 C 型上司沟通的策略

与 C 型上司沟通需把握以下核心原则:规则导向型交流;内容精确严谨、证据充分;过程标准化、可追溯。与 C 型上司沟通的具体策略见表 8.4。

表 8.4　与 C 型上司沟通的具体策略

项目	具体策略
程序与数据优先	沟通时直切主题,专注于工作事项,避免话题分散。提供确切事实及详尽数据,如百分比、对比数据等,增强说服力。制定并呈现清晰的工作计划表与时间表,明确工作流程与时间节点
常用语句	多使用数据、对比、同比增长、同比下降等词汇。例如:"这是相关数据资料,基于此我们的行动方案是……""依据这些数据,能得出的结论是……"

8.3.2　与下级沟通的策略

与下级沟通涵盖工作指令下达、任务安排、程序规则传递,以及对员工工作表现的反馈、助力员工成长、推动其认同组织目标等方面。以下是沟通中需要注意的原则与策略。

秉持公平原则:上司与下属的沟通属于组织行为,谈话内容、频次及亲疏程度等,会对其他员工产生示范、警戒或引导作用,所以公平至关重要。

关注个体差异:留意下属在职时间、心理成熟度、学习能力的差异。员工不能胜任工作时,耐心指导;能做却不愿做时,加以激励。

兼顾性格特征:针对个性强的员工,鼓励其表达想法并认真倾听,沟通强调目标与结果,给予其施展才华的空间;对于内向但能力强的员工,可采用书面沟通形式;对资深员工,则基于职业规划进行激励,使其个人利益与组织目标相契合。

实施分类管理:对员工进行分类管理与合理配置,团队沟通时,须注重整合成员间的互补要素。

1. 布置任务

1) 任务与职责相称

分配给下属的任务应在其职责范围内,属于其岗位责任范畴。避免任务分配混乱,如将上层工作交给下层,下层工作交给上层,或甲的任务让乙做,乙的任务让甲做,这样会打乱工作层级与秩序,使员工无所适从。特殊情况下可临时交办特殊任务,但不宜过多,特殊情况结束后,应回归正常职责分工。同时,任务要与下属能力匹配,让能力强的人做简单工作,易造成人才资源浪费;让能力一般的人承担复杂艰巨任务,不仅易误事,还可能让其觉得被故意为难。

2) 布置任务必须明确

在布置任务时,以下各项应当十分清晰:什么任务,其性质与意义是什么;应达到怎样的目标和效果;什么时候完成;执行过程中向谁请示汇报;应遵循哪些政策原则;执行任务者在人、财、物和处理问题方面有哪些权力;步骤和方法是什么;可能出现哪些突发情况,需要注意什么问题。

当然,以上各项因人因事而异。重要的事就要布置得严肃、具体,简单的事则可以粗略一些;对于经验丰富的下属,可以简明扼要,对于新员工和能力弱一些的下属,要尽可能把想到的信息都说明。

3) 要同下属商量

下达指令、布置任务前,需充分准备,周全思考问题。然而,在给下属布置任务时,应秉持商量的态度。若下属提出合理意见,应及时采纳。即便对自身设想充满信心,也应积极启发下属思考问题、发表看法,从而完善指令,使任务更贴合实际。若下属无意见可提,可通过适当提问,检验其对指令的理解程度。对于下属有权灵活处理的细节,不必过度干涉,以免限制其工作自主性。

总之,应避免上司高高在上、下属盲目服从的僵硬氛围。实践表明,布置任务时,领导者秉持信任、尊重、平等、虚心的态度,更利于下属理解和接受任务,进而更好地执行任务。

2. 提供重要信息

作为管理者,构建有效的信息传递体系是团队管理的关键。这一机制包含以下核心要素。

(1) 信息筛选原则。聚焦与下属工作直接关联的内容;确保信息传递的及时有效;筛选具有决策支持作用的关键信息。

(2) 掌握团队成员情况。动态掌握团队成员当前工作进展、后续行动计划、面临的主要挑战。

(3) 规范信息管理。建立非正式信息记录制度(会议纪要、谈话要点等);创建共享信息库(关键文件、政策更新等);定期进行信息同步(周报、专项通报等)。

信息壁垒是团队效能的最大障碍之一。管理者应当建立系统化的信息传导机制,避免因信息不对称导致的工作失误,这是管理沟通的基本要求。

3. 确保命令有效传达与理解

命令的执行效果直接取决于下属的理解程度。为确保指令传达的有效性,建议采用以下标准化操作流程。

1)复述确认机制

采用"讲述-复述"确认法,例如:"请复述任务要点,以便确认信息传达的准确性。"此方法能即时检验信息接收完整度,并修正可能的理解偏差。

2)提问引导技巧

建立安全的提问环境,可采用设定专门答疑时间、设置匿名提问渠道及示范性提问引导等方法引导下属对不理解的要点进行提问。

3)结构化询问

通过结构化询问验证理解深度,例如:"请说明本任务的质量标准""请解释这个操作环节的技术原理""请分析时间节点的设置依据"等。

特别推荐采用任务式命令模式:明确交付标准、规定完成时限、赋予执行自主权。这种模式既能确保目标一致性,又可激发下属的创新能力,同时能增强其责任意识和组织归属感。实践表明,任务式命令可大大提高执行效率。

4. 建设性反馈的艺术

首先,有效的管理沟通需要平衡认可与指正。优秀的管理者应当掌握建设性反馈的技巧,而非简单的"训斥"。当前管理者在负面反馈方面主要存在两种误区:一是过度回避必要的指正,错失改进时机;二是在情绪驱动下进行不当指责,既达不到改进效果,又破坏团队关系。需要明确区分情绪发泄与建设性反馈的本质差异:前者是情感宣泄,后者是以行为改进为目标的管理行为。真正的领导力体现在能够通过专业化的反馈促进下属成长,这需要管理者既保持必要的严格要求,又掌握科学的反馈方法。

其次,坚持私下反馈原则。即便采用最克制的表达方式,公开场合的批评仍会对下属自尊心造成伤害。选择独立空间进行沟通,既能保护下属自尊心,也体现了管理者的人文关怀。

再次,差异化应对反馈反应。下属面对批评通常呈现三种反应模式:内省型(主动认错并自我反思)、外因型(习惯性推卸责任)和淡漠型(消极回避)。管理者应当因人而异采取疏导策略:对内省型下属需减轻其心理负担;对外因型下属要强化责任意识;对淡漠型下属则需激发改进动力。

最后,聚焦问题解决与成长。有效的反馈必须包含具体改进方案,通过引导下属自主分析问题根源,共同制定可操作的提升计划,并以鼓励性话语收尾,真正实现"批评—改进—成长"的良性循环。

8.3.3 与同级沟通的策略

有效的同级沟通直接影响工作效能与组织氛围。良好的同级关系能够提升工作满意度与绩效产出,而沟通不畅则会导致协作障碍与效率损耗。作为组织成员,建立互惠互利的协作关系至关重要。

确保跨部门沟通渠道的畅通是预防组织内耗的关键举措。这种横向沟通主要发挥三大功能:业务协同、信息共享和关系维护。通过制度化、常态化的同级沟通,可以达到增进理解、强化配合、化解矛盾、优化协作的多重效果。建立高效同级协作关系需要系统化的策略支持,以下五个方面至关重要。

(1)明确职责,做好分工。随着市场竞争的深化和组织的不断发展,组织各部门的职责容易出现交叉,必要时调整组织结构,有助于改善平行部门间的沟通效果。构建恰当的组织结构,明确彼此的职权关系,准确制定岗位说明,使每位员工明确自己的工作内容、准则和工作关系,以促进组织工作的顺利完成。

(2)以支持性沟通替代防御性沟通。同级之间沟通应注重语言的可接受性,多使用合作性的、协作性的、认同性的语言,少使用评价性、强制性的语言。

(3)懂得退让和妥协。试着站在他人的立场和角度思考问题,并体会他人的看法。同级之间要能够求同存异,未必是完全同意对方的观点,但要学会了解和尊重他人看待事实和认识事物的方式,这样才能找到合适的沟通方式并行之有效、达成共识。面对矛盾分歧,做出一定让步可以避免矛盾激化。

(4)注重协调和合作。在组织中,仅仅依靠个体成员的各自努力,很难达到组织目标,只有整合组织的整体资源,汇集群体的力量,才能更好地实现组织绩效。

(5)以双赢为目标做好组织协定。双方事先定好规定、章程,分工明确,才能更好地相互配合,相互支持,进而共享荣誉,实现双赢。

8.3.4 与客户沟通的策略

1. 消解抵触,建立信任

在客户沟通中,应当遵循"先理解后引导"的原则。首要任务是准确把握客户的认知基础和思维模式,而非急于论证自身观点。即便面对非专业的客户诉求,也应避免直接否定,而是通过专业引导逐步建立信任关系。需要特别注意的是,说服过程天然伴随对方的心理抵触,只有通过循序渐进的认知调整和价值共鸣,才能有效化解抵触,最终达成共识。这种沟通方式适用于各行业的专业服务场景。

2. 微笑示人,拉近距离

微笑作为非语言沟通的重要元素,能够有效传递善意与友好,快速消除人际距离。在客户沟通中,真诚的微笑不仅能营造积极的氛围,更是建立初步信任的关键因素。需要注意的是,微笑应当自然得体,与情境相适宜,避免过度或刻意的表现。

3. 态度端正,真诚交流

沟通态度直接影响交流质量。与客户沟通时,应当保持专业而真诚的态度,这种真诚体现在:专注地倾听、恰当的表情回应及用心的语言表达。即便面对不同类型的客户,始终如一的真诚态度能够跨越个性差异,建立有效的情感连接。真诚不是技巧,而是服务意识的内在体现。

4. 渐进式客户沟通策略

专业的客户沟通应遵循观察—互动—倾听的递进原则。

首先通过细致观察客户的外在特征(如着装风格、行为举止等)预判其沟通偏好,据此调整沟通方式。例如,休闲装扮的客户可能倾向轻松交流,而正装客户则往往更注重专业规范的沟通方式。

其次,互动时应遵循对等原则,营销人员需先进行恰当的自我介绍,再自然引导客户交换信息,避免单方面询问带给客户压迫感。

最后,掌握深度倾听技巧至关重要,包括保持专注的目光接触、适时提供反馈(如"这个观点很有启发性"),以及避免不当打断,这些都能有效提升客户的沟通体验和信任度。

8.4 会议沟通

8.4.1 会议沟通的基本要点

会议沟通是群体或组织中交流意见的一种形式,是一种常见的群体活动。根据不同的目的和要求,会议既可以被看作一个集思广益的过程,也可以被当作一种信息传递的方式。通过会议,可以将许多人聚集在一起,就某些问题交流思想并提出相应的对策。

1. 会议的目的

现代企业鼓励管理者与员工一起做决策,以创造更加和谐的工作氛围。成功的会议是达到管理沟通目的最有效的途径之一。会议的目的大致包括以下几个。

交流信息。通过会议,管理者可以将有关政策和指示传达给员工。同时,管理者也可以从与会人员那里及时得到反馈和获得其他方面的信息。

给予指导。企业通过会议把员工组织起来进行培训,提高他们工作所需的技能,使他们更好地适应工作环境。

解决问题。会议可以帮助澄清误会、处理冲突,并可利用与会人员的知识和技巧来解决问题。

做出决策。会议可以帮助营造民主的气氛,给管理者和普通员工提供共同参与和共同讨论企业事务的机会,最终做出正确决策。

2. 会议的类型

无论是在企业还是在其他各种组织中,都经常会举行各种各样的会议。按照会议目的分类,其类型主要有以下几种。

谈判会议。目的是解决双方或多方在利益上的冲突,常采取互动式的讨论方法,力求达成一致的意见。

通知会议。目的是传播信息,其传播方式通常为单向式。在通知会议中,一般不鼓励讨论,否则会影响信息的传播。

解决问题会议。借助团队创造力攻克难题是其核心目的。通常会将待解决问题明确抛出,与会人员需积极提出解决办法。会议聚焦于探索解决方案,而非纠缠于对过往状况的讨论。

决策会议。目的是在不同方案中权衡利弊,做出抉择。与会人员不仅要参与讨论和决策,而且要遵守会议的决议,即便自己持不同观点。

交流会议。意在集思广益。每一位与会人员都可以发表自己对交流主题的看法,并从他人的发言中得到启发,激发灵感,产生创意。这类会议鼓励讨论和提问。

3. 会议准备

根据会议管理的基本原理,在会议准备阶段可以遵循 5W1H 的原则,即为什么(why)、什么主题(what)、谁参加(who)、在什么地方(where)、在什么时间或时限(when)、如何组织会议(how)。

1)确定会议的目的和目标

会议的基本性质是群体性沟通,召开一次会议不仅涉及众多人员,而且要付出一定的经济成本和时间成本。因此在决定是否开会之前,首先要审视会议的必要性,如果能够采取其他更经济、更节约时间的方法来解决问题,就不必开会。一旦确定需要开会,那么必须明确会议的目的和目标。

2)确定会议的主题

会议的主题是根据会议的目的和目标来确定的,一般会议的主题不宜太多,主题之间最好存在一定的相关性。应根据主题的相关程度和优先次序安排议题顺序,使主题紧紧相扣,前后连贯,层次分明。

3)确定与会人员

在确定了会议的目的、目标和主题之后,就可以确定要求哪些人参加会议。与会人员主要是与议题相关的人员,同时要考虑与会人员的职位和工作性质。与会人员的多少决定了会议的规模,会议规模也是影响会议效果的重要因素。同时,还要确定会议的主持人、记录人员等。

4）确定会议的地点

会议地点的确定不仅要考虑与会人员的多少，而且要考虑会议的性质和功能。在选择会议地点时，需要综合考虑以下因素：

（1）既要考虑与会人员的便利和舒适，又要考虑避免不必要的干扰；

（2）根据会议规模选择合适的会议场所；

（3）会场既要便于会议主持人对会议的把握，又要便于与会人员的参与和交流。

5）确定会议的时间和时限

确定会议的时间和时限是会议准备的一项重要工作。通常要考虑三个方面的时间。一是通知开会的时间，一般要提前告知与会人员参加会议的时间，并且能够让与会人员为参加会议做好准备；只有遇到非常紧急的事情，才临时通知开会。二是开会的时间，一般会议时间的选择要考虑到与会人员的工作安排，通常都会以会议通知的形式提前告知，让与会人员做好工作安排。三是开会需要的时间，也就是会议时长，一般会议都会安排在短时间（如1～3小时）内结束；长时间的会议一般都会在会议内容和形式上有所考虑，以避免与会人员精力不集中或感到疲劳。

6）确定如何组织会议

在会议准备阶段，需要拟定会议议程、制订会议计划。会议议程一般包括会议准备工作的各项具体事项，其可为会议的召开奠定基础。

4. 会议召开

会议一般都是按照事先拟定好的会议议程进行的。会议召开过程可以分为三个阶段：会议开始、会议推进和会议结束。

1）会议开始

会议主持人宣布会议开始，首先说明会议的目的和主题，介绍参加会议的人员，提醒与会人员需要注意的相关事项。会议主持人在会议开始时要营造与会议主题相适应的会议气氛，使与会人员尽快进入会议状态，认真参与会议。

2）会议推进

接下来，会议主持人按照会议议程逐项展开，一方面要控制好每一项议题的时间，另一方面又要使议题圆满完成。会议主持人要根据会议的性质和目的把控会议的气氛和形式。如果会议的主要目的是交流或讨论，那么会议主持人既要调动与会人员参与的积极性以免冷场，又要防止个别人控场；如果会议的主要目的是传播信息或贯彻落实事项，那么会议主持人要把控会场秩序，鼓励与会人员认真倾听，并做好笔记。无论采用何种形式，都必须紧扣会议目的和主题，防止出现跑题、无端争论等现象。

3）会议结束

会议议程结束后会议完毕。在会议结束之前，会议主持人必须就会议作出总结。总结的内容主要包括:对会议进行简要的评价;对会议形成的决议进行确认;对会后需要落实和实施的有关事宜要进一步明确,并提出检查和监督的要求;感谢与会人员参会与合作。

会议召开期间,要安排好会议记录和服务工作。在举行一些大型会议或长时间的会议时,需要成立会务组,必要时还要准备一定的应急预案,以防止突发事件的发生,如停电、设备故障、与会人员身体不适等。

5. 会后跟踪

会后跟踪是确保会议成效的关键环节,其核心工作包括:第一,在 24 小时内完成会议纪要的撰写与分发,明确记录决议事项、责任主体及完成时限;第二,建立督办机制,定期检查各项决议的落实情况;第三,协调跨部门资源,消除执行障碍;第四,对逾期未完成事项及时发出催办通知。系统化的会后跟踪能够将会议成果转化为实际工作成效。

8.4.2　会议与会者的职责及沟通技巧

会议与会者主要有三类:主持人、与会人员、相关工作人员(如会议秘书、记录人员等)。如表 8.4 所示,明确与会者的角色安排,明确各自的职责要求,做好彼此的配合协同,是改进组织管理的必要条件。

表 8.4　会议与会者的职责

与会者	会前	会议期间	会后
主持人	1.提出计划讨论的主题; 2.批准议程草案; 3.安排将会议目标、时间和地点告知其他与会者,必要时还要说明会议议程; 4.确保会场的合理布置	1.准时开始会议; 2.阐明主题; 3.控制会议进程; 4.有效决策	1.审核会议秘书或记录人员的会议纪要; 2.监督会后工作
相关工作人员	1.起草会议议程,将主题按主次顺序安排并获得会议主持人或有关方的批准; 2.发送会议通知和议程	1.提前到达会场; 2.提供所有的必要文件; 3.记录会议进程; 4.记录会议决策; 5.协助会议主持人把控会议进程	1.向会议主持人递交会议纪要; 2.向与会人员分发会议纪要
与会人员	1.阅读相关会议文件; 2.准备自己的支持性材料; 3.向会议秘书说明需要纠正的议题	1.准时出席; 2.按照会议要求发言; 3.必要时记录会议决议及需要采取的行动	1.执行行动计划; 2.必要时汇报执行情况

1. 主持人的职责及沟通技巧

会议主持人的专业水平直接影响会议成效,其主要职责包括以下五个关键方面。

(1)管控会议流程。主持人需建立明确的会议管理机制:①精准界定议题边界;②制定发言规则;③确保讨论聚焦核心议题;④保持中立立场,化解非必要争论;⑤实时同步会议进展。

(2)引导讨论方向。主持人应深度把握会议目标与关键问题,通过专业引导,确保:①讨论内容紧扣主题;②每位参会者明确自身角色;③形成有序的发言轮次;④及时纠正偏离议题的讨论。

(3)参与度平衡。专业主持人需要:①适度限制过度发言;②鼓励沉默者参与;③引导深度思考;④通过精准提问激发深度讨论。

(4)分歧管理。面对观点分歧时,主持人应当:①将争议聚焦于问题本质;②避免个人情绪化冲突;③要求提出观点方提供事实依据;④引导建设性辩论。

(5)形成决议。会议收尾阶段,主持人可利用正式表决程序、共识决策法、专业裁定等规范方式形成最终决议。

2. 与会人员的职责及沟通技巧

与会人员的专业表现直接影响会议质量,应履行以下核心职责。

(1)保持建设性参与态度。秉持开放思维接纳多元观点,通过深度倾听获取有价值信息,将会议视为学习与成长的机会,增强对组织事务的参与感。

(2)做好会前准备工作。提前研读会议材料,准备相关数据与案例,明确自身发言要点,了解会议预期成果。

(3)遵守专业互动准则。避免情绪化反应,尊重他人发言(不随意打断),以事实为依据提出观点,营造理性讨论氛围。

(4)主动维护会议秩序。适时协助主持人控场,在主持人控场失效时及时补位,引导讨论回归核心议题,化解不必要的争执。

(5)严格执行会议决议。明确任务分工与时限,定期反馈执行进展,协同解决实施障碍,确保决议落地见效。

3. 相关工作人员的职责及沟通技巧

会议秘书及后勤保障人员作为会议相关工作人员,需履行以下关键职能。

(1)会议筹备。根据会议目标制定议程、准备文件资料、落实会场布置及人员通知。

(2)流程管控。准确记录会议要素(时间、人员、内容),协助主持人把控议程进度,及时进行讨论要点归纳。

(3)会议纪要。客观记录各方观点,确保信息完整,会后24小时内完成纪要撰写并发送给全体与会人员,重点标注决议事项与执行要求。

（4）督办落实。建立会议决议跟踪机制,定期汇总执行情况并向主持人反馈。

工作任务书

任务:笑容可掬游戏		
项目	任务描述:①将学生分为人数相等的 A、B 两组,面对面站立形成两列;②每组轮流选派一名代表,分别站在队列两端的起始位置;③代表相遇时需完成标准鞠躬礼仪,并大声问候"×××(对方姓名),你好";④问候后行至队列中央位置,再次完成鞠躬问候;⑤全程保持严肃表情,若出现笑声即判定为"微笑暴露",该成员需加入对方队列;⑥每组依次轮换代表,直至所有成员完成互动	教师打分
理论分析	可行性分析(学生课前填写)	
解决方案	(学生课前填写)	
优化方案	总结提升(学生课后填写)	
任务反思	比较研究(学生课后填写)	

案例分析

　　王岚是一个典型的北方姑娘,在她身上可以明显地感受到北方人的热情和直率。她为人坦诚,有什么说什么,总是愿意把自己的想法说出来和大家一起讨论,正因为如此她在上学期间很受老师和同学的欢迎。今年,王岚从西安某大学的人力资源管理专业毕业,她认为,经过四年的学习,自己不但掌握了扎实的人力资源管理专业知识,而且具备了较强的人际沟通技能,因此她对自己的未来期望很高。为了实现自己的梦想,她毅然只身去往广东求职。

　　经过近一个月反复投递简历和面试,在权衡了多种因素的情况下,王岚最终选定了东莞市的一家生产食品添加剂的公司。她之所以选择这家公司是因为该公司规模适中、发展速度很快，最重要的是该公司的人力资源管理工作还处于起步阶段，如果王岚加入，她将是人力资源部门的第一个人，因此她认为自己施展能力的空间很大。

但是到公司实习一个星期后，王岚就陷入了困境。原来该公司是一个典型的家族企业，企业中的关键职位基本上都由老板的亲属担任。尤其是老板安排了他的大儿子做王岚的直接上级，而这个人主要负责公司的研发工作，缺乏管理理念。因此在到公司的第八天，王岚拿着自己的建议书走向了直接上级的办公室。

"王经理，我到公司已经一个星期了，我有一些想法想和您谈谈，您有时间吗?"王岚走到经理办公桌前说。

"来来来，小王，本来早就应该和你谈谈了，只是最近一直扎在实验室里就把这件事忘了。"

"王经理，对于一个企业尤其是处于上升阶段的企业来说，要持续发展必须在管理上狠下功夫。我来公司已经一个星期了，据我目前对公司的了解，我认为公司主要的问题有：职责界定不清；员工的自主权太小，致使员工觉得公司对他们缺乏信任；员工薪酬结构和水平的制定随意性较强，缺乏科学合理的依据，因此薪酬的公平性和激励性都较低。"王岚按照自己事先所列的提纲开始逐条向王经理叙述。

王经理微微皱了一下眉头说："你说的这些问题我们公司确实存在，但是你必须承认一个事实——我们公司在赢利，这就说明我们公司目前实行的制度有它的合理性。"

"可是，眼前的发展并不等于将来的发展，许多家族企业都是败在管理上。"

"好了，那你有具体方案吗?"

"目前还没有，这些还只是我的一点想法而已，但是如果得到了您的支持，拿出方案只是时间问题。"

"那你先回去做方案，把你的材料放这儿，我先看看然后给你答复。"说完王经理的注意力又回到了研究报告上。

王岚此时真切地感受到了不被认可的失落，她似乎已经预测到了自己第一次提方案的结局。果然，王岚的方案递上去后石沉大海，王经理后来好像完全不记得方案的事。王岚陷入了困境，她不知道自己是应该继续和上级沟通还是干脆放弃这份工作，另寻一个发展空间。

思考题：王岚应该如何与上级沟通，她忽略了哪些技巧?

第9章

察言观色 教你学会看

学习目标

知识目标：1.掌握非语言沟通的概念；

2.掌握常见的非语言沟通形式。

能力目标：1.能正确运用不同的肢体语言进行沟通；

2.学会观察他人微表情。

价值目标：能正确认识非语言沟通的重要性及其传递的含义。

工作情境

在你一天最忙碌的时刻里，有位职员前来造访，就一个问题与你讨论。你和他把问题解决之后，这位职员却站着不走，并把话题转向其他非工作上的事务。在你的内心里，很希望立即终止谈话继续工作。

问题：这时应该怎么做？

名人名言

有许多隐藏在心中的秘密都是通过眼睛泄露出来的，而不是通过嘴巴。

——爱默生（Emerson）

内容导航

察言观色 教你学会看	非语言沟通	非语言沟通概念
		非语言沟通分类
	肢体语言	常见肢体语言及含义
		常见微表情及含义

知识模块

9.1　非语言沟通

9.1.1　非语言沟通概念

非语言沟通指的是使用除语言符号以外的各种符号系统进行沟通。在沟通中,信息的内容部分往往通过语言来表达,而非语言则作为解释内容的框架,来表达信息的相关部分。因此非语言沟通常被错误地认为是辅助性或支持性角色。

非语言沟通涉及人们面对面沟通中的诸多方面。有时人们会有意识地运用非语言沟通技巧,而有时却是一种下意识的行为。例如,面部露出的微笑、紧皱的眉头、开会入席的座位、办公室的大小及室内陈设,凡此种种都表达着各种信息。非语言沟通在实际沟通活动中起着非常重要的作用,有时候甚至比通过语言表达的信息更重要。有关研究表明,在实际沟通过程中,非语言所包含的信息有时候远远超出语言所提供的信息,正所谓"无声胜有声"。对于倾听者来说,非语言沟通可以帮助确定讲话者是否有诚意,因为当一个人在说话时,他的话可以给自己戴上某种面具,但其肢体语言就不会被掩饰得那么了无痕迹了。当然,讲话者也可以从非语言信息中得益,即通过观察倾听者所发送的非语言信息来确定自己所发送的信息是否已得到理解。

9.1.2　非语言沟通分类

非语言沟通有各种类型,主要包括身体动作、空间利用、副语言等,具体类型如表 9.1 所示。具备认识和辨析这些非语言信号的能力无疑有助于有效沟通。

表 9.1　非语言沟通的基本类型

基本类型	例子
身体动作	手势、面部表情、眼神、触摸手臂及身体其他部位的动作等
个人身体特征	体形、姿势、气味、体重、头发的颜色及肤色等
副语言	音质、音量、语速、语调、大笑或打哈欠等
空间利用	座位的安排、谈话的距离等
时间安排	迟到或早到、让他人等候、文化差异对时间的不同理解等
物理环境	大楼及房间的构造、家具和其他摆设、内部装潢、整洁度、光线及噪声等

在人际沟通的过程中，人们的内心活动变化会通过肢体语言有意无意地流露出来。通过形体暗示透露出来的非语言信息主要有以下四种。

1. 态度信息

一方面，手势和姿态（即形体暗示）可以帮助我们传递或强化语言表达的信息；另一方面，形体暗示更能生动地反映出信息传播者对他人的态度。

2. 心理信息

研究表明，形体暗示可以有效地提供确切的个人心理状态的信息。它不仅能够表明我们是否自信，而且能暗示我们的自信程度。它通常能够将我们消极的心理状态暴露无遗。

3. 情绪信息

我们的表情能够非常准确地传递特定的情感信息，而形体暗示能够显示情绪的变化和紧张程度。

4. 其他相关信息

通过非语言沟通还能够揭示其他重要的相关信息，例如个人偏好等。显然，如果不熟悉手势和姿态所提供的相关信息，我们在人际沟通过程中就容易产生误解，甚至引起不必要的冲突。

手势和姿态信息在人际沟通中非常重要。我们可以将眼睛比作心灵的窗户。同样，也可将形体暗示看成是心理活动的晴雨表，内心活动的变化会在肢体语言中有意无意地流露出来。

9.2　肢体语言

肢体语言又称身体语言，是指经由身体的各种动作代替语言表情达意的沟通方式。广义言之，肢体语言也包括前述之面部表情在内；狭义言之，肢体语言只包括身体所表达的意义。谈到由肢体表达情绪时，我们自然会想到很多惯用动作的含义。诸如鼓掌表示兴奋，顿足代表生气，搓手表示焦虑，垂头代表沮丧，摊手表示无奈，捶胸代表痛苦等。当事人以此等肢体活动表达情绪，别人也可由之辨识出当事人用其肢体所表达的意思。

9.2.1　常见肢体语言及含义

1. 手势或腿脚暗示的解析

除了演员、政治家和演说家等会通过训练使自己有意识地利用一些手势来加强语气外，在一般的人际沟通过程中，许多手势都是无意识的。例如，当说话者激动时，手臂的快速动作可以强调正在说的话。肩部、手臂、手、手指、腿和脚的不同姿势有很多,尽管常常只起辅助作用,但也可被有意识地用来代替语言沟通。例如,把一根手指放在嘴唇前表示要求安静。另外,当争论很激烈时,有人为了使大家情绪稳定下来,做出两手掌心向下按的动作,意思是"镇静下来,不要为这一点小事争执了"。以下肢体语言常见于日常生活中,它们或者用来强调表述内容,或者用来代替说话。(以下对于动作的解释具有一般性。)

1)手臂和手

双臂展开:传达热情、友好之意,常用于欢迎他人等场景。

双手插裤袋:往往展现出冷淡、孤傲或自我封闭的态度。

两臂交叉抱于胸前:多表示戒备、怀有敌意,或是对当前事物缺乏兴趣。

双手合十:一般象征着诚意,常见于祈祷、请求等情境。

招手:用于示意友好,或招呼他人靠近。

抓头发:常暗示对某事感到棘手,或是借此掩饰内心的不安情绪。

2)手指

两手指尖相触:体现自信、沉稳,也可表示在耐心等待、思考。

指点某人/物:带有教训、指责意味,有时也可表示强调,可能会给人以威胁感。

握拳:多用来表达愤怒、激动的强烈情绪,也可表示决心。

搓手:反映出急切期待的心情,或是处于紧张状态。

3)腿和脚

双脚呈僵硬姿势:显示出内心的紧张、焦虑情绪。

脚尖点地:传达出轻松、自在、无拘无束的状态。

坐着时腿来回摆动:表现出轻松、悠闲的心境。

跺脚:通常表达气愤情绪,在某些场合也可表示兴奋。

2. 眼神暗示的解析

常言道,眼睛是心灵的窗户。显然,眼睛具有很强的交流功能和感染力。眼神暗示常见的表现形式有目光注视、眼睛凝视、目光回避、扫视、斜视和眨眼等。研究表明,眼睛具有许多特有的交流功能,透过眼神可以看到人的内心世界。眼神暗示的沟通功能大致包括以下几点。

专注作用。眼神能反映一个人的注意力集中程度与感兴趣程度。在说服性沟通中,眼睛起着关键作用。劝说者要让对方觉得真诚可信,必须与被劝说者保持目光接触,并表现出肯定性眼神。

亲和作用。目光在人际关系的建立、维持与终止过程中扮演重要角色。注视表明你对对方说的内容感兴趣,愿意了解得更多。这里需要强调的是,在人际关系发展方面,目光比其他非语言沟通方式更为重要。

调节作用。人的目光举止能有效反映其领导潜力。具有领导力的人,常以有力目光注视下属,影响下属的情绪;反之,回避、低头不敢对视的目光,常被视为软弱屈从的标志,这类人往往缺乏领导才能或领导能力较弱。

影响作用。眼睛和面部表情常作为交流的有效中介。当看到他人表情冷淡、热情或可爱时,眼睛所传达的一般就是相应的情感语言。

与"喜形于色"说法一致,人们常将情感表露于脸上,显现在目光中。所以,想了解他人心情和情感,可通过观察其面部和眼睛传递的信息来判断。

3. 形体暗示的解析

形体暗示在传递有关自信程度、个人偏好等信息方面起着关键的作用。在这里,我们将列举一些在沟通过程中出现的形体暗示。

开放式形体暗示通常表现为伸展一下双手,松一下衣服扣子或领带,放松一下四肢等;相反,紧缩双臂、夹紧双腿等动作则通常表现出一种自我防御的封闭式形体暗示。

下面是一些具体形体暗示解析:

身体前倾:在不期而遇或交流时,身体自然前倾,展现出积极靠近与关注的态度。

正对对方:让身体和头部直接面向对方,传递出重视与专注。

姿态开放:采用舒展、开放的肢体姿势,如手臂不交叉,显示接纳与友好。

点头肯定:适时进行肯定性点头,回应对方话语,表达认可。

动作活泼:用轻快、灵动的动作,展现热情与活力。

缩短距离:在合适情境下,适度拉近与对方的个人空间距离,暗示亲近。

神态放松:保持神情与身体的放松状态,营造舒适的交流氛围。

适当接触:在恰当的时候,给予对方如轻拍手臂等轻微、得体的身体接触,表示提醒注意等。

在多元文化组织中,同一种非语言行为在不同文化背景下含义各异。例如,在多数文化里,点头意味着赞同,摇头表示反对,但在某些国家,含义却恰好相反。面对这些由多元文化导致的差异,我们在人际交往中需要逐步去体会和理解。

9.2.2　常见微表情及含义

微表情是心理学名词,指瞬间闪现的面部表情,能揭示人的真实感情和情绪。人们会通过表情向他人传达内心感受,而在不同表情之间,或某个表情中,会"泄露"出其他信息。

1. 微表情动作

高兴:嘴角翘起,面颊上抬起皱,眼睑收缩,眼睛尾部会形成"鱼尾纹"等。

伤心:眯眼,眉毛收紧,嘴角下拉,下巴抬起或收紧。

害怕:嘴巴和眼睛张开,眉毛上扬,鼻孔张大。

愤怒:眉毛下垂,前额紧皱,眼睑和嘴唇紧张。

厌恶:嗤笑,上嘴唇上抬,眉毛下垂,眯眼。

惊讶:下颚下垂,嘴巴放松,眼睛张大,眼睑和眉毛微抬。

轻蔑:嘴角一侧抬起,做讥笑或得意笑状。

2. 常见微表情解析

惊讶表情时长:惊讶表情若持续时间较长,可能是假惊讶。

瞳孔放大:常与恐惧、愤怒等情绪相关。

抿嘴:常传达模棱两可的态度。

鼻孔外翻、嘴唇紧闭:常代表生气情绪。

嘴角下垂:常表示自责。

眉毛向上拉紧:多反映恐惧情绪。

工作任务书

任务:牧羊人游戏		
项目	任务描述:将 10～15 人的团队成员分为"牧羊人"1 名(扮演者需保持沉默,不能发声)和"羊"若干名(扮演者需蒙上眼睛模拟盲人)。在规定时间内,"牧羊人"需运用团队提前商定好的沟通代码(如特定手势、声音节奏等),指挥"羊"进入指定的"羊圈"区域	教师打分
理论分析	可行性分析(学生课前填写)	
解决方案	(学生课前填写)	
优化方案	总结提升(学生课后填写)	
任务反思	比较研究(学生课后填写)	

案例分析

　　小王是新上任的经理助理,工作主动积极、效率高,颇受上司器重。某天早晨刚上班,电话铃就响了。为抓紧时间,她边接电话边整理文件。这时,员工老李来找小王,见她正忙,便站在桌前等候。小王电话一个接着一个。好不容易,老李等到能和她说话。可小王头也不抬地问他何事,神情严肃。老李正要回答,小王又突然想起其他事,和同事小张交代了几句。老李忍无可忍,发怒道:"难道领导就是这样对待下属的?"说完,愤然离去。

　　思考题:小王的身体语言向他人传递了哪些信息? 应该如何改善呢?

第 **10** 章

有效倾听　教你学会听

学习目标

知识目标：1.掌握倾听的概念；

　　　　　　2.认识倾听障碍形成的原因；

能力目标：1.掌握一定的倾听技巧；

　　　　　　2.学会运用提问技巧进行沟通。

价值目标：能正确认识倾听是沟通的基础。

工作情境

临到年底时,公司的主管把一个老员工找来了,说:"老王,你在咱们公司工作六年多了,是老员工了,你对公司有什么好的意见和建议可以提出来,帮助公司改善管理情况"。结果老王听完之后说:"在公司工作,哪能都满意呢,差不多就行了,我说出来弄不好会惹麻烦的。"

问题：此时,若你是主管,应该怎么回复呢?

名人名言

谈话的艺术是听和被听的艺术。

——赫兹里特（Hazlitt）

内容导航

有效倾听 教你学会听	倾听与沟通	倾听的概念及意义
		倾听的过程
	倾听障碍	环境障碍
		倾听者障碍
	倾听技巧	有效倾听的实施策略
		搁置判断
		提问

知识模块

10.1　倾听与沟通

10.1.1　倾听的概念及意义

1. 倾听的概念

倾听并非仅仅用耳朵接收说话者的言辞,更需要全身心地去感受对方在谈话过程中传达的语言信息和非语言信息。狭义上的倾听,是指借助听觉器官接收语言信息,再经过思维活动,最终实现认知与理解的全过程。

2. 倾听的类型

归纳起来,倾听可分为以下三种类型。

(1)全神贯注的倾听,通常也称为批评的倾听。它所强调的是集中思想、综合分析及评价。全神贯注的倾听不仅要仔细倾听,而且要正确理解并将复杂纷乱的内容变成有意义的信息。类似提问和重述的反馈可以使倾听者明确所获得的信息。这一类倾听者注重所听信息的主要内容及重要细节。需要运用这一倾听方式获得的信息有合同条款、进度报告、财务信息等。

(2)专心的倾听。与第一类倾听相似,也注重信息的主要内容及细节,但所涉及的信息没有那么复杂或抽象,有时还富于娱乐性或趣味性等。

(3)随意的倾听,或者叫作社交性倾听。随意的倾听很普遍,因为它是倾听中最不费劲的一类,不需要任何评价技巧。随意倾听的目的往往是愉悦心情或消磨时间。

3. 倾听的意义

倾听是管理者的重要技能之一,倾听能够提高管理的效率和沟通的效果。倾听的意义主要有如下几方面。

(1)倾听有助于把握信息,科学决策。要想做好管理工作,必须尽可能地获取相关的信息,进而做出科学决策。积极主动地倾听能够帮助管理者广泛了解情况、识别信息要素、捕捉关键信息、形成正确决策。

(2)倾听有助于激励他人,引导行为。研究表明,具有良好倾听态度的人,不但能够给对方留下良好的印象,还能激起讲话者的讲话兴趣和意愿。在沟通的过程中,良好的倾听态度不但能够使对方放下心理戒备,还能引导其分享更多有价值、有意义的信息。

(3)倾听有助于避免偏见,解决问题。人们在看待某些人或某些事时,经常在潜意识里受到刻板印象的影响,以主观想法判断人和事,这种做法便会形成偏见,不利于问题的解决。我们应该积极理解对方,主动倾听对方的心声,以更好地解决问题。

(4)倾听有助于促进感情,增进关系。有效的倾听行为为沟通双方创造了安全的情感表达空间,通过事实陈述、情感分享和情绪疏导三个层面的互动,不仅能够提升沟通质量,更能促进深层次的人际联结。这种积极的倾听实践是建立信任型关系的核心要素,有助于形成良性互动循环。

10.1.2　倾听的过程

1. 预期阶段

基于对沟通对象的既往认知,预判其可能的反应模式。例如当工作交付出现延误时,预见到上级的负面反馈,此时应采取倾听优先的应对策略,而非急于辩解。这种预期能力源于对人际互动规律的把握。

2. 信息接收阶段

在信息过载环境下,生理性的"听"与认知性的"倾听"存在本质差异。前者是被动的声波接收,后者是主动的信息筛选过程,需要:①过滤无关信息;②识别关键信息;③建立初步认知框架。现代通信工具的发展使这一筛选过程更具挑战性。

3. 注意力调控阶段

有效的倾听依赖于选择性注意机制的运作,包括:①维持注意稳定性;②抑制无关思维发散;③克服信息疲劳效应。优秀的倾听者能够通过认知策略持续优化注意力分配。

4. 意义建构阶段

信息理解包含双重解码过程:①语言内容的逻辑分析;②非语言线索的语境解读。这一过程需要调用倾听者的知识图谱和价值体系,进行多维度的信息整合与意义赋予。

5. 记忆编码阶段

工作记忆的有效运作需要:①区分信息优先级;②建立记忆锚点;③平衡记录与聆听。须避免因过度依赖外部记录工具而导致理解的浅表化。

6. 评价反馈阶段

最终形成的行为指导包含:①事实判断;②情感解读;③应对策略生成。例如通过倾听批评,既理解上级的情绪反应,又明确后续改进方向。

10.2　倾听障碍

10.2.1　环境障碍

环境质量直接影响倾听效果,主要干扰表现为以下几点。

(1)物理性干扰(如背景噪声、视觉干扰等)导致信息传递失真。

(2)心理性干扰(如环境不适感)影响认知专注度。

具体而言,人员流动、空间布局、并行对话等常见环境因素都会通过分散倾听者注意力、降低信息保真度、诱发负面情绪等途径损害倾听质量。

环境因素对倾听效果的影响可从以下三个维度进行系统评估。

1. 空间封闭性

评估指标包括:①物理空间尺度;②隔断设置情况;③照明条件;④噪声干扰水平。这些要素共同决定信息传递的保真度,封闭性不足将导致信息损耗率上升。

2. 环境氛围

环境引发的心理效应表现为:①信息接收倾向(开放/防御);②情绪激活状态;③认知加工深度。温馨和谐的环境促进积极的信息处理心态,而紧张对立的环境则会触发心理防御机制。

3. 对应结构

根据发言者与倾听者的数量配比,可分为四种基本模式:①点对点式(一对一);②辐射式(一对多);③汇聚式(多对一);④网状式(多对多)。不同结构会产生差异化的注意力分布特征,例如在点对点情境中,倾听者的心理卷入度和注意力集中度通常最高。

10.2.2　倾听者障碍

倾听效果主要受主体认知模式制约,常见障碍类型包括以下几种。

1. 表达冲动

表达冲动表现为过早中断他人发言的倾向,源于将"说"等同于主动控制,将"听"等同于被动接受的错误认知。这种二元对立思维导致信息接收不完整,使得理解准确度下降。

2. 选择性注意

选择性注意包含两种类型:①观点偏好型——倾向接收立场相近的信息;②兴趣导向型——优先关注符合个人偏好的内容。这种过滤机制会造成有效信息的流失。

3. 认知固化

人类的行为受过往积累的经验及所处环境影响,这些影响会在大脑中形成牢固的条件联系与行为联想,会显著影响信息解读的客观性。

10.3 倾听技巧

10.3.1 有效倾听的实施策略

针对以上的分析,我们可以采取一定的方法克服倾听中的障碍,同时注意运用一定的倾听技巧提高倾听的效果。具体来说,以下方法可以帮助我们提高倾听的效果。

1. 创造良好的倾听环境

环境因素对倾听质量的影响主要体现在三个方面:①声学环境(噪音水平决定语音清晰度);②空间配置(人际距离影响互动频率);③隐私等级(机密性谈话需要封闭空间)。研究人员在一个更为宽泛的意义上提出环境的概念,它不仅仅包含社会因素,也包含人的心理、生理因素。这一观点认为良好的倾听环境应包括:

(1)安全的环境;

(2)适当的地点;

(3)合适的时间。

2. 保持良好的精神状态,集中精力进行倾听

倾听是涉及肌体、情感与智力的综合性活动。很多时候无法认真倾听,根源在于肌体与精神准备不足。当处于情绪低落或烦躁不安状态时,倾听效果往往欠佳。要达到良好的精神状态,倾听者需集中精力,时刻明确交谈旨在解决的问题。倾听过程中,应与讲话者保持适度眼神接触。此外,要努力维持大脑与身体的警觉,这有助于让大脑处于兴奋状态,提升倾听质量。

3. 建立信任关系

信任是双方交流的基石。真诚的交谈能够唤起对方的兴趣,激发其参与的积极性与主动性。在交谈过程中,无论是有意还是无意的撒谎行为,都极易让对方产生被欺骗之感,进而可能导致交谈中断,或者使交流难以达到预期效果。

4. 明确倾听目的

倾听目的越明确,就越能精准把握沟通内涵。事先为沟通做好充分准备,有助于在沟通中应对可能出现的问题或意外情况;同时,能围绕沟通主题展开深入讨论,丰富沟通中的体验与收获。

5.给予积极的反馈

有效的反馈需要沟通双方投入情感并秉持责任感,可从以下方面入手。

表达明确。反馈语言应具体清晰,避免笼统抽象。比如,"这次会展组织工作出色,达成了预期目标"相较于"你的任务完成得很好啊"更为确切。反馈时不能只给出结论,还应阐述细节与原因。若收到模糊反馈时,可引导交流,如听到"任务完成得好",可追问"成功之处在哪,还有什么需要注意的?"有效反馈是沟通双方共同的责任,能增进双方对事物的认知,推动行动改进。

态度诚恳。反馈态度要坦诚,体现人性化,助力建立理解与信任。反馈既要明确具体,又要顾及对方感受。双向沟通和反馈是分享信任、达成共识的过程,避免主导或评审对方,需将对方置于平等地位,摒弃先入为主、盛气凌人的做法。

营造氛围。要营造开放氛围,防止引发防卫性反馈。沟通气氛紧张时,人们易产生防卫反应。可用开放性、友好探询的问句替代"为什么"类的问题,比如"你为什么才交这份报告"易引发辩解,使沟通走向批判对立。

把握时机。一般而言,给予对方及时反馈有利于问题解决,可避免矛盾积累和激化。但及时反馈并非意味着立刻回应,需灵活捕捉最佳时机。

6.使用开放性动作

人的身体姿态能够暗示其对谈话的态度。自然、开放的姿态,能够传递出接纳、包容、感兴趣与信任的信号;而交叉双臂这一常见且看似优雅自信的动作,在沟通中却往往会被视作防卫姿态。

7.及时用动作和表情给予呼应

通过自然的微笑、适时的点头、恰当的皱眉等表情动作,向讲话者传递理解与反馈。这些非语言信号既能帮助讲话者调整表达内容,又能展现倾听者的专注与兴趣。要注意保持表情动作自然适度,与谈话内容相协调,避免过度或做作的反应。

10.3.2　搁置判断

沉默是有效倾听的重要组成部分,需要与语言表达有机结合。恰当的沉默能够产生以下积极作用。

(1)缓解紧张情绪。当对方情绪激动、言辞激烈时,保持沉默可以避免冲突升级,为双方提供情绪平复的时间,促使对方自我反思。

(2)促进深度思考。适时的沉默能够:引导对方深入思考、创造心灵沟通的机会、帮助识别不实信息。

10.3.3　提问

在倾听过程中,恰当的提问能够显著提升沟通效果。通过提问不仅可以获取直接信息,还能从对方的回答内容、表达方式、情绪态度等多个维度获得有价值的间接反馈。提问的核心目的在于促进双方理解彼此的真实想法和行动意图,实现更深层次的信息交换。

1. 倾听中的提问应注意的事项

(1)次数要少而精,太多的问题会打断讲话者的思路和情绪。但恰当的提问往往有助于双方的交流。因此,掌握提问的时机和度是至关重要的。

(2)要紧紧围绕谈话内容提问,不应漫无边际地提一些随意而不相关的问题。否则,很容易分散讲话者的注意力,导致交流的中断。

2. 提问应掌握的一些必要技巧

(1)给予理解。管理者应当设身处地理解对方立场,以真诚的态度提问,这样既能获得准确信息,又能促进双方达成共识。

(2)把握时机。提问过早会打断对方思路,显得不够尊重;提问过晚会显得心不在焉,产生沟通隔阂。最佳提问时机是在对方完成一个完整观点表达后的自然停顿处。

(3)合理设计提问内容。提问内容应当紧扣沟通目标,引导对话围绕核心议题展开,避免偏离主题的无效提问。

(4)把控节奏。提问语速要适中:过快会给对方压迫感,过慢则显得犹豫不决。保持自然平稳的语速最有利于沟通。

3. 常见的提问方式

(1)清单式提问。清单式提问常以多项选择性问题提问,鼓励询问对象多方面地考虑问题以获取信息。例如:"最近公司员工纪律松懈,你认为主要原因是什么?工资偏低、制度不健全、工作压力太大或是别的什么原因?"

(2)开放式提问。开放式提问常以鼓励对方回答的方式提问,从而获取信息。例如:"公司上半年的营业额比去年同期下降30%,你认为主要原因是什么?"

(3)重复式提问。重复式提问的目的是确认理解准确性并鼓励深入说明。例如:"你是说……?""你的意思是……?"

(4)确认式提问。为了表达关注并鼓励继续交流,常以确认式方式提问。例如:"哦,我明白了,这很有趣!请接着往下讲可以吗?"

(5)假设式提问。假设式提问的目的是鼓励对方从不同的视角来思考问题,并从中获取其对问题的看法和态度。例如:"如果是你的话,你会怎么处理这件事?"

(6)封闭式提问。为了获取某些具体的信息,常常用封闭式提问方式提问。例如,"你在公司工作了几年?""你打算什么时候来报到?"回答这类提问,通常只需说"是的""不是"或一些具体的数字等。

在实际沟通中,不同的提问方式会产生截然不同的效果。要想有效运用各种提问技巧,需把握两个关键:首先明确提问目的,若为收集信息或交换观点,应提前规划问题框架;其次根据情境选择合适的提问方式,并专注倾听并给予回应,这样才能真正提升倾听效果。

工作任务书

任务:传音接力		
项目	任务描述:①教师将易绕舌混淆的句子写在纸上,拿给第一个人看,第一个人再轻声告诉第二人,传音时以嘴贴附着耳说,依此类推;②传到最后一人时,由最后一人把所听到的内容写下,交给教师;③活动难度发生变化,将"附耳传言"的方式改为"口含水传言"的方式进行	教师打分
理论分析	可行性分析(学生课前填写)	
解决方案	(学生课前填写)	
优化方案	总结提升(学生课后填写)	
任务反思	比较研究(学生课后填写)	

案例分析

用倾听赢回顾客

乔花了近一个小时才让他的顾客下定决心买车,然后,他所要做的仅仅是让顾客走进自己的办公室,然后签好合约。

当顾客向乔的办公室走去时,开始向乔提起了他的儿子。"乔",顾客十分自豪地说,"我儿子考进了普林斯顿大学,我儿子要当医生了。"

"那真是太棒了。"乔回答。两人继续向前走时,乔却看着其他顾客。

"乔,我的孩子很聪明吧,当他还是婴儿的时候,我就发现他非常聪明了。""成绩肯定很不错吧?"乔应付着,眼睛在四处看着。

"是的,在他们班,他是最棒的。"

"那他高中毕业后打算做什么呢?"乔心不在焉。

"乔,我刚才告诉过你的呀,他要到大学去学医,将来做一名医生。"

"噢,那太好了。"乔说。

那位顾客看了看乔,感觉到乔太不重视自己所说的话了,于是,他说了一句"我该走了",便走出了车行。乔呆呆地站在那里。下班后,乔回到家回想一整天的工作,分析自己做成的交易和失去的交易,并开始分析失去客户的原因。

次日上午,乔一到办公室,就给昨天那位顾客打了一个电话,诚恳地说道:"我是乔,我希望您能来一趟,我想我有一辆好车可以推荐给您。""哦,世界上最伟大的推销员先生,"顾客说,"我想让你知道的是,我已经从别人那里买到了车啦。""是吗?""是的,我从那个欣赏我的推销员那里买到的。乔,当我提到我对我儿子是多么的骄傲时,他是多么认真地听。"顾客沉默了一会儿,接着说,"你知道吗?乔,你并没有听我说话,对你来说我儿子当不当得成医生并不重要。你真是个笨蛋!当别人跟你讲他的喜恶时,你应该听着,而且必须聚精会神地听。"

刹那间,乔明白为什么会失去这位顾客了。原来,自己犯了如此大的错误。乔连忙对顾客说:"先生,如果这就是您没有从我这里买车的原因,那么确实是我的错。要是换了我,我也不会从那些不认真听我说话的人那儿买东西。真的很对不起,请您原谅我。那么,我能希望您知道我现在是怎么想的吗?"

"你怎么想?"顾客问道。

"我认为您非常伟大。而您送您儿子上大学也是一个明智之举。我敢确信您儿子一定会成为世界上最出色的医生之一。我很抱歉,让您觉得我是一个很没用的家伙。但是,您能给我一个赎罪的机会吗?"

"什么机会,乔?"

"当有一天,若您能再来,我一定会向您证明,我是一个很忠实的听众,事实上,我一直就很乐意这样做的。当然,经过昨天的事,您不再来也是无可厚非的。"

2年后,乔卖给了他一辆车,而且还通过他的介绍,获得了他的许多同事的购买车子的合约。后来,乔还卖了一辆车给他的儿子,一位年轻的医生。从此以后,乔再也没有在顾客讲话时分心。而每一位他接待的顾客,乔都会问问他们,问他们家里人怎么样了,都是做什么的,有什么兴趣爱好,等等。然后,乔便开始认真地倾听他们讲的每一句话。大家都很喜欢这样,那给了他们一种受重视的感觉,他们认为,乔是最会关心他们的人。

思考题:乔在与那位顾客初次沟通时忽视了哪些关键倾听要素?

第 11 章

下笔有神　教你学会写

学习目标

知识目标:掌握书面沟通的基本程序和技巧。

能力目标:掌握常见的书面写作形式。

价值目标:能运用常见的书面沟通形式开展工作。

工作情境

　　阿强在某上市公司担任销售经理,公司拟从他和另一位同事中选拔一人晋升为销售总监。从业绩表现来看,阿强上年度超额完成销售任务50％,而其竞争对手仅完成年度目标的80％。在年终述职汇报中,阿强的PPT重点展示了本年度与上年度的业绩对比,以及当前项目跟进情况;而竞争对手的汇报材料除涵盖上述内容外,还系统性地呈现了区域经济环境分析、客户画像研究、下年度工作计划、销售策略优化方案及售前售后协同机制等管理层面的思考。

　　问题:你认为最终谁被提拔了呢? 原因是什么?

名人名言

　　写完后至少看两遍,竭力将可有可无的字、句、段删去,毫不可惜。

——鲁迅

内容导航

下笔有神 教你学会写	书面沟通类型和原则	书面沟通类型
		书面沟通原则
	常见书面沟通形式	计划
		报告
		工作总结和协议书

知识模块

11.1 书面沟通类型和原则

11.1.1 书面沟通类型

书面沟通是以书面或电子文档为载体,通过文字、图表等形式进行信息传递的正式沟通方式。这种沟通形式广泛应用于企业内外部协调,包括但不限于与供应商、客户的业务往来,以及跨部门的工作协同。常见的业务函件如通知、报告、合同、方案等,其撰写质量直接影响沟通效果。规范的书面沟通不仅能够确保业务流程顺畅执行,更有助于维护客户关系,最终实现组织战略目标。

在管理沟通中,根据沟通的目的,书面沟通可以大致分为以下四类。

(1)通知型书面沟通:涵盖通知、通告、通报,以及日程安排、会议安排、课程时间安排等。此类沟通主要用于传达信息,使接收者知晓相关事项。

(2)说服型书面沟通:包括提案、申请、广告宣传册等。此类沟通意在通过阐述观点和理由,影响对方决策。

(3)指导型书面沟通:包括用户手册、操作指南等。其作用是为使用者提供操作指引和说明,帮助其正确使用产品或完成某项任务。

(4)记录型书面沟通:涉及工作总结、个人总结、会议记录、备忘录等。主要用于记录事件、工作进展、会议内容等信息,以便留存和查阅。

11.1.2 书面沟通原则

1. 思维清晰

思维能力是各类沟通技能的根基,也是衡量书面沟通能力高低的重要标准。优秀管理者的显著特征之一便是思路清晰、思维敏捷。在管理层的沟通场景中,唯有以清晰的思维为前提,才可能达成有效的书面沟通。

2. 明确撰写目的

书面沟通的主要目的包括提出问题、分析问题、给出定义、提供解释、说明情况和说服他人等,因而撰写者必须明确如何展开文件内容,需要传递哪些信息,将信息传递给谁,以及希望获得怎样的结果。

3. 全面了解主题

为实现信息的充分传递,撰写者需全面掌握相关主题,确保言之有物,避免写出充斥陈词滥调的文件,以此达成有效沟通。

4. 换位思考

书面沟通传递的信息不能仅满足发送者自身需求,更要契合接收者的需要。撰写应始终站在接收者视角,关注接收者期望了解的内容,尊重接收者意愿,维护接收者自尊心。

11.2　常见书面沟通形式

11.2.1　计划

计划类文书是经济管理活动中使用范围很广的重要文体,当组织或部门要对未来一段时间内的工作预先做出安排时,都需要制订计划。所谓计划,就是企业对未来生产经营活动及所需的各种资源在时间、空间上所做出的具体安排和部署。根据实际情况,计划可以分为许多不同种类,具体来讲,时间上长远、牵涉面较广的称为"规划";比较繁杂、全面的设计称为"方案";比较深入、细致,带有明显行动性的称为"计划";较为具体、直面一个现实问题的称为"安排"。这些文体都属于计划类文书的范畴。尽管分类有所不同,但计划类文书在内容上的共同点是都涉及了"做什么""怎么做"和"做到什么程度"三个部分。

1. 工作规划

工作规划具有以下特点:时间跨度通常在五年以上;内容涉及全局性工作或重要项目;在表述上较为宏观概括。作为战略性文件,工作规划为组织发展提供方向性、战略性和指导性的部署,因此必须具备严肃性、科学性和可行性。写作时需开展深入调研和科学测算,在充分掌握可靠数据的基础上,通过多方案比选论证,最终确定发展目标和实施措施。

规划的标准格式包括"标题＋正文"两部分,通常无需落款和成文时间。标题采用四要素结构:制定机关＋期限＋内容＋文种,例如"XXX 公司 2021—2025 年发展战略规划"。正文包含四个部分:

(1)前言:系统分析编制背景,综合论证规划必要性;

(2)指导思想和目标:明确战略定位,用精炼语言阐述发展原则;

(3)任务和措施:具体说明"做什么"和"怎么做",要求任务明确、措施可行;

(4)结尾:以富有号召力的语言展望发展愿景。

2. 工作方案

工作方案是计划类文书中内容体系最为完整的一种,适用于需要全面部署的复杂工作事项。其内容构成通常包含指导思想、主要目标、工作重点、实施步骤、具体要求等核心要素,以确保工作的系统性和可操作性。

工作方案由标题、成文时间和正文三部分组成。

(1)标题规范。采用两种标准格式：①"四要素"写法（制定机关＋期限＋内容＋文种），如"XXX公司2023年度市场拓展实施方案"；②"两要素"写法（内容＋文种）。

(2)成文时间标注于标题下方。

(3)正文结构。存在两种标准范式：① 常规型：适用于普通工作事项，包含指导方针、主要目标、实施步骤、保障措施等固定模块；② 变通型：针对特殊工作可调整模块设置，但必须保留目标体系、实施路径和保障措施等核心内容，各模块名称可根据实际需要调整，如"主要目标"可表述为"目标任务"，"措施"可称为"实施办法"等。

3.工作计划

这里的计划指狭义的计划，计划期限一般为一年或半年，且大多是以企业内部的工作为内容，只在企业内部执行。计划的标题也采用"四要素"写法。计划的内容一般包括以下几个方面。

(1)开头。开头要通过概述情况来阐述计划的依据，要写得简明扼要，同时要明确表述目的。

(2)主体。即计划的核心内容，包括阐述"做什么"（目标和任务）、"做到什么程度"（要求）和"怎么做"（措施和办法）等几项内容。

(3)结尾。结尾或突出重点，或强调有关事项，或提出简短号召。

计划除标题和正文外，往往还要在标题下方或文后标明"X年X月X日制订"的字样，以示郑重。

4.工作安排

工作安排是计划类文书中最为具体的一种形式。由于某些工作比较确切，不作具体安排不能达到目的，所以其内容要写得详细一些。工作安排的具体写法如下。

(1)由标题、正文、落款及时间三部分组成。

(2)标题可以是"三要素"写法，即制定机关＋内容＋文种；也可以省略制定机关名称。

(3)正文一般由开头、主体和结尾三部分组成；也有省略结尾部分的，即主体结束，正文即随之结束。开头同计划的开头差不多，或阐述依据，或简明扼要地概述。主体是正文的核心，一般包括任务、要求、步骤、措施四个方面的内容。在结构上可按这四方面内容分项来写；也可把任务和要求合在一起，把步骤和措施合在一起来写；还可以先写总任务，然后按时间先后顺序一项一项地写具体任务，每一项有每一项的要求及步骤和措施。但不管是怎样的结构，其任务都要具体，其要求都要明确，其步骤和措施都要得当。

11.2.2 报告

1.调查报告

调查报告是为解决特定问题而开展的调研分析报告，主要分为两种形式：一是主动性报告,用于汇报工作进展或反映重要事件;二是被动性报告,即根据组织要求就特定问题开展的专项调研。其核心价值在于总结经验、发现问题并提供解决方案。

调查报告的标题通常采用两种写法:一是文章式标题,如"XX 公司创新发展路径探索";二是公文式标题,如"关于 XX 市场现状的调查报告"。正文包含四个关键部分。

(1)前言。简要说明调查目的、时间范围、研究对象及核心内容,必要时补充调研方法和整体思路。

(2)事实陈述。系统呈现调研所得核心数据和关键事实,要求分类阐述、层次清晰,坚持用数据说话,保持客观中立。

(3)分析论证。基于调研事实开展专业分析,明确问题性质及成因,采用理论与实证相结合的方法,确保结论客观可靠。

(4)对策建议。提供切实可行的解决方案,包括方向性指导原则和具体实施措施,确保建议与问题分析相呼应。

2. 工作报告

工作报告,是将一定时期内发生、发展与变化的各种工作情况进行梳理,以向有关部门或上级反映的一种文体,属于组织内部反映情况的公文。其显著特点之一是时效性强,因工作报告侧重体现工作动态,若不能及时反映工作情况,上级便无法及时获取工作相关信息,报告便失去价值。

工作报告可分为综合性报告、专题性报告和答复报告。

综合性报告是对全面工作或某一阶段多方面工作进行综合梳理的报告,内容具有综合性与广泛性,撰写难度及要求较高。

专题性报告是针对某项工作、某一问题、某一事件或某一活动撰写的报告,内容具有专一性。

答复报告是根据上级机关的查询、提问而作出的报告。

1)综合性报告的写法

标题:事由＋文种,如"关于 2024 年上半年工作情况的报告";报告单位＋事由＋文种,如"阳明服装有限公司关于 2024 年度工作情况的报告"。

正文把握以下三点。

(1)开头,概括说明全文主旨,开门见山。将一定时间内各方面工作的总情况加以概述,以点明主旨。

(2)主体,内容要丰富充实。将工作的主要情况、主要方法,取得的经验、成果等,分段加以表述,要以数据和材料说话,内容力求既翔实又概括。

(3)结尾,要切实具体。针对目前存在的问题,提出下一步工作具体意见。最后可以"请审阅"或"特此报告"等作结语。

2)专题性报告的写法

标题:事由＋文种,如"关于招商工作有关政策的报告"。有的报告标题也可标明报告单位。标题要明确反映报告专题事由,突出其专一性。

正文:可采用"三段式"结构写法。以反映情况为主的专题工作报告,重点阐述工作现状、存在问题、今后计划与意见;以总结经验为主的专题工作报告,主要叙述工作情况、成功经验,可简要提及不足与改进方法;因工作失误向上级呈送的检查报告,需详细说明错误事实、主客观原因、责任主体、处理意见及改进措施等。

3)回复报告的写法

标题:与前两种报告大体相同。

正文:根据上级机关的查询、提问,有针对性地作出报告,要突出专一性、时效性。

撰写回复报告应注意以下几点:

(1)回复报告以汇报工作情况为主;

(2)回复报告旨在清晰阐述事件进展,因此文字应简洁准确,确保信息传达清晰明了;

(3)回复报告通常采用开门见山的写法,不过多赘述细节,一般不添加撰写者个人的认识和评价。

3.述职报告

述职报告是管理者向所属部门、员工及上级组织和领导,就自己在特定任职期间的工作表现、职责履行情况等进行总结和自我评述的正式报告。

述职报告的写作格式如下所述。

(1)标题的写法通常有以下四种形式:一是直接使用"述职报告"作为标题;二是采用"XXX年任XXX职务期间的工作汇报"这类公文式标题;三是使用"XXX(姓名)XXX(职务)在XXX会议上的汇报(或报告)"的表述方式;四是采用新闻标题式的写法,突出核心内容或主题。

(2)正文主要包括以下内容。

①任职概况和总体评价。该部分需简要说明任职时间、岗位职责、工作目标,并结合实际工作情况进行自我评价,语言应客观、中肯。

②尽职情况。这是述职报告的核心部分,需详细阐述工作业绩、经验总结及存在的问题。内容可按工作性质分类,从不同方面展开描述。在撰写时,可以采取"先写业绩后写认识和做法"或"先写认识和做法后写业绩"的方式,但需突出个人在工作中的能力、管理水平及应对敏感问题、突发事件时的表现,体现专业素养和领导才能。

③对未来工作的规划和展望。应基于实际情况,科学分析并提出具有战略性的工作计划,同时表达尽职尽责的态度和信心。

(3)署名及日期。署名和日期可以置于标题下方,也可写在正文之后,需根据实际格式要求灵活处理。

由于述职报告的核心目的是系统汇报任职期间的工作成果与存在问题,因此在撰写时必须紧密围绕个人职责展开,并注意以下要点。

其一,逻辑清晰,结构完整。述职报告通常采用规范的"四步结构":首先,简明扼要说明职务与职责范围;其次,系统阐述任职期间的重点工作及取得的主要业绩,需用具体事例和数据支撑;再次,客观分析工作中存在的不足与问题;最后,针对问题提出切实可行的改进方案与未来工作计划。

其二,聚焦职责,突出实绩。述职报告具有鲜明的个人履职特征:陈述工作时应始终围绕岗位职责展开;业绩部分要真实反映个人贡献,避免混淆集体成果;问题分析要直面个人不足,体现责任担当意识,避免使用"我们"等模糊表述。

其三,问题剖析要客观具体。在总结不足时,应避免笼统表述,需明确指出具体问题及其成因。例如,不应简单使用"工作中还存在一些不足"这类概括性表述,而应具体说明在"XXX 工作中存在流程效率偏低的问题,主要原因是……"。这种实事求是的态度更能赢得认可,展现职业素养。

11.2.3　工作总结和协议书

1. 工作总结

工作总结是组织、部门或个人对过去一个时期内的工作活动做出的系统的回顾、归纳、分析、评价,并从中得出规律性认识,用以指导今后工作的事务性文书。工作总结的基本写法如下。

(1)标题。标题通常有以下类型。①文件性标题,一般由单位名称、时限、内容、文种名称构成,如"XXX 公司 2024 年度新产品开发的工作总结"。②文章式标题,通常以单行标题概括主要内容或基本观点,而不出现"总结"字样,如"技术改造是振兴企业之方法"。③双行式标题,如"知名教授上讲台,教书育人放异彩——XXX 大学德育工作总结"(副标题换行)。

(2)正文。正文包括四个部分。①前言,简要说明工作背景、总体情况和基本评价,要求开门见山。②主体,包括工作成果与业绩、目标完成情况、经验体会、问题分析等内容,可采用纵式结构或横式结构进行阐述:纵式结构,是指按主体内容从所做工作、方法、成绩、经验、教训等方面逐层展开;横式结构,是指按材料的逻辑关系将其分成若干部分,各部分加小标题,逐一来写。③结尾,简要总结并提出改进方向或表达工作决心。④落款,在正文右下方注明总结单位/个人及成文日期。

2. 协议书

协议书是平等主体的自然人、法人或其他组织之间,就特定事项经过充分协商达成一致后,共同签订的具有法律效力的契约文书。其主要作用在于明确各方当事人的权利义务关系,规范合作行为,保障各方合法权益。

协议书一般由标题、立约当事人、正文、生效标识四部分组成。

(1)标题。一般只需要在"协议书"之前写明该协议书的性质即可,如"赔偿协议书""委托协议书""技术转让协议书"等。

（2）立约当事人。在标题下方写明协议各方当事人的单位名称或个人姓名。如果是单位，应注明单位全称，法定代表人姓名、地址、联系方式等内容；如果是个人，应注明姓名、身份证号码、联系方式等内容。为便于行文，可在当事人名称或姓名前标注"甲方""乙方"等代称，标注方式为前置式（"甲方：XXX 公司"）或后置式（"XXX 公司（甲方）"）。

（3）正文。正文一般由立约依据及双方约定的内容两部分组成。立约依据部分应简要说明协议订立的背景和目的。主体部分应采用条款式结构，明确约定各方的权利义务，具体条款内容应根据协议性质和双方协商结果确定。

（4）生效标识。协议书正文结束后，应当由立约各方签署确认：单位作为当事人的，需加盖单位公章并由法定代表人或者授权代表签字；个人作为当事人的，应由本人签字确认。所有签署均需注明签署日期。协议涉及中间人或公证人的，应当一并签署确认。对于重大协议，建议办理公证手续，由公证机构出具公证书，载明公证意见、公证机构名称、公证员姓名及公证日期，并加盖公证处印章。

工作任务书

任务：撰写学习质量报告		
项目	任务描述：撰写上一学年的学习质量报告，依据"PDCA 循环"质量管理框架，通过对学习目标、学习投入、学习收获、学习满意度、学习改进等方面展开分析，全面系统地分析上一学年的学习情况	教师打分
理论分析	可行性分析（学生课前填写）	
解决方案	（学生课前填写）	
优化方案	总结提升（学生课后填写）	
任务反思	比较研究（学生课后填写）	

案例分析

任正非：致新员工的一封信（部分）

您有幸加入了华为公司，我们也有幸获得了与您合作的机会。我们将在相互尊重、相互理解和共同信任的基础上，与您一起度过在公司工作的岁月。这种尊重、理解和信任是愉快奋斗的桥梁与纽带。

实践是您水平提高的基础，它充分地检验了您的不足，只有暴露出来，您才会有进步。实践再实践，尤其对青年学生十分重要。唯有实践后善于用理论去归纳总结，才会有飞跃的提高。

我们呼唤英雄，不让雷锋吃亏，本身就是创造让各路英雄脱颖而出的条件。雷锋精神与英雄行为的核心本质就是奋斗和奉献。

公司要求每一个员工，要热爱自己的祖国，热爱我们这个刚刚开始振兴的民族。只有背负着民族的希望，才能进行艰苦的搏击而无怨无悔。

干一行，爱一行，行行出状元。您想提高效益、待遇，只有把精力集中在一个有限的工作面上，不然就很难熟能生巧。

公司永远不会提拔一个没有基层经验的人做高层管理者。遵循循序渐进的原则，每一个环节对您的人生都有巨大的意义，您要十分认真地去对待现在手中的任何一件工作，十分认真地走好职业生涯的每一个台阶。

您要尊重您的直接领导，尽管您也有能力，甚至更强，否则将来您的部下也不会尊重您。长江后浪推前浪。要有系统、有分析地提出您的建议，您是一个有文化者，草率的提议对您是不负责任的，也浪费了别人的时间。要深入透彻地分析，找出关键问题，踏踏实实一点一点去做，不要哗众取宠。

希望您加速磨炼，茁壮成长，我们将一起去托起明天的太阳。

思考题：分析任正非先生的这封信（部分）具有哪些特点，是如何激励和打动人心的。

第 12 章

能说会道 教你学会说

知识目标:1.掌握常见的面谈技巧;

2.掌握演讲的基本结构。

能力目标:能开展顺利的面谈和演讲。

价值目标:能认识到语言的文学艺术之美。

工作情境

阅读以下演讲内容,并思考演讲打动人应具备哪些要点。

人有两种不同的活法。

第一种活法如同野草:虽然也能生长,年复一年地发芽吐绿,却终究难以挺拔高大。野草吸收阳光雨露,却永远无法触及苍穹。即便被人践踏,也不会引起他人的痛楚;即便枯萎凋零,人们也往往对其视而不见。

第二种活法则似参天大树:即便当下渺小如种子,深埋泥土之中,依然能够汲取大地的养分,顽强生长。待其枝繁叶茂之时,远方的行人便能望见它的英姿,慕名而来。活着时,它是令人驻足的美景;倒下后,依然是可堪大用的栋梁。这,正是我们每个人都应当追求的生命境界与成长标准——像大树一样活着!

名人名言

说话周到比雄辩好,措辞适当比恭维好。

——培根(Bacon)

内容导航

能说会道 教你学会说	面谈	面谈的相关概念
		面谈的过程
		面谈的技巧
	演讲	演讲的相关概念
		演讲结构

知识模块

12.1　面谈

12.1.1　面谈的相关概念

1. 面谈的概念

面谈是指两个或更多人之间进行的有计划、有目的的对话交流活动,参与者中至少有一方具有明确的沟通目的,整个交流过程需要通过言语互动来实现信息传递。

2. 面谈的分类

1)结构面谈与非结构面谈

结构面谈又称标准化面谈,是指按照统一的设计要求与事先设计的问题进行的面谈。非结构面谈又称非标准化面谈,是指按照粗线条式的提纲而进行的面谈。结构面谈的特点是便于信息的收集、统计和分析,但缺乏灵活性;而在非结构面谈中,面谈者可以根据面谈的实际情况做出必要的调整,具有一定的灵活性。

2)直接面谈与间接面谈

直接面谈是指交流双方进行面对面的对话互动,而间接面谈则是通过媒介进行的非面对面交流,如视频会议、电话沟通等。两种方式各有特点:直接面谈能够获取更全面的信息,既包括语言内容,也包括表情、肢体动作等非语言信息,有助于更准确地分析和解读沟通内容;间接面谈则具有特殊优势,特别是在处理突发事件时,能够有效规避某些不利信息或场景的干扰。

3)一般面谈与特殊面谈

一般面谈是指基于一般目的的面谈,如常规的信息收集及获取等。而特殊面谈则是基于某些特殊目的或对特殊群体的面谈,如人才选拔、人事考核等。面谈者在进行特殊面谈时应充分考虑面谈对象、情境问题的特殊性。

3. 面谈的目的

面谈不是一般的见面，它是在管理活动中进行管理沟通的重要方式，是获取信息最常用、最直接、最有效的工具之一。在日常管理工作中，面谈的目的主要有以下几个。

1）获取工作信息

为完成任务提供信息交流是面谈的主要目的之一。例如，在企业管理中，销售部门的区域销售情况汇报、人力资源部门的岗位调查等基本上都是以了解和收集信息为主的面谈。

2）了解和掌控工作的进展情况

面谈是管理工作进程的重要手段，主要用于对正在进行的工作或已完成的工作成果进行确认、指导、评估、修正和调整。以人力资源管理中的绩效面谈为例，其核心目的就是对前一阶段的工作成效进行全面评估，及时发现工作中的不足并提出改进建议。

3）解决工作中的问题

通过咨询、解惑和商讨来解决问题是面谈最普遍的目的。之所以要进行面谈，就是因为实际管理当中员工关系、工作绩效等存在问题，通过面谈，互相交流看法和意见，可以找出问题产生的原因和解决对策，最终达到解决问题的目的。

4）选拔适当的人员

当出现人员需求时，面谈是双向选择的重要环节。用人单位通过面谈评估应聘者的专业能力和岗位适配度，同时应聘者也通过面谈了解岗位的具体要求和职业发展空间。这种双向互动的过程既保证了用人单位的选才质量，也维护了应聘者的知情权和选择权。

4. 面谈的特征

从本质上说，面谈是信息交流的活动。除有两个或两个以上个体参加的特点之外，作为最常用的管理工具，面谈还具有以下一些明显的特点。

1）目的性

面谈不是简单的见面打招呼，它是为达到预定目的而有组织、有计划地进行信息交换的正式管理活动，因此，面谈具有很强的目的性。

2）计划性

面谈者在面谈前要制定详细的实施方案，明确面谈目的、参与人员、环境布置、时间安排、流程设计、问题设置等关键要素。在实施和总结过程中也需要进行严密的组织和周密的计划，这样才能有效控制面谈成本，提高面谈效率，确保达成预期目标。

3）双向性

面谈是直接的、双向的互动过程。双方通过语言和非语言方式进行信息交流，既能相互观察以判断对方的意图和态度，也能通过面谈技巧相互影响。这一过程需要建立在相互信任的基础上，呈现出相互影响、相互作用的特征。

4）控制性

面谈通常由面谈者主导控制,但被面谈者往往掌握更多实质信息。面谈者需要通过专业技巧引导对话,激发被面谈者提供所需信息,同时保持对信息获取过程的合理控制。

5）不确定性

尽管面谈经过精心准备,但仍会受到心理和环境等因素的影响。面谈者需要具备应变能力:当对话偏离主题时要巧妙引导回归,发现有价值的信息时要及时深入追问,以应对面谈过程中的各种不确定性。

5. 面谈的原则

作为有目的、有计划、有组织的一项正式的管理活动,面谈应遵循以下几个原则。

1）道德原则

面谈双方通过交谈来交流信息,因此必须有基本的道德规范。在面谈中,面谈双方要诚实互信、尊重他人。面谈者不轻易做出承诺,不进行错误的引导;被面谈者不提供虚假的信息。

2）保密原则

面谈的信息除面谈双方同意公开外,均应当保密。特别是有些面谈会涉及隐私或机密信息。这些信息一旦被泄露,将损害面谈各方利益。

3）准备原则

一般来讲,面谈有时间限制,而且面谈有高度的目的性。这些决定了面谈需要从内容和形式等方面做好充分的准备。只有这样才能保证面谈的高效进行。

4）时间原则

面谈双方必须严格遵守约定的时间安排,这是面谈的基本准则。守时不仅能给对方留下专业可靠的印象,更有利于面谈者把控整体进度,确保面谈按计划完成。同时,基于心理学研究,人的注意力和精力会随着谈话时间的延长而自然衰减,因此科学地控制面谈时长是保证面谈效果的关键要素。在实际操作中,既要坚持严格遵守约定的时间安排,也要保持适度灵活性,必要时可通过协商对时间安排进行合理调整。

5）灵活原则

在面谈过程中,不确定性是难以避免的。当问题不适于当时情境中的人或事时,面谈者需要对其及时做出调整,既要保证达到面谈的目的,又要使被面谈者言之有物。

12.1.2　面谈的过程

1. 面谈的计划阶段

面谈具有很强的目的性,无计划的面谈只是闲谈。下面围绕 5W1H 的框架来探讨应如何制订面谈计划。

1）确定面谈的对象——who

面谈者对象是谁？

面谈对象可能会有什么样的态度？

在面谈的计划中，研究面谈对象是很重要的。在沟通过程中，面谈双方承担着编码和译码的工作。面谈者预先收集和研究面谈对象的职位、知识素养、文化背景、工作经验、性格特点、习惯思维方式等信息，设计合适的问题类型及提问方式，将会减少面谈的不确定性，保证计划的有效执行。

2）确定面谈的目的——why

为什么要举行这次面谈？

这次面谈要解决什么问题？

3）确定面谈的环境与地点——where

面谈应选择在什么地方进行？是在公司内还是在公司外？

是否应该准备点心或茶水等？

面谈场所的明暗度是否合适？

4）确定面谈的时间——when

何时是面谈的最好时机？

面谈时间段内是否会受到干扰？

面谈应控制在多长时间内比较合适？

面谈的时间指何时开始，持续多长时间和何时结束。这里研究的关键是究竟持续多长时间是合适的。一般在人的疲劳转折点出现后，面谈的持续时间与效果是成反比的。为使面谈达到最佳效果，在面谈开始前应将面谈的时间计划告知对方，双方可共同把控面谈持续的时间。

5）确定面谈的内容——what

面谈的主题是什么？

在面谈中需要提出什么问题？

在面谈中可能会发生哪些突发事件？

面谈主题不能偏离面谈目的，面谈者还需要根据面谈的时间和面谈对象能理解的语言特点设计主题。

6）确定面谈如何进行——how

问题应该如何组合？是开放式的还是封闭式的？

面谈应该采取哪种类型？是结构式的还是非结构式的？

2. 面谈的实施阶段

1）进行印象管理

印象管理是指个体通过有意识地调控自身言行来影响他人对自己印象形成的过程。心理学研究表明,第一印象具有显著的首因效应,会对后续面谈产生重要影响。在面谈开始时,应当通过恰当的问候礼仪和相互介绍来营造互信、融洽的沟通氛围。相关实验研究显示,在条件相当的两组应聘者中,获得适度寒暄和氛围营造的应聘者,其表现明显优于直接进入问答环节的对照组。这充分证明良好的初始互动能够有效降低紧张情绪,提升沟通质量,促进面谈目标的实现。因此,专业的面谈实施应当重视开场阶段的印象管理工作。

2)告知面谈日程

面谈日程包括面谈原因、预计开始和结束时间、主要内容、参加人员和其他需要注意的问题等。一般来说,面谈者在正式面谈前把面谈日程告知谈者对象,不但可让面谈对象对面谈有总体了解,帮助面谈对象消除紧张和不安情绪,而且有利于面谈者掌控面谈进程。

3)提问和回答

提问和回答是面谈的核心内容,是衡量经过精心准备的面谈计划能否实施,以及面谈目的能否达到的关键。提问是直接获取信息的最主要手段。提问的质量不但可能直接决定面谈的成败,而且最能体现面谈者的面谈技巧及运用的熟练程度。计划中的提问完成后,面谈者最好对其进行确认,目的是检查问题和信息是否有遗漏以便及时补充。除此之外,因为面谈的目的是获取信息,所以在面谈中对信息的收集是很重要的。根据人的记忆特点,现场记录的方式是必要的。但是,无论是面谈者本人,还是在场的第三者,要进行记录或录音,都应事先告知面谈对象,以消除面谈对象的紧张和不安情绪,避免影响面谈的效果。面谈对象根据面谈者的提问进行回答,回答应紧扣提问主题。

4)结束面谈

结束面谈是面谈实施的最后环节。面谈者在达到了面谈目的,取得了所需要的信息后,则可结束面谈。结束面谈适宜采取简洁、明了和坦率的方式。面谈者在结束面谈时应感谢对方的配合。

3.面谈的总结阶段

面谈结束后,面谈者应尽快对所收集的信息进行归纳和总结,以便确认收集到的信息是否达到了面谈目的和有无遗漏。如有遗漏,并且该遗漏对面谈目的来说是重要的,必须尽快进行第二次面谈以补充及完善信息。

12.1.3　面谈的技巧

1.面谈者的技巧

面谈是一项技巧性很强的活动。虽然面谈通常发生在两方之间,但是这两方的角色是不同的。在面谈过程中,面谈者要掌握一定的技巧才能达到预定的面谈效果。

1)了解面谈对象

面谈者应尽可能全面地了解面谈对象,诸如对方的职位、与自己是上下级还是平级关系、是否对自己心存偏见、个人及家庭情况、对面谈的可能反应及参与面谈的能力等。设身处地为对方考虑,若能预知对方的感受和期望,便可据此调整沟通方式,拉近彼此距离,营造良好的沟通氛围。

2)营造氛围

面谈是一次有约定的互动沟通,营造双方认可且适合交流信息的氛围至关重要。面谈中,多数处于被动地位的面谈对象难免会有紧张心理。因此,面谈者有必要在面谈一开始就营造开放宽松的氛围,这将有助于面谈对象放松紧张情绪,使双方沟通顺畅,促进信息交流,提高面谈的有效性。面谈者通常可通过以下常用方法营造宽松氛围。

(1)简述问题:简要说明核心问题,激发对方参与兴趣。在对方对问题略知但不完全了解时最为有效。

(2)分享发现:展示问题发现过程,建立共同认知基础,培养合作态度。

(3)诚恳求助:以真诚态度征求意见和建议,促进互动合作。

(4)列举益处:客观说明建议方案的预期收益,增强说服力。

(5)提及看法:引用面谈对象既有观点,建立共鸣,消除对立情绪。

(6)解释背景:在可能存有分歧时,通过说明问题背景和原因来增进理解。

(7)介绍引荐:通过受尊重的第三方介绍建立初始信任。

(8)表明身份:适当展示受认可的机构背景,提升可信度。

(9)明确时间:合理请求沟通时长,提高效率,特别适合忙碌面谈对象。

(10)问题引导:以开放式问题启动对话,引导面谈对象主动参与。

3)阐明目的

当面谈的气氛已调和得十分轻松时,面谈者就应该简明扼要地向面谈对象说明面谈的目的、步骤、进度安排,以及自己的期望等。应该指出的是,面谈者在面谈时一定要让对方明确面谈的目的,切不可自认为面谈目的显而易见而忽视说明。否则,常常会导致面谈对象因对面谈目的不明确而感到困惑,使面谈的效果不尽如人意。

4)恰当提问

面谈主要由提问和回答组成。因此,面谈者了解提问方式、掌握提问控制技巧显得尤为重要。

a. 提问方式

在大多数面谈中,面谈者的目的是进行谈话而非开庭审问。他们提出问题的方式将直接影响面谈氛围、面谈对象的感受和由此产生的面谈结果。下面介绍几种常用的提问方式。

(1)中立式。这种方式是指面谈者以没有倾向性的第三者身份向面谈对象提出问题。面谈对象比较容易接受从第三者角度提出问题的方式,而且比较能将真实的信息反映出来。

(2)引导式。引导,顾名思义就是使面谈对象的思路朝着面谈者的方向进行以获得面谈者希望的信息。由于引导式带有明显的心理暗示,故往往会带来面谈对象的迎合心理,使信息失真。但是它能缓和气氛,使问题不会太尖锐,有委婉的意味。例如,在纠正工作表现的面谈中,可委婉地从提事实而非直接下判断的角度进行提问。

(3)追问式。当面谈对象的回答不完整、不明确、不准确时,面谈者应当进行适当的追问。根据目的的不同,追问可分为详尽式追问、说明性追问、系统追问、假设追问、情感反应性追问和正面追问六种,需要灵活掌握。

(4)陷阱式。当面谈对象提供虚假的信息或隐瞒相关信息时,面谈者需要采用陷阱式的提问方式。追问式和陷阱式往往交替出现,因为对于一些虚假信息,在追问式和陷阱式的提问下,在逻辑上往往很难自圆其说。

(5)插话式。当面谈对象的说明偏离主题时,面谈者应在适当时机(如谈话间隙)巧妙引导,通过提出新问题使谈话回归主题。注意避免直接指出跑题,可以说"您提到的内容很有参考价值,关于 XXX 问题,您怎么看?"这样既可维护对方积极性,又能有效控制谈话方向。

(6)开放式。这类提问给予面谈对象最大的回答自由,通常以"为什么""如何""什么"等词语引导。例如:"您是如何管理团队的?""对这个问题您有什么看法?""这次经历带给您哪些收获?"这类问题能收集到多元化的观点和信息。

(7)假设式。通过设定情境来考察面谈对象的能力和观点。例如:"如果遇到客户投诉,您会如何处理?""假设需要改进工作流程,您会考虑哪些因素?""面对突发情况,您的应对策略是什么?"这类问题特别有助于了解面谈对象的专业素养和应变能力。

b.提问控制

所谓提问控制,就是针对面谈的恰到好处的提问,也就是把握提问的数量和质量。

依据提问控制程度的不同对面谈进行分类

(1)非结构化面谈:没有详细的问题计划或框架,只需围绕面谈目的对可能涉及的领域做些准备。适用于劝告性面谈等非正式场合,但若时间允许,建议仍做好充分准备以提高效果。

(2)一般结构化面谈:具有相对完备的面谈计划和主要问题框架。如需深入了解,还应准备更详细的追问问题,但仅在面谈对象未主动提供所需信息时追问。

(3)高度结构化面谈:所有问题都事先准备妥当,并以相同方式向每个面谈对象提出,多为封闭式问题。常用于市场调查等需要系统比较的场合,对获取事实和调整策略效果显著。

(4)高度结构化标准化面谈:不仅问题全面安排,还预设多种可能答案供选择。例如:"棉纱价格下降,你会:多买、少买,还是保持现有购买量?"

5)适时记录

面谈时适当做笔记既能记录重要信息,也能让面谈对象感受到被重视,起到鼓励作用。但需注意,过多记录可能会分散注意力,影响谈话的连贯性,且即时笔记可能不够准确。对某些面谈对象来说，当面记录还会造成紧张情绪。

为有效记录关键信息，建议采用以下方式：在面谈过程中可简要记录核心要点，当遇到重要内容时，可礼貌说明："这点很重要，我需要记下来"。面谈结束后及时整理笔记，突出重点，剔除无关细节。无论即时记录还是事后整理，都要确保信息的准确性和完整性。

2. 面谈对象的技巧

面谈过程是一个双向沟通的过程。面谈对象的作用相当重要，必须掌握必要的技巧以有效地达到面谈目的。

1）明确目的

在面对没有预约的面谈时，面谈对象应该首先了解面谈者的意图，并迅速寻找应对策略。只有明确了面谈目的，有了思想准备，面谈时才不至于措手不及。

2）提供见解

面谈对象应该采取积极配合的态度，主动提供信息，贡献见解。当然，这是在不违背原则的前提下的相互沟通。如果有些问题不宜讨论，那么可以说明原因以取得对方的谅解。如果面谈经过预约，那么面谈对象要做好思想准备，要根据具体要求事先准备好必要的资料及相关的文件。若对面谈内容有质疑，则要及时提出。

3）合理安排时间

面谈时间一旦确定，双方都应严格遵守时间约定，确保预留充足的面谈时长。具体注意事项包括：提前预留缓冲时间，避免安排过于紧凑；若预估时间不足，应及时说明原因并重新协商；面谈过程中要留意时间进度，注意观察对方的时间提示信号，做到按时结束，避免超时影响后续安排。

4）积极反馈

在面谈过程中，积极运用反馈技巧具有重要作用：首先，它能促进双向理解，有效避免沟通误会；其次，通过及时反馈，面谈对象可以确认对方是否准确理解了自己的观点，同时也能验证自身接收信息的准确性。

12.2 演讲

12.2.1 演讲的相关概念

1. 演讲的概念

演讲就是演讲者在一定的情景下，通过一定的沟通媒介（有声语言和形体语言），面向广大听众进行信息交流的实践活动。

2. 演讲的特点

1) 鼓动性

鼓动性是成功演讲的重要标志,是演讲的显著特征。如果演讲失去鼓动性,也就不能称之为演讲。

2) 艺术性

演讲不仅是一项实用性强的实践活动,更是一门综合性艺术。其艺术性主要体现在:通过巧妙运用语言艺术、声音技巧和肢体表现等手法,将思想内容与表现形式有机融合,从而产生强烈的感染力。成功的演讲既能让听众在思想上产生共鸣,又能给人以美的享受,这正是演讲艺术的独特魅力所在。

3) 现实性

演讲是面向广大听众公开阐述自身观点、看法、主张和情感的活动,属于现实社会活动范畴。其现实性体现在演讲者的行动、演讲对象、演讲的表现形式等方面。

4) 工具性

演讲是人们沟通的工具。演讲者综合运用有声语言和形体语言向听众传递信息。任何类型的演讲,都有一定的目的,而演讲是达到演讲者目的的工具。

5) 情感性

演讲的核心在于以情动人。成功的演讲需要演讲者倾注真挚情感,通过情理交融的方式感染听众,达到演讲目的。这一过程本质上是情感的双向互动:演讲者需要根据演讲内容进展,在开场、主体、结尾等各个环节,通过语言表达和非语言行为(如表情、肢体动作等)自然地传递情感;同时,听众也会通过现场反应给予情感反馈,形成良性互动。正是这种情感的交流与共鸣,使演讲产生打动人心的力量。

3. 演讲前准备

要实现有效演讲,必须做好充分准备。在准备过程中应系统运用"5W1H"原则。

为什么演讲(why)。明确演讲目的和预期效果,确保所有内容都围绕核心目标展开。

对谁演讲(who)。分析听众的文化程度、知识背景、年龄结构、职位层级,以及他们对演讲主题的了解程度和参与态度。条件允许时,可提前进行相关系统调研。

演讲什么(what)。确定演讲主题时既要与相关人员充分沟通,又要系统规划内容要点和支撑素材。内容安排要符合听众需求,才能保持其专注力。

何时演讲(when)。预留充足的准备时间,包括演讲稿撰写和演示材料制作时间。

何地演讲(where)。最好提前实地考察演讲场地,若条件不允许,应向相关人员详细了解场地环境和设备配置情况。

如何演讲(how)。明确演讲形式,包括是否设置互动环节。若有问答环节,需预留时间并预判可能的问题,做好应答准备。

12.2.2　演讲结构

合理的演讲结构是演讲成功的基础,在确定了演讲提纲以后就要开始布局谋篇,设计演讲的结构,撰写演讲稿。确定演讲结构即是在提纲的基础上更深一步地推敲怎么开头、如何收尾、哪一部分是演讲的重点、哪些内容可以简单略过、怎样铺垫、怎样承接等。所以,确定演讲的结构是个复杂的过程。

1. 开场白

成功的演讲往往始于精彩的开场。开场白作为演讲的首要环节,其重要性不言而喻——若未能第一时间抓住听众注意力,后续的演讲效果将大打折扣。因此,掌握开场技巧是演讲者的必备素养。有效的开场白通常包含以下要素:简明扼要地介绍演讲背景,自然真诚地表达演讲者的心境,并巧妙建立与听众的情感连接。一般来说,成功的开场白要满足以下条件。

1)必须紧扣演讲的主题

演讲开场白的设计必须针对具体演讲内容来构思,没有固定模式。其核心要求是始终紧扣主题展开论述,避免引入无关内容,确保演讲结构的严谨性。对于包含多个主题的演讲,需要特别注意:明确各主题的主次关系,厘清它们之间的逻辑关联,并在开场白中体现整体架构。若忽视这些要点,将导致演讲结构混乱、重点模糊,使听众难以把握核心内容。

2)快速吸引听众的注意

开场白的主要目的是吸引听众的注意,激发听众的好奇心,为接下来的演讲铺平道路。下面简单介绍五种快速吸引听众的开场方法,演讲者应该综合考虑主题的内容、个人演讲的风格、听众的特点、周围的环境等因素,来决定采取什么样的方式开场。

(1)欲擒故纵开场。开场先顺着听众的情绪讲,待听众的情绪稳定之后,再慢慢陈述自己的观点,使听众在不知不觉之中,逐步接受演讲者的观点。例如,美国政治家与演说家亨利(Henry)在一次演讲中,是这样开始的:"诸位可敬的先生们已向议院提出了请愿,我比任何人都赞赏他们的才干和爱国之心。然而,对同一事物往往各人有各人的见地。虽然我的观点与他们截然不同,但当我毫无忌讳、畅所欲言时,但愿不被认为是对先生们的不恭。现在不是客气礼让的时候,议院所面临的问题是我们国家正处于兴败存亡之际。我认为……"。

(2)幽默自嘲开场。在开场白里,用诙谐的语言巧妙地自我介绍,会使听众倍感亲切,无形中缩短了与听众的距离。例如,胡适在一次演讲时这样开头:"我今天不是来向诸君作报告的,我是来'胡说'的,因为我姓胡。"话音刚落,听众大笑。这个开场既巧妙地介绍了自己,又体现了演讲者谦逊的修养,而且活跃了场上气氛。

(3)奇谈妙论开场。人云亦云的论调是很难引起听众的兴趣的,倘若说人未说,发人未见,用别人意想不到的见解引出话题,造成"此言一出,举座皆惊"的艺术效果,使听众急不可耐地听下去,就能达到吸引听众的目的。一上台就开始正正经经地演讲,会给听众生硬突兀的感觉,难以被人接受。不妨以眼前人、事、景为"媒介",巧妙过滤,将听众不知不觉地引入演讲之中。例如,一位司仪主持婚礼时,这样开头道:"阳光明媚,风轻云淡,在这美好的日子里,在这金秋的大好时光,我们迎来了一对情侣幸福的结合。"这里,司仪就眼前的天气说起,把听众很自然地引入正题。

(4)讲述故事开场。用形象的语言讲述一个故事以开场,会引起听众的莫大兴趣。例如,小米公司创始人雷军的一次演讲,是这样开始的:"两个月前,我参加了武汉大学今年的毕业典礼。今年是武大建校 130 周年,现场有 17000 多人,特别壮观。作为校友,被母校邀请,在毕业典礼上致辞,对我来说,这是至高无上的荣誉。站在讲台上,我面对全校师生时,激动万分,当年记忆全部涌现出来。1987 年,36 年前,我考上了武汉大学计算机系。我在图书馆里看了一本书——《硅谷之火》,建立了自己一生的梦想。看完这本书后,我热血沸腾,激动得睡不着觉。当天晚上,星光很亮,我在武大操场上,走了一圈又一圈,走了整整一夜。我心里有团火:我要创办一家伟大的公司。梦想之火,在我心里彻底点燃了。"这个故事,情节极为简单,叙述也朴实无华,但饱含的感情却是深沉的、丰富的。讲述故事时要遵循几点原则:要短小,不能成了故事会;要有意味,促人深思;要与演讲内容有关。

(5)制造悬念开场。在开场白中制造悬念,往往会收到奇效。例如,我党的早期革命家彭湃,一次到乡场上准备向农民发表演讲。怎样才能吸引来去匆匆的农民呢?他想出了一个好主意。他站在一棵大榕树下,突然高声大喊"老虎来啦! 老虎来啦!"人们信以为真,纷纷逃散。过了一会,才发现虚惊一场,于是都围上来责怪他。彭湃说"对不起,让大家受惊了。可我并没有神经病,那些官僚地主、土豪劣绅难道不是吃人的老虎吗?"接着,他向大家宣讲革命道理。

吸引听众的演讲开场法还有很多,如讲述新闻式、赞扬听众式、名言式、实物式等。总之,演讲者只有依据具体语境,灵活且富有创造性地选择最恰当的开场方式,才能设计出赢得听众赞扬的开场白。

3)与听众建立良好的关系

俗话说:良言一句三冬暖,恶语伤人六月寒。成功的开场白能够有效沟通演讲者与听众的情感,让听众自然产生好感。精心设计的开场可以用简洁的语言拉近双方距离,建立情感共鸣。演讲者可以通过以下方式实现这一目标:真诚赞美当地的文化、历史或风土人情;寻找与听众的共同点来增进亲近感。需要注意的是,任何赞美都必须发自内心,保持自然真诚;同时要把握好分寸,避免过度。共同点的选择也要恰当合理,解释要令人信服,这样才能真正达到建立良好关系的目的,为后续演讲的成功奠定基础。

4)开场白力求简短

开场白要尽量简短,不要在演讲内容的主体没展开前阐述得过多。因为演讲时间的限制,演讲者要把握好各部分的时间安排,不能使人产生头重脚轻的感觉。

2.演讲内容的主体

演讲内容的主体是演讲的核心,既要自然地紧承开场白,又要使主题清晰、层次清楚。在主体部分,演讲者综合运用各种方式,以达到传递信息、说服或感染听众的目的。演讲内容的主体要满足以下几个基本的条件。

1)主题明确

演讲的主题贯穿于主体部分,是演讲的灵魂,是演讲者观点的浓缩与提炼。偏离主题就会使演讲黯然失色。要使主题突出,最好在演讲中只安排一个主题、一个中心。特别是对于初始演讲的人来说,难以驾驭多个主题,不妨把精力放在一个主题上尽量阐述得清楚明白。演讲者在阐述主题时要使用强有力的材料加以说明,这样也会使听众理解得更加透彻。

2)层次分明

演讲内容的组织安排是每个演讲者必须面对的重要问题。如果演讲缺乏清晰的层次结构,内容主次不分,演讲者就容易东拉西扯,导致听众如坠云雾,难以把握核心观点。成功的演讲需要做到条理清晰、重点突出,给听众留下良好印象。同时,由于演讲是口头表达,声音转瞬即逝,因此各部分的层次关系不宜过于复杂。优秀的演讲者通常能在脑海中构建一幅立体的、层次分明的演讲结构图,这种对内容层次的把握能力直接影响演讲效果。

3)高潮突出

优秀的演讲应当避免平铺直叙,而要通过情感共鸣形成高潮。演讲高潮是演讲者与听众情感高度共鸣、双方情绪最为振奋的时刻。在经过层层论证和分析后,演讲者需要用简洁有力的语言和鲜明的态度,向听众明确表达自己的立场。高潮部分往往是演讲主题最为突出的部分,此时演讲者的情感最为强烈,语言最具感染力。

3.演讲内容主体的结构

大多数演讲都是按照提出问题、分析问题和解决问题的思路进行的。演讲者根据演讲的内容、主题和演讲者的动机确定主体结构。

1)纵向结构

纵向结构的演讲可分为两种形式:直叙式和纵进式。直叙式按照事件发生、发展的自然时间顺序展开,其特点是脉络清晰、主次分明,能够直观展现事件的来龙去脉。运用此方式时需注意避免平铺直叙,要突出核心主题。纵进式则依据认知逻辑层层递进,通常采用"现象描述—分析论证—总结结论"的结构模式,遵循由表及里、由浅入深的思维规律。这种结构形式通过系统分析现象、深入剖析原因,得出明确结论,具有论证严密、说理透彻的特点,符合人类的一般认知规律。

2)横向结构

横向结构是指演讲内容可以按照事物的组成部分、空间分布或归纳关系等不同维度展开。这种结构特别适合用于阐述具有多重属性的事物,能够帮助演讲者从不同角度、不同层面全面深入地解析主题,使听众获得更清晰完整的理解。

3)纵横结合结构

纵横结合结构是指在演讲中同时兼顾时间发展顺序和事物内在性质及联系的组织方式。具体可分为两种形式:一是先横后纵式,能够清晰阐述复杂内容;二是以纵带横式,以时间发展为经线,以事件矛盾焦点为纬线,实现经纬结合。这种结构既保持了时间脉络的清晰性,又深入展现了事物之间的本质联系,使演讲内容既系统全面又重点突出。

4. 演讲的结尾

演讲的结尾和开场白一样重要,结尾在一场演讲中具有战略性的作用。精心设计的结尾能使演讲达到"余音绕梁"的效果。结尾部分通常也是最容易被听众长久记忆的部分。精彩的演讲结尾要起到概括演讲的主题、再次表明演讲者的观点看法,使听众意犹未尽、遐想不止的作用。演讲结尾的类型主要有以下几种。

1)总结概括式结尾

总结概括式结尾适合于篇幅长、内容多的演讲。演讲者在演讲结束前,用简明扼要的语言对已阐述的思想和观点作一个高度概括性总结,突出重心、强化主题,给听众留下完整深刻的印象。这种结尾方式能使演讲首尾呼应,起到画龙点睛的作用。

2)感召式结尾

感召式结尾通常以发出号召或提出请求的方式结束演讲,例如呼吁听众把握时机、立即采取行动等。优秀的演讲者往往能在结尾时以饱满的激情感召听众,激发听众立即行动的意愿。运用感召式结尾需要注意以下原则:首先,要明确告知听众具体需要做什么;其次,号召的事项应在听众能力范围之内;最后,要确保听众能够方便地根据号召采取实际行动。

3)抒情式结尾

这种结尾通常是演讲者在讲述生动事例后有感而发的自然收尾。抒情式结尾能够给听众留下意犹未尽的感受,促使听众在演讲结束后继续深入思考相关问题,从而达到更好的传播效果。

工作任务书

任务:我想说学习是为了——		
项目	任务描述:以演讲的方式开展3分钟公开发言,演讲的主题就是"我想说学习是为了——"	教师打分
理论分析	可行性分析(学生课前填写)	
解决方案	(学生课前填写)	
优化方案	总结提升(学生课后填写)	
任务反思	比较研究(学生课后填写)	

案例分析

竞聘演讲

小沈就职于某银行A市分行。每年年初,该分行都会进行干部竞聘,流程为报名、笔试、公开演讲竞聘。其中,报名和笔试主要用于资格审核,而公开演讲竞聘是关键的竞争环节,其分数占比超过60%,是候选人竞争的重中之重。公开演讲竞聘的具体程序是:先进行10分钟的个人演讲,随后从15道必答题中随机抽取一道作答,最后接受评委自由提问。今年的竞争格外激烈,仅推出一个支行副行长的岗位。小沈通过报名和笔试环节后,将与其余6人共同竞争该岗位。

为在演讲竞聘中取得好成绩,小沈认为需要重点做好以下几方面工作:首先要对评委进行深入分析;其次要研究竞争对手的特点,突出自身优势;最后要根据分析结果,精心准备具有特色的演讲内容。

1.对评委的分析

本次演讲竞聘的评委主要由分行行长、该支行行长、零售业务部处长及部分其他支行行

长组成,他们是评分和提问的关键决策者。根据小沈的分析,评委主要关注以下几个维度:

(1)战略视野:考察竞聘者分析问题的广度和深度;

(2)管理能力:评估工作思路的清晰度、过往业绩表现;

(3)综合素质:关注个人品格及发展潜力;

(4)团队融合:重视与现有领导班子的协作能力;

(5)业务能力:侧重岗位适应性和创新开拓能力。

2.对竞争者的分析

参加本次演讲竞聘的人员主要分为三类。一类是在基层银行工作多年,目前职务为见习副行长或行长助理,有3位;一类是在分行重要部门工作,学历为博士(小沈所在分行唯一的一位博士),职务是处长助理(是小沈的直接上司);还有一类是在分行职能部门工作多年,职务是科长,共3位(包括小沈)。

按照SWOT分析法的要点,小沈对其竞争优劣势进行了分析。

1)优势(strengths)

(1)与分行行长接触较多,在分行职能部门人缘较好;

(2)有十多年的职能部门工作经验,具有较强的宏观意识和管理经验;

(3)有一定的工作业绩,曾获得多类奖项。

2)劣势(weaknesses)

(1)缺乏具体基层业务操作经验;

(2)缺乏基层管理的经验。

3)机会(opportunities)

(1)面试官大多数与小沈相熟,主持演讲竞聘的副行长是小沈所在部门的前处长;

(2)目前演讲竞聘过程相对透明,尤其是演讲环节对行内公开,有很多人旁听,如果表现出众,在民意上会取得优势。

4)威胁(threats)

(1)3位竞聘的科长中,在资历、能力、学历上小沈完全占优势,但是在基础工作经验方面其有所欠缺;

(2)提供竞聘岗位的支行本身有1位见习副行长、1位行长助理参加竞聘,他们竞聘成功的概率较大;

(3)小沈的直接上司也参与竞聘,给小沈竞聘成功带来很大的威胁。

根据SWOT分析来看,演讲竞聘还是相当重要的,只要在这一关上能够达到"出挑"的效果,最后成功的希望还是很大的,因此小沈认真分析以后,决定全力投入这次演讲中。

3.演讲准备和演讲过程

评委建议小沈要注意以下几个方面:

(1)不要过多谈论到岗后的具体工作安排,而应重点强调自己作为副行长的辅助作用;

(2)回答问题时需从内部管理和外部环境两个维度进行分析;

（3）评委提问可能更关注宏观战略层面，较少涉及具体操作细节；

（4）脱稿演讲的效果通常优于照本宣科。

根据评委的建议并结合自身情况，小沈进行了全面系统的准备：首先将演讲稿划分为三个主要部分，分别阐述个人工作经历、核心能力特点及对竞聘岗位的理解；其次对演讲稿内容进行反复背诵直至完全掌握；同时参考各类应聘指导书籍，预先准备可能遇到的问题；最后还就必答题的参考答案与业内资深专家进行深入讨论，进一步提升回答的专业性和深度。通过这一系列周密的准备工作，小沈在正式演讲前已经做好了充分准备，对竞聘成功充满信心。

在演讲过程中，小沈巧妙地运用了引导策略。当谈及对岗位的理解时，他特意表示"由于时间关系，这部分内容不便详细展开"，以此激发评委对该话题的关注。正如预期，在自由提问环节，评委果然就此提出相关问题，而小沈早已做好充分准备，给出了系统完整的回答。

思考题：

（1）分析小沈所做的准备工作是否全面？你从小沈的准备工作中得到哪些启示？

（2）根据自己的实际演讲经验，分析总结还有哪些可以使用的演讲技巧？

下 篇

商务礼仪篇

第 13 章

求职应聘知礼仪

学习目标

知识目标：掌握求职应聘各阶段礼仪知识，明晰简历撰写、面试沟通等环节的规范要点。

能力目标：能够运用所学礼仪知识，规范准备应聘材料，开展面试沟通，具备应对不同求职情境的实操能力。

价值目标：树立正确求职礼仪意识，培养尊重他人、专业规范的职业素养，以得体礼仪展现个人价值与职业态度。

工作情境

安琪就读于某大学市场营销专业，即将大学毕业了。她在网上找到了几家心仪的公司，准备将自己的求职信和简历投递过去，希望能得到面试的机会。

问题：安琪应该如何撰写简历呢？如果她得到了面试的通知，又应该做哪些准备呢？

名人名言

人的一切都应该是美的：面貌、衣裳、心灵、思想。

———契诃夫（Chekhov）

内容导航

求职应聘知礼仪	简历撰写及投递	简历撰写
		简历投递
	渠道响应策略及面试前准备	渠道响应策略
		面试前信息、形象、物料的准备
	面试现场礼仪	守时
		仪态举止
		面试沟通
		面试结束

求职应聘知礼仪	面试后的感谢信及沟通	感谢信
		后续沟通
	小组面试及其礼仪	小组面试
		小组面试礼仪

知识模块

在职场竞争的赛道上,求职礼仪是每位求职者必备的"通关密码"。初次见面时,得体的着装、真诚的微笑与自信的问候,能在短短几分钟内塑造良好的第一印象,心理学中的首因效应证实,这一印象直接影响后续交流与评价。

礼仪更是专业素养的直观体现。面试时准时到场、专注倾听、条理作答,这些细节不仅彰显职业态度,更向招聘方传递了严谨负责的工作作风。尊重作为礼仪的核心要求,贯穿求职应聘的全过程,在求职中认真研读招聘信息、了解企业文化、尊重面试官的提问,既能展现个人修养,也能拉近与招聘方的距离。

无数实践证明,注重礼仪的求职者往往更易脱颖而出。掌握求职应聘的礼仪规范,不仅是对他人的尊重,更是为自己赢得职业发展机会的重要保障。

13.1 简历撰写及投递

13.1.1 简历撰写

简历是求职者在职场的"第一张名片",其撰写质量直接体现职业态度与专业能力。简历制作的基本准则是遵循规范格式、确保内容真实、突出核心优势、杜绝低级错误。

1. 格式规范

简历格式规范能形成较专业的视觉印象。一般情况下,简历布局应简洁清晰,建议采用包括标题、基本信息、教育背景、实践经历、技能证书等内容的通用框架,避免过度花哨的设计。标题建议为"个人简历"或"求职简历";实践经历时间线一般按倒序排列,即最新经历前置;各模块标题层级分明,展现条理化的思维逻辑。

2. 内容真实

坚守诚信是一名求职者应该遵循的职业底线。简历内容必须真实准确,严禁虚构学历、夸大职责或伪造业绩。教育背景须完整填写院校全称、专业名称及学制;实践经历应如实描述岗位名称、任职时间与具体工作内容。对项目成果的表述可采用包含行为动词、具体任务、量化结果内容的 STAR 原则,比如"主导市场调研项目,带领 XXX 人团队完成 XXX 份问卷分析,推动产品优化方案落地",用客观数据替代模糊表述,既可体现诚信态度,也可增强内容可信度。

STAR 原则

STAR 原则作为结构化面试的核心评估框架,要求求职者通过情境(situation)、任务(task)、行动(action)、结果(result)四要素系统化展示自身能力。该原则首先需描述事件所处的客观背景(如市场危机或团队瓶颈),进而明确个人在该情境中承担的具体目标(例如"三个月内提升用户留存率");随后重点阐述为达成目标所采取的关键行动(如设计用户反馈系统并优化产品迭代流程),最终必须以量化数据呈现行动成效(如留存率提升 25%、获客成本降低 30%)。

3. 重点突出

根据目标岗位要求筛选核心信息,精准匹配岗位需求,避免堆砌无关经历。例如应聘技术岗时,应重点呈现专业课程成绩、项目经验及相关证书;应聘管理岗则侧重团队协作、项目统筹等经历。建议在个人优势或岗位匹配度模块,用 3~5 条短句直接点明与招聘要求契合的核心能力,比如"具备 XXX 年跨境电商运营经验,熟练使用 XXX 软件分析用户行为,实现店铺复购率提升 XXX%",让面试官快速捕捉关键价值点。

人职匹配理论

人职匹配理论是现代人才测评的重要理论基础,其核心观点是人的个性特征与职业特性应当相互契合。该理论认为:首先,个体在能力、知识、性格、气质等维度存在显著差异;其次,不同职业因工作内容、环境条件、作业方式等差异,对从业者的素质要求也各不相同。因此,在职业选择时,应当充分考虑自身特质与职业要求的匹配程度,选择最适合个人发展的职业方向。这种科学的匹配方式既能提升工作绩效,也能促进个人职业发展。

现今影响力最大的两大人职匹配理论,分别为特性-因素理论、人格类型-职业匹配理论。

1. 特性-因素理论

特性-因素理论认为,个体在心理和行为层面普遍存在差异,每个人都具有独特的能力结构和人格特质。这些特性与特定职业要求之间存在客观的对应关系。该理论包含三个核心要点:首先,不同人格类型都有其最适合的职业领域;其次,职业选择是每个人都享有的平等权利;最后,通过科学的测评工具可以准确测量个体的各项特质。

特性-因素理论的核心在于强调个人特质与职业所需素质(因素)之间的协调匹配。该理论高度重视人才测评的作用,将其作为职业指导的前提,主张通过科学测评深入了解个体的特性。该理论不仅奠定了现代人才测评的理论基础,更有效推动了人才测评技术在职业选拔与指导领域的应用和发展。

2. 人格类型-职业匹配理论

美国心理学家霍兰德(Holland)将人格分为六中类型,每种对应适配职业如下。

1)现实型

偏好解决具体事务,擅长动手实践,典型职业如机械师、电气工程师、农林从业者等。

2）研究型

注重逻辑分析，求知欲强，偏好独立解决抽象问题，适合从事科研、数据分析、学术研究类工作。

3）艺术型

重视自我表达与创造性，适合从事文学、艺术设计、音乐创作类工作。

4）社会型

重视社会价值，擅长人际互动与情感支持，典型职业如教师、心理咨询师、社区工作者等。

5）企业型

富有冒险精神，以目标为导向，具有领导潜质，典型职业如企业高管、项目经理、市场总监等。

6）传统型

注重秩序与精确性，擅长结构化数据处理，典型职业如行政文员、会计专员、档案管理员等。

霍兰德人格类型-职业匹配理论为职业规划提供了重要参考框架，该理论强调人格类型与职业环境之间并非绝对的一一对应关系。个体虽多具有主导人格类型，但普遍存在适应多类职业环境的能力。当个体人格特征与相邻类型具备较高兼容性时（如现实型与研究型），其职业适应范围可延伸至相关职业领域，这体现了霍兰德六边形模型中相邻类型的关联性。同时需注意，每种人格类型都存在本质排斥的职业环境。

根据该理论，职业选择的最佳状态是找到与个体人格类型相契合的职业环境。在这种匹配环境下工作，个体更容易获得职业满足感，并充分发挥自身才能。因此，在职业指导实践中，首先需要通过科学的测评方法确定个体的人格类型特征，进而寻找与之相匹配的职业领域。这一理论体系强调了科学测评在职业规划中的重要性，为人才选拔和职业发展指导提供了理论基础。

4. 细节严谨

简历中的错别字、语法错误或格式混乱，会直接暴露求职者的粗心态度。完成简历初稿后，需逐一校对文字、标点符号、日期格式及数字书写规范，建议采用电脑初审、人工通读、他人复核的三重检查法。对于英文简历，需注意时态一致性，过去经历用过去式，当前经历用现在式。另外，也要注意专业术语的准确性，确保语言表达的简洁性和规范性。

13.1.2　简历投递

简历投递作为求职流程的关键环节，其规范性直接体现求职者的职业素养，并直接影响求职材料的有效传达与接收成功率。为提升投递效率，须严格遵循三大核心准则：格式合规确保文件可读性、附件命名体现专业度、邮件主题精准传递信息。同时，求职信礼仪需匹配目标企业风格。

1. 简历格式合规

简历须严格遵循招聘方指定格式提交。无特殊要求时,优先采用 PDF 格式以确保排版完整性与跨设备兼容性(尤其适用于含图表、复杂排版的简历);若岗位明确要求 Word 格式,则需保存为.docx 通用版本并验证字体/段落跨软件显示一致性。所有格式均需控制文件大小,避免影响传输与下载效率。

2. 附件命名规范

附件命名可采用"姓名＋岗位＋简历"标准化结构(例如:张三＋市场专员＋简历),严禁使用"我的简历"等模糊名称。关键原则:附件名称需与邮件主题、求职信标题统一,便于招聘方归档及检索。

3. 邮件主题精准

邮件主题需简洁明了地传递核心信息,推荐采用"【应聘＋岗位】姓名＋联系方式＋信息来源"的结构,如"【应聘＋行政主管】王芳＋138XXXX5678＋前程无忧"。若为内部推荐,可注明推荐人信息,以增强可信度,比如"【推荐】李华＋财务分析师＋张XX经理推荐"。避免使用空白主题或堆砌无关词汇,确保招聘方在收件列表中一眼捕捉关键信息,降低漏读概率。

4. 求职信礼仪

若招聘方要求提交求职信,须遵循正式商务信函格式并注意以下要点。

1)称谓精准化

通过官网/公告查询收件人姓名,精准称呼,如"尊敬的李经理",避免笼统使用"尊敬的领导"等模糊称谓。

2)正文逻辑规范化

明确应聘岗位及信息来源,中间段落以岗位需求为导向,用 STAR 案例证明匹配度,结尾简洁致谢并表达入职期待。

5. 投递前校验

①确认附件是否添加且格式合规;②邮件正文简述求职意向,严禁空白或复制简历内容;③投递时间选择工作时段;④通过招聘平台投递时,同步检查简历在线填写信息与附件是否一致,确保所有信息准确无误。

13.2 渠道响应策略及面试前准备

13.2.1 渠道响应策略

面试邀约是求职双方建立正式联系的起点,其中的礼仪规范不仅体现求职者的响应能力,更直接影响招聘方对候选人职业素养的初步判断。在这一阶段,需重点把握及时响应、信息确认、礼貌沟通三大核心原则,为后续面试环节奠定专业基础。

1. 电话邀约:即时应答与信息锚定

接到面试邀约电话须 10 秒内启动响应协议:优先清晰自报身份并致谢("您好,我是XXX,感谢来电");若处干扰环境则主动说明困境并承诺精准回电时限(例:"当前会议中,可否 11:05 回拨?烦请谅解"),此举通过时间锚点传递职业素养。

接听面试邀约电话时要边听边记清所有重要信息:具体面试时间、面试形式(如果是线上面试要记清楚面试平台和进入方式,线下面试要记清楚面试地点)、联系人信息(姓名+部门+电话号码)。挂电话前务必重复核对信息(比如问:"跟您确认下,15 号下午 2 点在 XXX大厦的 XXX 层,找王经理,电话是 138XXXXXXXX,对吗?"),最后一定要明确表示会准时参加(可以说:"我一定准时到,再次感谢您通知!")。这样全程认真记录+主动确认,能保证信息不出错。

2. 邮件邀约:24 小时确认制

收到面试邀约邮件后,一般需在 24 小时内回复确认,回复主题建议采用"【面试确认】姓名+应聘岗位"模式,比如"【面试确认】李四+人力资源专员",确保招聘方快速识别。正文可明确以下关键信息。

1)致谢开场

开门见山表达感谢,比如"感谢您发来的面试邀约,很高兴获得此次面试机会"。

2)信息核对

在信息核对时,可以逐条列明收到的关键信息,比如"根据邮件内容,面试时间为 6 月 20日上午 10 点,形式为线下面试,地点为 XXX 大厦 A 座 1502 室,联系人为张经理,电话为010-XXXXXXX"。若有模糊处,如线上面试未说明进入方式,可礼貌询问,如"请问线上面试的会议链接是否会在近期补发?"

3)履约承诺

回复邮件时可明确表达按时参加的意愿,比如"我确认按时参加面试,并会提前 10 分钟到达现场(或调试好设备)。"

4)特殊情况说明

如需调整面试时间,需先致歉再说明原因,并提供 2~3 个备选时间,展现解决问题的主动性,比如"因学校毕业典礼与面试时间冲突,能否申请将面试调整至 6 月 21 日上午或下午?若有其他可选时段,我会积极配合。"

3. 沟通原则

无论电话或邮件沟通,均应遵循简洁高效、重点突出的原则。在沟通中避免冗长表述,直接围绕面试相关信息展开,如需调整安排,要以尊重对方时间为前提,同时提供解决方案而非单纯提出问题。即使因某些原因无法参加面试,也需及时回复说明,比如"非常抱歉,因个人职业规划调整,暂时无法参加此次面试,感谢您的关注,期待未来有机会合作。"

4. 总结

面试邀约可以看作是面试前的预考核,通过候选人的响应时效、信息处理精度及沟通策略三大维度,预判其岗位适配性。候选人以秒级反馈彰显责任意识,以闭环信息核验投射严谨态度,更以弹性协调能力外化问题解决潜能,这些行为共同构建出招聘方对求职者面试准备度的核心评估框架。

13.2.2　面试前信息、形象、物料的准备

1. 信息准备

面试前开展系统且全面的信息收集与分析工作,既能展现求职者的专业态度,又有助于精准契合岗位需求,助力求职者以最佳状态应对面试挑战。

1)深入研究目标公司

全面了解目标公司,是面试准备的基础环节。求职者可借助目标公司官网、官方社交媒体账号、新闻报道等渠道,重点掌握目标公司发展历程、业务范围、企业文化等信息。同时,关注目标公司近期动态,像新产品发布、重要合作项目、荣获的荣誉奖项等,把这些信息融入面试回答,以此体现对目标公司的关注度与认同感。此外,还需理解目标公司的核心价值观,判断自身理念是否与之契合,为面试中展现文化适配性做好准备。

2)精准剖析岗位

对招聘岗位要求进行分析,是信息准备的核心。要仔细研读岗位描述,梳理出岗位所需专业技能、工作经验、素质能力等关键要素。还可通过招聘网站查询同类岗位描述,总结行业内该岗位的普遍要求,明确自身优势与岗位需求的匹配点。针对岗位职责描述里的关键词,提前准备相关案例,在面试时用实际经历证明自己具备对应能力,提升岗位适配度。

3)确认面试路线或链接

对于线下面试,需提前规划出行路线。利用地图软件查询从出发地到面试地点的最佳交通方式,计算所需时间,预留至少 30 分钟缓冲时间,应对可能出现的突发状况,保障准时到达。若条件允许,提前实地考察面试地点周边环境,熟悉附近标志性建筑,避免因查找面试地点耽误时间。线上视频面试则要在收到面试链接后,第一时间进行测试,确认链接有效。

4)调试视频面试的设备

视频面试时,设备状态直接影响沟通效果。提前检查电脑或手机的摄像头、麦克风、网络连接是否正常。同时准备备用设备和网络,如平板电脑、移动热点,以防主设备或网络故

障。另外,调整设备摆放位置与角度,保证画面清晰、光线充足,营造整洁、安静的面试环境,展现专业形象。

2.形象准备

1)着装礼仪

应届生面试着装需在专业形象与学生身份间找到平衡,既体现对职场规范的尊重,又保留校园青年的朝气与真诚。相较于职场人士,应届生着装可适度融入校园元素,但需避免随意感,通过细节传递积极信号。

(1)着装要考虑行业适配性。若应聘金融、法律等行业的岗位,应届生应着正装,展现稳重可靠的职业形象。若应聘互联网、快消或和创意类岗位,可采用轻商务风格,在专业感中融入青春活力元素。若应聘教育、医疗、制造领域的相关工作,教育类可选择浅色系衬衫配半身裙或西裤,体现亲和力与端庄感;医疗类应避免过于花哨的服饰,以素色套装为主,展现专业与严谨;制造业技术岗可选择工装风格的深色系长裤与简约 Polo 衫,搭配舒适的休闲皮鞋或稍显正式的运动鞋,突出务实与行动力。

(2)着装可融合校园特色。应届生可适度保留学生元素,在配饰或细节处体现校园特色,比如佩戴校徽样式的胸针等,既彰显身份又不过于幼稚。同时,需注重衣物的整洁度,确保衬衫无褶皱、皮鞋无灰尘,传递认真细致的态度。

另外,要注意的是要避免刻意成熟,无需选择过于老气的服饰。剪裁合身、款式简洁的基础款更显自然,避免因不合身的正装而显得局促。

(3)饰品佩戴。面试时的饰品应以"少而精"为原则,避免过于华丽或夸张的款式。男士可佩戴简洁的手表,展现时间观念与职业素养;女士可选择珍珠耳钉、细项链等简约饰品,避免佩戴大耳环、多层手链等饰品。同时,需确保饰品无晃动声响,以免干扰面试过程。

2)仪容礼仪

面试仪容礼仪通常要求整洁、专业、得体,通过个人形象细节传递职业态度,避免因细节疏漏影响整体印象。

(1)发型。无论是男士还是女士,面试发型都应保持整洁利落。一般情况下,男士发型长度适中,前不过眉、侧不遮耳、后不触领,避免夸张的发型设计;若留有胡须,需修剪整齐,保持干净清爽。女士长发建议束起或盘起,避免披散而遮挡面部;短发需打理整齐,碎发可用发胶固定,展现干练形象。发色以自然色系为宜,过于鲜艳的颜色可能会削弱专业感,除非应聘一些创意类的岗位。

(2)面容。男士保持面部清洁,可用温和的洁面产品清洁面部油脂,避免油光满面。女士可根据岗位需求选择妆容风格,若应聘金融、法律等行业的岗位,可化自然淡妆,以提升气色为目标,避免浓妆艳抹;若应聘创意、时尚类岗位,可在妆容上适度展现个性,但仍需保持整体协调,避免夸张造型。

面试时注重仪容细节,不仅是对面试官的尊重,更是求职者职业形象的重要组成部分,有助于在面试中留下良好的第一印象。

3. 物料准备

面试前的物料准备能体现求职者对面试的重视程度,这不仅是应对面试流程的工具储备,更是专业态度与细节意识的展现。一般可准备简历副本、实用纸笔等,如果应聘创意类或技术类岗位也可准备适配作品集。

1)简历副本

建议根据面试官人数预判,至少携带 3 份简历,群面可增至 5～6 份,采用与网申版本一致的最新版,确保内容与招聘岗位高度匹配。简历避免褶皱或墨迹模糊,建议装入透明文件夹或硬质文件袋,保持平整整洁;若岗位涉及外语能力要求,可额外准备与中文简历版式统一的英文简历。

2)实用纸笔

建议准备好笔记本和笔,做好面试记录准备。一般准备 2 支黑色签字笔和 1 支铅笔(用于可能的图表绘制或草稿);携带的笔记本内页留白充足,便于快速记录面试官提问要点、关键数据或突发灵感。

3)作品集

作品集是专业能力的可视化证明,在应聘一些创意类或技术类岗位时,可以提前按岗位需求筛选核心成果,比如设计师可收录包含需求分析、设计思路、最终方案及数据反馈的几个完整项目的资料,程序员可整理出独立开发项目的演示视频等资料。建议提前与招聘方确认是否需要演示;如需使用电子设备演示,应确保所带设备电量充足,并提前检查相关软件能否正常运行,避免因设备故障影响演示效果。

13.3　面试现场礼仪

13.3.1　守时

守时是面试现场礼仪的首要准则,本质是对招聘方时间的尊重及个人责任意识的展现。

1. 线下面试

1)提前抵达

一般需在约定时间前 10～15 分钟到达面试地点,预留缓冲时间应对额外事宜,如登记信息等。若遇特殊情况预计会迟到,需第一时间致电招聘方致歉并说明原因。

2）前台登记与等候规范

到达后向接待人员礼貌问候，按照接待人员指示进行信息登记，按指引在等候区就座。等候期间保持安静，不随意翻看办公区域资料，不高声打电话或与其他候选人闲聊，可翻阅自带的面试资料，展现专注态度。

2. 线上面试

1）提前调试设备和布置环境

一般需提前 5 分钟登录面试平台，进行摄像头、麦克风等的测试。背景可选择纯色墙面或整洁书架，使光线从正面照射，避免逆光导致面部过暗；桌椅高度调整至摄像头与面部齐平，确保上半身形象端正。

2）礼仪细节

面试期间关闭手机铃声、电脑弹窗通知，避免宠物、家人闯入镜头；若使用耳机，宜选择无耳麦线的入耳式或头戴式，避免耳麦线缠绕；坐姿保持腰背挺直，不频繁晃动身体或低头看稿。

13.3.2　仪态举止

面试中的仪态举止是无声的职业语言，通过坐姿、站姿、眼神、手势与表情的协同配合，传递自信、专注与尊重的职业形象。

1. 坐姿

入座时需轻稳落座，腰背挺直，展现积极倾听的姿态。面试时一般采用标准坐姿，男士双腿分开略窄于肩，双手自然交叠放于大腿中部或桌面；女士双腿并拢斜放或脚踝交叉，双手叠放膝盖或桌面，手腕自然下垂。

2. 站姿

面试中的站立场景主要出现在问候、告别或起身递交资料时，常见的站姿要求：男士双脚平行分开与肩同宽，双手自然下垂，或于身前交叉相握；女士双脚呈"V"字形或"丁"字步（一脚脚跟靠另一脚足弓处），双手交叠轻放于腹前，一手掌心握住另一只手四指。

良好的站姿能体现出求职者的精神风貌，挺拔的姿态可以彰显自信，要避免驼背含胸、左右摇晃、单手插兜或身体倚靠桌椅等面试不良站姿。

3. 眼神

倾听时应与面试官保持目光交流，回答时重点注视主面试官，每说完一个观点可自然环视其他面试官。若遇压力性问题，保持视线稳定不躲闪，若思考可短暂垂目注视桌面以调整思路，但需快速回归，展现从容应对的状态。

4. 手势

手势是语言表达的辅助工具,需自然适度且与所表达内容匹配。

5. 表情

面部表情需与面试时的沟通场景适配,避免表情滞后或过度管理。一般倾听时可以嘴角微扬、适时点头、眉眼自然舒展;回答时根据内容调整表情,遇尖锐问题时先微笑再回应,争取思考时间,避免皱眉、撇嘴等负面微表情。

13.3.3 面试沟通

面试沟通是通过有效倾听、精准表达、策略提问来构建专业对话场景的。遵循沟通逻辑与礼仪规范,既能传递自身与岗位的适配性,又能体现职场人必备的沟通素养。

1. 倾听

有效倾听需身体、心理、行为三重专注:身体语言方面,应保持腰背挺直微向前倾,手持笔于本上记录关键词,避免手指敲击桌面或频繁看表;心理投入方面,需运用 3R 倾听法——receive(接收信息)、reflect(复述确认)、respond(适时回应)。

面试官发言时,即使观点存疑,也需待对方发言结束后再礼貌回复,打断发言是沟通礼仪的大忌。另外,要避免假性倾听,比如目光游离却假装点头。

2. 表达

面试表达需兼顾简洁性、条理性与真诚度:语言应精练准确,避免冗余赘词;阐述时使用逻辑词(如"第一、第二"或"首先、其次")分层展开观点;回答须自然流畅,杜绝背诵痕迹,合理嵌入细节佐证关键内容以提升表述清晰度。

3. 提问

提问环节需围绕岗位认知、个人发展与企业价值的关联性展开。

问题范例

岗位适配类:"这个岗位在未来 6 个月的关键绩效指标是什么?我过往的 XXX 经验可否直接支撑目标达成?"

团队协作类:"该岗位所在团队的日常协作模式是怎样的?是否有跨部门合作场景?"

企业发展类:"根据贵公司年报,贵公司海外市场拓展计划对该岗位的能力要求是否会有新的变化?"

4. 应答

收到问题后需先识别类型(如经历类、观点类、情景类或压力类),针对性调整应答策略。

若被问及压力类问题（例如"最大缺点"），需转化为体现自我成长的表述（如："我曾在 XXX 领域经验不足，但通过 XXX 学习计划，目前 XXX 能力已得到较大提升"）；同时避免两种误区——答非所问（偏离问题核心）与过度展开（冗长，偏离重点）；此外，能用数据佐证的内容须优先量化说明（如："通过流程优化将效率提升 30％"）。

5. 避免负面评价

谈论过往经历时须杜绝负面表述，聚焦建设性反思，切忌指责前公司管理混乱、领导不专业或同事推诿（易引发招聘方对求职者职业成熟度的质疑）。若被问及离职原因，可强调发展匹配度问题（如："前公司业务方向与我职业规划中的 XXX 领域存在差异，而贵司的 XXX 平台更契合我的 XXX 专长"）；在描述经历时，侧重经验萃取式表达（如："该经历让我掌握了供应链风险预判方法，现已应用于开展季度风险排查"）。

13.3.4　面试结束

面试结束时应得体离场，通过细节传递良好的职业态度。

1. 表达感谢

面试结束时，需主动向面试官表达谢意，配合微笑与目光接触，若面试官起身握手应及时回应，避免敷衍式感谢。

2. 后续流程询问

若面试官未提及后续安排，可以礼貌、关注的语气询问。例如"请问后续流程的时间节点大概如何安排？我是否需要提前准备补充材料？"

询问时需注意语气和时机，展现对岗位的深度关注态度。一般在面试官明确表示面试结束后再提问，避免打断面试官总结性发言。若涉及多轮面试，可追问："如果顺利进入下一轮面试，主要考察的能力方向是？"

3. 离场礼仪

离场时需轻推座椅归位，整理桌面物品（如有），起身后向全体面试官点头致意并进行视线致意，展现对面试官团队的尊重。

1) 线下面试

若有引导员则跟随离场；若无，需礼貌确认出口方向。离场时轻关房门。

2) 线上面试

待面试官主动结束通话后再退出系统；若遇设备故障或紧急事务需提前离场，须即时说明情况。

13.4　面试后的感谢信及沟通

13.4.1　感谢信

面试结束后,若需要进一步跟进,可在 24 小时内发送感谢邮件:内容需简洁专业,重申求职兴趣与岗位匹配度。

感谢信的结构

主题:【XXX 岗位面试感谢】姓名＋日期(如:【市场营销专员面试感谢】张三＋2025.05.25)

正文范文:

尊敬的 XXX 经理:

感谢您今天抽出时间与我交流(重申感谢)。通过面试,我对贵公司在 XXX 领域的发展战略有了更深刻的认识,尤其是 XXX 环节让我深受启发(具体提及面试中印象深刻的点)。若有进一步需要补充的材料或信息,请随时告知,我会积极配合。期待有机会加入贵公司,为贵公司的 XXX 目标贡献力量(表达期待)。祝工作顺利!

此致

XXX(姓名)

联系电话:XXX

13.4.2　后续沟通

面试后的跟进与录用通知(offer)沟通是求职流程的关键环节,其中的礼仪规范需体现求职者的责任意识、职业诚信与专业素养。

1.等待反馈

1)时间管理

严格遵守面试反馈周期,保持通信设备畅通;建议将招聘方联系人设为优先级并开启提醒。若未明确反馈时限,参照行业惯例即可,避免过早追问。

2)积极等待

等待期间应同步推进其他求职机会,建立系统性职业规划,杜绝孤注一掷心态。

针对面试暴露的能力短板,可利用等待期强化学习,若获录用通知可作为补充材料提交。

3)心态调整

避免频繁刷新邮箱或频繁拨打招聘方电话,过度焦虑可能传递稳定性不足的负面信号。

2. 询问进展

当超过约定反馈周期仍未获回复,或收到其他公司录用通知需限期答复时,可向招聘方询问进展,此时应礼貌说明情况以加速流程,例如:"因已收到其他公司录用通知(需于 XXX 日前答复),恳请告知贵司反馈进度以便综合决策。"

沟通方式与话术模板

1)邮件沟通

主题:【XXX 岗位面试进展咨询】姓名+面试日期

正文:

尊敬的 XXX 经理:

您好! 我是上周 XXX(日期)参加 XXX 岗位面试的 XXX。感谢您之前的面试指导。因未收到贵公司的进一步通知,特致信询问面试进展是否方便告知? 若有需要我补充的材料或信息,也请随时指示。期待您的回复!

此致

XXX(姓名)
联系电话:XXX

2)电话沟通

"您好,是 XXX 经理吗? 我是 XXX(日期)面试 XXX 岗位的 XXX。不好意思打扰您了,之前面试时说本周给反馈,想请问是否有最新进展?"

若招聘方表示还在评估,可回应:"好的,感谢您的告知,我会继续关注,祝您工作顺利。"

3. offer 沟通礼仪

1)接受 offer 的规范流程

应在录用通知规定的截止日期前 24 小时内完成回复,避免拖延至最后时刻。通常需电话告知招聘方确认意向,并同步发送正式确认邮件。

邮件确认模板

主题:【XXX 岗位 offer 接受确认】姓名+入职日期

正文:

尊敬的 XXX 经理:

感谢贵公司提供的 XXX 岗位工作机会,我非常荣幸能加入贵公司。现正式确认接受offer,入职时间可按约定的 XXX 月 XXX 日执行。关于入职材料(如体检报告、离职证明),我会按要求提前准备。如有需要补充的信息或文件,请随时告知。期待与 XXX 团队共同成长,为公司的 XXX 目标贡献力量。

此致

XXX(姓名)
联系电话:XXX

一般需要确认以下内容：入职时间、试用期时长、薪资构成、办公地点、直属领导姓名、入职培训安排等。

2）拒绝 offer 的职业化表达

收到录用通知后，若决定拒绝，需以书面形式礼貌说明原因（如岗位匹配度或职业规划考量），避免影响企业招聘进程。

拒绝邮件模板

主题：【遗憾告知】XXX 岗位 offer 婉拒

正文：

尊敬的 XXX 经理：

感谢贵公司给予的 XXX 岗位 offer 及面试过程中各位面试官的指导。经过慎重考虑，我认为自己目前阶段的职业规划与贵公司的岗位需求存在一定差异，因此很遗憾无法接受此次机会。贵公司在 XXX 领域的专业能力给我留下深刻印象，期待未来有机会合作。感谢您的理解与支持，祝您工作顺利！

此致

XXX（姓名）

联系电话：XXX

若未来可能应聘该企业其他岗位，可补充说明，比如"若贵公司后续有 XXX 方向的岗位机会，我希望能有机会继续参与应聘。"

13.5　小组面试及其礼仪

在面试过程中，除了上述介绍的个人面试情境，还有小组面试这种特殊情境。不同于个人面试聚焦个体能力，小组面试的核心是在群体中定义个体价值。即使个人专业能力突出，若在小组中表现出强势打断、忽视他人、拒绝妥协等行为，也可能被判定为不适配团队；反之，若能在协作中展现包容、理性与建设性思维，即使观点并非绝对正确，也能获得高潜力评价。

13.5.1　小组面试

小组面试，亦称群面，是企业基于职场工作高度依赖团队协作的现实，设计的一种立体化人才评估形式。它通过模拟真实工作场景，观察候选人在团队互动中的行为表现，综合考察其沟通能力、决策逻辑、责任意识及团队协作素养，是筛选管理岗人才、管理培训生及需要跨部门协作岗位人才的核心环节。

1. 小组面试的主要形式

常见的小组面试形式包括以下内容。

1）无领导小组讨论

候选人围绕给定议题自由讨论,不指定负责人;面试官通过观察候选人主动推动共识、协调冲突或提炼方案的行为,重点评估候选人团队目标导向意识与资源整合能力,例如,能否以问题解决(而非个人表现)为核心、能否有效吸收他人观点并转化为团队成果。

2）角色扮演小组任务

通过分配特定角色(如"市场部经理""技术总监""客户代表")模拟跨部门协作场景(例如客户投诉解决会议),重点考察候选人角色适应度与跨视角沟通能力,例如,理解岗位权责边界、平衡不同角色利益诉求的能力。

3）案例分析小组汇报

要求小组在限定时间内分析复杂商业案例并完成汇报,重点评估候选人结构化思维能力与分工协作效率,例如,将问题拆解为可执行的逻辑框架、主动认领擅长环节(如数据测算、PPT制作等)的能力。

2. 小组面试评估的三大维度

1）团队融入能力

评估候选人是否具备基本职场协作意识,重点关注其能否通过倾听、整合与协作补位推动团队进程,以及是否能够平衡个人表达与团队目标的关系。

2）价值创造能力

基于观点质量(非发言频次)评估候选人价值贡献,核心包括在时限内输出目标导向的有效建议,并运用数据论证或提出可行性解决方案。

3）责任担当意识

通过细节行为考察候选人责任素养,例如主动记录要点并推进议程、冷场时发起建设性讨论、对不合理观点提出建设性质疑并引导修正。

13.5.2 小组面试礼仪

小组面试通过模拟团队任务场景,考察候选人的协作能力、沟通技巧与全局视野。其核心礼仪要求候选人在尊重他人、贡献智慧的过程中,展现职业化的合作意识与责任担当。

1. 团队合作

候选人需建立任务优先的共识,聚焦团队目标而非个人表现。

1）角色认知

应根据自身优势主动承担适配角色(如逻辑清晰者任"时间管理者",善总结者任"记录整合者"),避免盲目争抢领导者角色,团队协作的核心在于通过互补协作推动任务进展。

2）资源共享

分享观点时须整合他人思路，互补而非对立地提升方案质量，例如，"A 成员提到的用户画像分析，结合我的市场数据，可更精准地定位目标客户群体。"

3）全局思维

当讨论偏离主题时，应以建设性方式引导回归，例如，"当前议题已讨论较长时间，建议结合成本预算进入可行性分析阶段。"

2. 尊重他人

1）积极倾听

他人发言时保持目光交流并记录核心观点，杜绝频繁看表、翻阅资料等干扰性动作。

2）礼貌回应

发言衔接时先肯定他人贡献，例如："感谢 B 成员的竞品分析，现从用户体验角度补充建议。"若观点相左，应先认可合理性再提出建设性补充，如："您提出的线下方案具备落地性，结合数字化趋势建议探索全渠道联动方案。"严禁直接否定或忽视他人观点。

3）包容差异

主动邀请表达弱势者参与讨论，展现团队包容性，例如："C 成员提及的供应链风险洞察很关键，能否请您详述具体挑战及应对措施？"

3. 贡献有效观点

1）紧扣任务

观点须严格围绕议题展开，避免引入无关个人经历，例如，新品推广方案应聚焦市场定位、渠道策略等核心要素，而非冗余陈述行政类经验。

2）结构化表达

发言遵循结论先行原则，佐以数据或案例论证，例如，"建议优先选择短视频推广渠道，依据如下：目标用户日均使用时长超 XXX 分钟；平台新政可降低成本 XXX％……"。

3）适时补位

当讨论遇冷场或逻辑断层时，主动填补关键缺口，例如，"当前预算分配方案缺失，本人梳理的各渠道成本对比表或可供参考。"

4. 避免过度竞争

评价观点时须保持客观中立，以建设性态度参与讨论。小组面试的核心素养在于平衡专业表达与开放倾听——既能在关键节点主动引领，又能在必要时提供协作支持。

小组面试需深刻理解团队目标共识，以协作优先原则替代竞争意识，从而在集体效能中展现职业素养。

工作任务书

任务一：撰写求职信		
项目	任务描述：提出自己的工作意愿，不超过800字	教师打分
理论分析	可行性分析（学生课前填写）	
解决方案	（学生课前填写）	
优化方案	总结提升（学生课后填写）	
任务反思	比较研究（学生课后填写）	

任务二：制作个人简历		
项目	任务描述：根据自己的学习和实践经历，制作一份精美的求职简历	教师打分
理论分析	可行性分析（学生课前填写）	
解决方案	（学生课前填写）	
优化方案	总结提升（学生课后填写）	

	比较研究（学生课后填写）	
任务反思		

案例分析

国内某知名互联网企业，业务涵盖社交、电商、娱乐等多个领域。随着业务拓展，企业决定开拓海外市场，为此需要组建一支专业的国际化运营团队。

在招聘过程中，企业发现原有的招聘标准和方式难以选拔出真正契合岗位需求的人才。例如，之前招聘运营人员主要看重应聘者的互联网运营经验和学历，但对于海外市场拓展所需的跨文化沟通能力、国际市场洞察能力等关键能力缺乏有效评估，导致部分新入职员工在实际工作中，面对复杂的海外市场环境和不同文化背景的用户，难以有效开展工作，运营效果不佳。

为了解决这一问题，企业与专业的人力资源咨询公司合作。首先，对海外运营岗位进行了详细的岗位分析，明确了该岗位所需的核心能力，如流利的外语水平、对不同文化的理解和适应能力、熟悉国际市场规则和营销渠道等。然后，设计了一套多维度的人才评估体系，除了考察专业知识和技能，还通过情景模拟、案例分析等方式，重点评估应聘者的跨文化沟通能力、问题解决能力和应变能力。

通过新的招聘和评估方式，企业成功选拔出一批优秀的国际化运营人才。这些员工在岗位上表现出色，迅速打开了海外市场，提升了企业在国际市场的知名度和竞争力。

思考题：

（1）从这个案例可以看出，企业在进行人职匹配时，除了考虑岗位技能要求，还需要关注哪些因素？

（2）企业在开展人才招聘和人职匹配工作时，从该案例中可以借鉴哪些经验？

第 14 章

职场交往懂礼仪

学习目标

知识目标:掌握职场交往核心礼仪规范,包括称呼问候礼仪、介绍礼仪、握手及名片使用礼仪的具体应用标准。

能力目标:具备在不同场合灵活运用交往技巧的实操能力,实现礼仪规范与场景需求的动态适配。

价值目标:理解跨国职场文化差异内核,在跨文化交往中同步展现文化自信与文化共情能力。

工作情境

朱小艳入职新单位后,领导带领她熟悉环境并向部门同事引荐。她恭敬地以"老师"称呼同事,多数同事欣然接受。

当领导引介其指导人时(明确表示需向其学习并请教),小艳再次恭敬地称对方为"老师"。该同事立即婉拒:"同事之间不必拘礼,请直呼我姓名即可。"

小艳陷入称呼困境:称"老师"显生疏,呼姓名恐失敬,需寻求合宜的职场称呼方案。

问题:你能给小艳设计符合职场礼仪的称呼策略么?

名人名言

人无礼则不生,事无礼则不成,国家无礼则不宁。

——《荀子》

内容导航

职场交往懂礼仪	称呼与问候	称呼礼仪
		问候礼仪
	介绍与自我介绍	介绍
		自我介绍

职场交往懂礼仪	握手与鞠躬	握手礼仪
		鞠躬礼仪
	名片交换	—

知识模块

14.1　称呼与问候

称呼(亦称称谓)是人际交往中标识彼此身份与关系的名称符号;在商务场景下,正确恰当的称呼既能彰显自身职业素养,亦传递对对方的尊重,同时映射双方关系阶段及所处社会文化背景。

14.1.1　称呼礼仪

门卫的称呼

在某4S店上班的王先生与公司门卫处得好,平时进出公司大门时,门卫都对王先生以王哥相称,王先生也觉得这种称呼很亲切。这天王先生陪同几位来自香港的客人一同进入公司,门卫看到王先生一行人,又热情地打招呼道:"王哥好! 几位大哥好!"谁知随行的香港客人觉得很诧异,其中有一位还面露不悦之色。

为什么门卫平时亲切的称呼,在这时却让几位香港客人诧异甚至不悦? 门卫的称呼有何不妥,应该如何称呼?

中华礼仪传统要求严格遵循称呼规范,失当称呼易引发交际障碍。在人际交往中,必须依据对象身份(如职级、关系)及场合性质(正式/非正式)动态调整称呼策略,此为礼仪文明的核心体现。

称呼需兼顾对象适配性与场合敏感性:针对客户及上级应采用职称或"先生/女士"等标准敬称,同事间可遵循企业惯例;在商务场合一般不使用"哥"类亲属化称呼,正式环境中必须强化职业化称呼。上文门卫的核心失误在于混淆了日常交流与商务场景的称呼边界,未实现称呼的场景化切换。

1.称呼的方式

1)职务性称呼

以交往对象的职务相称,以示身份有别、敬意有加,这是一种最常见的称呼。通常有三种称呼形式:仅称职务(如"经理"等),在职务前加上姓氏(如"李经理""王科长"等),在职务前加上姓名(适用于正式场合,如"江华处长"等)。

2）职称性称呼

对于具有职称者，尤其是具有高级、中级职称者，在工作中可称呼其职称。通常有三种称呼形式：仅称职称（如"教授"等），在职称前加上姓氏（如"刘教授"等），在职称前加上姓名（适用于正式场合，如"张强教授""刘江工程师"等）。

3）学衔性称呼

学衔性称呼是基于个人学术成就或专业资质的称呼方式，适用于学术会议、教育机构、科研单位及重视专业资质的场景。学位类学衔在称呼场景中主要涉及博士、硕士、学士三个正式层级。

博士是高等教育体系中的最高学位，通常有三种称呼形式：仅称学衔（如"博士"），在学衔前加上姓氏（如"王博士"），在学衔前加上姓名（如"王东博士"）。

硕士一般较少单独作为称呼使用。在正式场合中，相比博士学位，硕士通常不作为常用称呼要素。

学士作为本科阶段学位，不适用于正式称呼场景，仅用于履历填写或学历背景说明。

4）行业性称呼

在职场环境中，可按行业特性进行称呼：对于从事教育、医疗、财务、法律等特定行业的从业者，可直接使用职业称谓（如"教师""医生""会计""律师"），或在职业称谓前添加姓氏或全名（例如"王医师""张明律师"）。

5）姓名性称呼

姓名性称呼一般适用于年龄、职务相仿，或是同学、好友之间。通常有三种称呼形式：直呼其姓名；只呼其姓，在姓前加上"老、大、小"等前缀；只称其名，不呼其姓，这种方式也可用在上司称呼下属、长辈称呼晚辈时。

6）拟亲性称呼

拟亲性称呼就是用称呼亲人的方式称呼他人，如"汪爷爷""余叔叔""范阿姨"等。

2. 称呼的禁忌

称呼时需规避禁忌行为：使用错误称呼、采用过时称呼、引用不通行的称呼语、误用不当行业称呼、运用庸俗低级称呼或以绰号替代正式称呼，这些均属严重失礼行为。

14.1.2 问候礼仪

职场中普遍采用直接式问候——即直接以问好作为核心问候内容，适用于正式交往场合，尤其在初次接触的陌生商务及社交场景中，如"您好""大家好""早上好"等直接式表达。

1. 问候的态度

在职场沟通中，问候的态度展现着个人修养与对他人的重视程度。

1）主动积极

在职场交往及日常碰面时，应主动向他人致以问候，以热情大方的态度开启对话（如"早上好，李主管，今日项目进展得是否顺利？"）；当他人先问候时需立即回应，体现礼貌与尊重的双向互动（如对方问候"您好"，可回应："您好！近期工作进展得如何？"）。主动问候的本质是以积极姿态传递交流诚意，而非刻意讨好。

2）真诚自然

问候应传递真诚态度，体现热情友好与自然大方；若矫揉造作、神态夸张、发音模糊或动作僵硬，易造成负面印象。而面无表情、冷漠敷衍的问候，则使对方感受不到尊重，反会破坏双方的关系。

2. 问候的次序

在正式场合，问候一定要讲究次序。

1）一对一的问候

一对一的问候是两人之间的问候，通常是年轻者首先向年长者问候。

2）一对多的问候

如果同时遇到多人，特别在正式会面的时候，可以笼统地加以问候，比如说"大家好"，也可以逐一加以问候。当一人逐一问候多人时，既可以由长而幼地依次而行，也可以由近而远地依次而行。

14.2　介绍与自我介绍

14.2.1　介绍

1. 介绍的顺序

为他人作介绍时，常见的顺序是先将男士介绍给女士、先将晚辈介绍给长辈、先将客人介绍给主人，先将个人介绍给团体。

2. 介绍中的注意事项

（1）介绍前，分别诚恳征求被介绍双方的意见，确认双方有相互认识的意愿。

（2）若被邀请做介绍，应欣然接受，不要无故拒绝。

（3）介绍时，起身站立，面带微笑，右手掌心朝上，指向被介绍方，同时清晰说出双方相关身份信息。

（4）被介绍者听到自己名字后，点头微笑，友好问候对方，如说："您好，很高兴认识您"。

3.集体介绍

集体介绍是他人介绍的一种特殊形式,大体可分为两种情况:一是为一人和多人作介绍;二是为多人和多人作介绍。

1)集体介绍的场景

一般在以下情境下需要进行集体介绍:规模较大的社交聚会、大型的公务活动、涉外交往活动、正式的大型宴会等。

2)集体介绍的顺序

集体介绍的顺序可参照前文介绍的顺序,也可酌情处理。但注意,越是正式、大型的交际活动,越要注意介绍的顺序。

3)集体介绍的注意事项

集体介绍的规范与其他介绍场景共通,另需特别注意:首次介绍时应准确使用各方全称,避免歧义简称;同时保持庄重、亲切且正式的介绍风格,杜绝随意态度。

14.2.2 自我介绍

1.自我介绍的场景

在社交与求职等场景中,自我介绍是主动建立连接、传递个人信息的重要方式。

1)社交与生活场景

在日常交往与临时互动中,存在信息空白且双方具备沟通需求时,应主动进行自我介绍。

(1)与不相识者相处时。当与陌生人处于共同空间(如会议室候场区、活动休息区),为避免冷场并拓展社交,可自然开启对话:"您好,我是 XXX 部门的 XXX,看您也在等候开场,不妨交流下对今日活动的期待?"——借场景关联性建立初步连接。

(2)他人表现出兴趣时。若对方通过目光接触或主动搭话释放兴趣信号(如询问"您从事哪方面工作?"),需及时回应并完整介绍:"我负责品牌营销,刚才听您分析行业趋势深受启发。我是 XXX,这是我的名片(或简要说明身份)"——以此深化互动契机。

(3)需求助而信息空白时。向陌生人寻求帮助(如问路、业务咨询)前,应先自我介绍减轻对方戒备:"您好,打扰了! 我是外地游客 XXX,想请教如何最便捷到达历史博物馆?"——身份透明化提升获助意愿。

(4)旅途临时接触时。在拼车、长途交通等旅途场景中需临时协作(如行李照看、见闻分享)时,可主动破冰:"您好! 我是前往 XXX 旅行的 XXX,您此行目的地是?"——以轻松话题拉近距离。

2)求职与求学场景

在求职、求学等目标导向型场景中,自我介绍是系统性展示个人能力的核心环节。

(1)应试求学时。面试、复试或入学交流场合中,应按流程或主动创造时机进行自我介绍。例如面试开场:"面试官您好,我是 XXX,毕业于 XXX(院校)的 XXX 专业,长期关注贵公司在 XXX 领域的发展,非常荣幸参与该岗位的竞聘。"

(2)自我推荐或宣传时。需通过自我介绍凸显专业价值与核心优势,主动争取合作机会。范例如下:"您好! 我是专注短视频运营的 XXX,曾运营粉丝量 XXX 万级账号、打造单条播放量 XXX 万级案例,基于公司在内容传播领域的需求,期望探讨合作可能性。"

3)无引见的结识场景

想结识特定对象却无人引荐时,需礼貌且自然地自报家门。

若在正式场合一般先表达尊重与意图,再正式介绍。如在行业论坛、商务酒会等场景,可先观察对方状态,在其相对空闲时,温和开口:"您好,冒昧打扰,我是 XXX 公司的 XXX,一直在关注您在 XXX 领域的见解,想请教些专业问题,您现在方便吗?"

若在兴趣沙龙、朋友聚会等轻松场合,可用共同兴趣来降低突兀感,如"听大家聊 XXX 话题特别有意思,我是 XXX,对这个领域也特别感兴趣,想加入你们一起聊聊,可以吗?"

2. 自我介绍的要点

(1)态度需保持自然、友善、亲切且随和,展现镇定自信的仪态与彬彬有礼的风度;避免过度谦卑或虚张声势,应传递真诚结识的意愿。

(2)语气须自然流畅,语速适中,发音须清晰可辨。镇定自若的表述能提升对方好感,而畏怯紧张的表现——言语结巴、目光游移、面部充血或动作慌乱,易形成负面印象,阻碍有效沟通。

3. 自我介绍的形式

1)工作式

工作式自我介绍适用于工作场合,内容包括姓名、供职单位及部门、职务或从事的具体工作等。如"您好,我叫 XXX,是 XXX 公司的销售经理。""我叫 XXX,在 XXX 学校读书。"

2)应酬式

应酬式自我介绍适用于某些公共场合和一般性的社交场合,这种自我介绍最为简洁,往往只包括姓名一项即可。如"您好,我叫 XXX。""您好,我是 XXX。"

3)交流式

交流式自我介绍适用于社交活动中,希望与交往对象进一步交流与沟通,大体应包括介绍者的姓名、工作、籍贯、学历、兴趣及与交往对象的某些关系。如"您好,我叫 XXX,在 XXX 公司工作,我是 XXX 的同学,都是 XXX 人。"

4)问答式

问答式自我介绍适用于应试、应聘和公务交往。问答式的自我介绍,应该是有问必答。

5)礼仪式

礼仪式自我介绍适用于讲座、报告、演出、庆典、仪式等一些正规而隆重的场合,内容包括姓名、单位、职务等,同时还应加入一些适当的谦辞、敬辞。如"各位来宾,大家好！我叫XXX,是 XXX 学校的学生。我代表学校全体学生欢迎大家光临我校,希望大家……"

4. 自我介绍的注意事项

1)时间控制

一般的自我介绍需简洁高效,时长以 30 秒为宜,最长不宜超过 1 分钟;冗长表述易降低信息接收率,可辅以名片或介绍信提升沟通效率。

2)方法规范

先向对方点头致意,获回应后再自我介绍;善用眼神传递友善与沟通意愿。若需结识特定对象,建议预先收集其性格、特长及兴趣等背景信息,便于后续深度交流。介绍后以加重语调复述对方姓名,强化记忆与互动印象。

3)内容完整

职场自我介绍须含三项核心信息:姓名、供职单位(及具体部门)、职务与工作内容。必要时可连贯陈述,既呈现完整职业画像又节约时间。内容须真实准确,杜绝夸大或虚假陈述。

14.3 握手与鞠躬

14.3.1 握手礼仪

握手作为全球最通用的礼仪形式,其应用范围远超鞠躬、拥抱或吻礼。日常交际中必须遵循基本的握手礼仪。

案例一

某国商业代表团访问某大国时,该大国元首戴手套与代表团团长握手。团长视此为对其国家尊严的亵渎,当即取出手帕擦拭握手痕迹并丢弃,以此抗议不可容忍的外交轻慢行为。

案例二

某 4S 店服务顾问张健与客户王女士周末在公园偶遇时,张健主动伸手欲行握手礼,王女士未予回应并将手插入裤袋,导致张健尴尬收手。

握手礼作为国内外通用相见礼节,需严格遵循国际社交规范:首要原则是尊重女性握手主动权(默认由女性先伸手),案例中张健因主动伸手违反此准则;其次当对方已行握手礼时,拒绝回应属明显失礼行为,王女士的揣兜动作进一步加剧了社交尴尬;最终需认识到握手礼的执行质量直接影响人际交往效能,故应在行握手礼时重视文化差异与性别规范的协调统一。

握手礼仪训练

(1)夏天,天气很热,光线很强,销售顾问小陈戴着墨镜出门迎接客户王先生,并主动与王先生握手。

要求:小组讨论小陈在和王先生握手的时候有何不妥之处,应该如何处理,抽2～3个小组代表上台试演,其他同学评议。

(2)小张是刚到某汽车销售服务有限公司工作的销售顾问,这天在公司内遇到了公司总经理,小张立即跑过去,向总经理问好,并伸出双手,握住总经理的手,却看见总经理微蹙眉头,面露不悦之色,小张很纳闷,不知自己哪里做错了。

要求:小组讨论小张和总经理在握手的时候有何不妥之处,应该如何处理,抽2～3个小组代表上台试演,其他同学评议。

(3)在某品牌汽车销售服务有限公司年会上,阔别多年被分派到不同分店做销售顾问的同学王强(男)、张波(男)、陈刚(男)、李露云(女)相遇了,他们四人高兴地相互交叉握手,久久不放,热烈交谈。

要求:小组讨论4位年轻人的这种握手方式是否妥当,应该如何握手,学生分别模拟角色进行表演,其他同学评议。

1.握手礼仪要点

正式场合握手,伸手次序通常是长辈、主人、女士先伸手。注意不用左手握手、不坐着握手、不戴手套握手、不交叉握手;与异性握手不用双手;握手时专注,保持手部干净清洁。

2.握手的时机

(1)偶遇久未谋面的熟人时;

(2)被正式介绍给陌生对象时;

(3)正式场合与相识者道别时;

(4)作为主人迎送宾客时;

(5)应邀出席社交活动初见主人时;

(6)向客户辞行时;

(7)感谢他人支持/帮助时;

(8)对他人表示理解/肯定时;

(9)慰问遭遇挫折者时;

(10)祝贺他人成就(如升迁、获奖)时;

(11)接受/赠送礼品或奖品时。

3. 握手的神态、力度及持续时间

(1)神态。与人握手时应专注、热情、友好、自然。

(2)力度。握手时用力应适度,不轻不重,恰到好处。如果手指轻轻一碰,刚刚触及就离开,或是懒懒地慢慢地相握,缺少应有的力度,会给人勉强应付、迫不得已的感觉。

(3)持续时间。通常是握紧后打过招呼即松开。

4. 握手礼仪的技巧

(1)在合适的社交或商务场合中,应主动且礼貌地与在场的每一个人握手,以此展现自身的友好与尊重。这是建立良好第一印象和融洽氛围的基础。

(2)若有重要事务期望与对方私下交流沟通,可在握手时短暂地保持握手状态且不急于松开,并以得体恰当的方式向对方示意,表达希望进一步交谈的意愿。此过程需特别注意动作和语言的得体性,避免让对方感到不适。

(3)握手过程中,真诚地赞扬对方的优点、成就或表现,能让对方切实感受到被认可与肯定,从而有效增强彼此之间的好感与亲和力。

14.3.2 鞠躬礼仪

鞠躬是表达敬意、尊重与感谢的常见礼仪。其核心在于行礼者需从内心生发出对对方的感激或敬重之意。行礼时,应将这份真诚的心意通过规范的动作体现出来,确保仪态的得体与郑重。

1. 整体动作流程

首先,预备姿势要求站立时双脚并拢,身体挺直,双手自然下垂且指尖贴于裤缝或双手交叠放于腹前,目光平视前方,神态自然。进入鞠躬过程时,需以腰部为轴使上半身前倾,同时保持背部平直,切忌弯腰驼背,弯曲角度应根据具体场合进行调整。鞠躬过程中,视线应随身体自然下垂,避免抬头或目光游离。手臂随身体前倾自然下垂,不可晃动或随意摆放。鞠躬动作需停留片刻,之后缓慢起身恢复预备姿势,目光重新平视对方,并面带微笑。

2. 细节要求

头部应与上半身同步前倾,避免单独低头或仰头。背部应始终挺直,由腰部发力带动身体弯曲,防止含胸、弓背。手臂应自然下垂或保持交叠状态,手指并拢,不可握拳或随意摆动,双手位置需随身体前倾保持稳定。双脚应站稳,膝盖伸直,避免左右晃动或跷脚,确保整个身体平衡稳定。

穿着西装行礼时可解开外套纽扣,避免鞠躬时衣物牵扯;女性穿着裙装则需注意保持裙摆位置得体。此外,当对方行鞠躬礼时,必须做出相应的回应以示尊重。

14.4　名片交换

名片作为个人身份的代表,是社交活动中的重要工具。因此,其递送、接收与存放均需遵循特定的社交礼仪规范。

(1)名片的递送。社交场合中,名片是进行自我介绍的便捷工具。交换顺序通常遵循先客后主的原则。与多人交换时,应按由近及远的顺序依次进行,避免跳跃式交换,以免给人厚此薄彼之感。递送名片时,应将名片正面朝向对方,双手奉上,注视对方并面带微笑,同时可以说:"这是我的名片,请多多关照。"需注意,名片应在自我介绍之后递送;在未弄清对方身份之前,不宜急于递送,更不可像散发传单一样随意散发。

(2)名片的接收。接收他人名片时,应起身,微笑注视对方,接过名片的同时道"谢谢"。接过名片后,应微笑阅读,可轻声念出对方姓名和职衔,并抬头看对方,以示重视。阅读后,应回敬自己的名片。在对方离开或当前话题结束前,不必急于收起对方的名片。

(3)名片的存放。接过对方名片后,切勿随意摆弄或扔在桌上,也不应随便塞进口袋或丢在包里。正确的方式是将名片郑重地放在西服(若穿着西服)左胸内侧衣袋或专用的名片夹中,以此表示对对方的尊重。

工作任务书

任务一:第三方介绍		
项目	任务描述:分小组进行第三方介绍,背景企业和身份自行拟定	教师打分
理论分析	可行性分析(学生课前填写)	
解决方案	(学生课前填写)	
优化方案	总结提升(学生课后填写)	
任务反思	比较研究(学生课后填写)	

任务二:应聘自我介绍		
项目	任务描述:向面试官做 1 分钟自我介绍	教师打分
理论分析	可行性分析(学生课前填写)	
解决方案	(学生课前填写)	
优化方案	总结提升(学生课后填写)	
任务反思	比较研究(学生课后填写)	

任务三:名片交换		
项目	任务描述:分小组设计初次见面的场景,要求名片交换的顺序、语言、姿态符合礼仪要求	教师打分
理论分析	可行性分析(学生课前填写)	
解决方案	(学生课前填写)	
优化方案	总结提升(学生课后填写)	
任务反思	比较研究(学生课后填写)	

案例分析

在一家广告公司里,有一场重要的项目沟通会议,参会人员包括公司的创意团队、客户代表及公司高层领导。

会议开始前半小时,创意团队成员陆续到达会议室,他们互相微笑点头致意,对于熟悉的同事,会简单寒暄几句,比如"早上好,昨晚加班方案做得怎么样啦?"而对于不太熟悉的同事,也会礼貌地说"你好",并微微欠身示意。

客户代表抵达时,创意团队负责人李明立刻起身,快步走向客户代表,面带微笑,伸出右手与客户代表热情握手,同时说道:"欢迎您来参加我们的会议,非常感谢您一直以来对我们工作的支持。"握手力度适中,眼神专注。

会议进行中,当有人发言时,其他人都认真倾听,保持眼神交流,不随意打断。发言结束后,大家会鼓掌表示认可。

会后,李明再次与客户代表握手道别,感谢客户的到来,并表示会尽快推进项目。创意团队其他成员也依次与客户代表简单交流并道别。

思考题:

(1)在这个案例中,如果创意团队负责人李明在和客户代表握手时,目光却看向别处,会产生什么影响?

(2)会议进行中,假如创意团队成员小王有不同意见,直接打断了正在发言的同事,这样做违背了哪些礼仪原则? 正确的做法应该是什么?

第 **15** 章

职场活动用礼仪

知识目标:掌握接待礼仪、拜访礼仪、演讲礼仪等。

能力目标:具备在不同场合和情境下灵活运用礼仪的能力。

价值目标:弘扬中华民族睦邻友好、尊重他人、礼让他人的传统美德。

工作情境

你会选择什么礼物呢?

你的一位客户马上就要过生日了,她平时喜欢运动,请从给出的四件物品中选择最合适的礼物送给她(鲜花、手机、衣服、羽毛球拍),并说出你的理由。

名人名言

礼之用,和为贵。

——《论语》

内容导航

职场活动用礼仪	沟通联络礼仪	电话礼仪
		手机礼仪
		邮件礼仪
		微信社交礼仪
	接待引领礼仪	日常接待礼仪
		隆重接待礼仪
		引领礼仪

职场活动用礼仪	乘车礼仪	—
	电梯礼仪	扶梯礼仪
		厢式电梯礼仪
	商务拜访礼仪	公司拜访礼仪
		居所拜访礼仪
		商务馈赠礼仪
	商业演讲礼仪	演讲前的准备
		演讲时的礼仪
		总结

知识模块

15.1　沟通联络礼仪

随着现代信息科学技术的发展,商务活动中的交流,已经从信件和邮件扩展到了微信、QQ 等通信方式。这些即时便捷的通信方式,往往成为很多客户对企业第一印象的源头。因此,学习和掌握通信礼仪和技巧是非常有必要的。

15.1.1　电话礼仪

电话(此处指有线座机)是商务活动中最主要的交流沟通工具。接打电话人员的态度、专业性、交流技巧及应答咨询能力,都代表着企业的形象。

1.电话基本礼仪

(1)面带微笑,声音清晰柔和。

(2)姿态端正。

(3)正确介绍自我。

(4)勿急迫挂电话。

(5)尊重别人隐私。

2.打电话的礼仪

做好打电话前的准备:应提前核实通话对象的名字和职务,对要谈的主要内容进行简单归纳。

(1)时间适度:包括打电话的适宜时间和通话的时间长度(三分钟原则)。

(2)体谅对方：先问一下对方，现在通话是否方便。

(3)内容简练：问候完毕，即应开宗明义，直言主题；话说完后，一般由发话人终止通话。

(4)表现文明：通话时语言文明、态度文明、举止文明。

3. 接电话的礼仪

本人受话：接听及时，遵循"铃响不过三"的原则，应对谦和，主次分明，认真记录。

代接电话：要注意热情相助，尊重隐私，传达及时和记忆准确。

记录时注意 5W1H 要素：who（洽谈对象），what（来电内容），why（来电原因、理由），where（来电中提到的场所），when（来电的时间和电话中提到的时间），how（解决方法）。

15.1.2 手机礼仪

正确使用手机可以给商务往来带来极大的便利，但如果使用不当，手机对商务关系的破坏比任何通信方式都大。商务手机的使用要遵从以下礼仪规范。

1. 注意携带

外出之际随身携带手机的最佳位置，一是公文包里，二是上衣口袋之内。一般不建议把手机放在上衣的内袋中，以免破坏着装整齐。

2. 注意安全

开车时不使用手机，乘飞机时要关机，在加油站、病房中不应使用手机。一般情况下，不要借用别人的手机，尤其是陌生人。

3. 文明使用

(1)保持安静。在开会、聊天或其他需要保持安静的场合，将手机调至静音或关闭状态。

(2)考虑他人。在公共场合使用手机时，应降低音量，避免大声说话，以免打扰他人。

(3)适时使用。在正式场合或与人交谈时，避免频繁查看或使用手机，这不仅是不礼貌的行为，也可能引起他人的反感。

4. 正确使用个性化铃声

在办公室和一些严肃的场合，不合适的铃声不断响起的话，对周围的人是一种干扰。铃声可与职业、个性、环境相匹配。

5. 勿频繁更换手机号码

除非特殊情况要求，职场中不建议频繁更换手机号码。

15.1.3 邮件礼仪

电子邮件，又称电子函件或电子信函，不仅安全保密、节省时间，还不受篇幅的限制。

1. 撰写与发送

(1)应准确键入对方邮箱地址,并简短写上邮件主题。

(2)在正文编辑区撰写内容时,应遵照普通公文所用的格式和规则,篇幅不可过长。

(3)邮件用语要礼貌规范,以示尊重。

(4)撰写英文邮件时不可全部采用大写字母。

(5)不可随便发送垃圾邮件。

(6)未经允许不可发送涉及机密内容的邮件。

2. 接收与回复

(1)定期打开收件箱,查看有无新邮件,以免遗漏或耽误重要邮件的阅读和回复。

(2)及时回复公务邮件。一般应在收件当天予以回复。若涉及较难处理的问题,可先回复发件人已经收到邮件,再择时予以具体回复。

(3)发送较大邮件需要先对其进行必要的压缩。

(4)尊重隐私权,不要擅自转发别人的私人邮件。

15.1.4　微信社交礼仪

微信是当今我国绝大多数移动终端设备的使用者每天都会使用的聊天工具,虽然是隔着屏幕传递信息,也需要注意聊天礼仪,尤其是在职场中更要注意微信社交礼仪。从微信设置、加微信好友到发微信、收微信信息等都需要注意礼仪,将微信群礼仪和朋友圈礼仪运用到日常生活工作中,不仅能展示一个人的高情商,而且也有助于构建良好的人际关系。

在职场中使用微信应遵循以下礼仪。

1. 加微信好友时应该自我介绍

因工作需要进一步沟通交流,需要添加对方微信的时候,应该清楚地进行自我介绍,可以发送"公司＋职务＋姓名＋目的",方便对方进行备注。一般主动加微信的一方,主动说第一句话来打招呼。如果需要拉人进群,需要征求群里已有成员的意见,也需要征求被拉进群人员的意见。

2. 工作群中尽量用文字传递信息

一般不建议在工作群中发语音消息,用文字更有礼貌。

3. 不在微信中争论

微信中的措辞一般应有礼有节,注意使用尊称敬称,征询意见要谦虚友好。碰到问题在微信中争论不休是无济于事的,重要的事情最好直接打电话与对方沟通,或者当面沟通。

4. 对话开门见山

微信的信息传递是点对点的传递,开门见山即可,对方即使没有第一时间看到,一般也会在之后做出相应的回复。发送信息的一方,措辞尽量简洁明了,条理清楚,。不要一行就几个字,连续发很多行,应该将要传递的信息思考清楚后再编辑发送,尽量用较少的信息条目传递完信息。并且发信息时要考虑是否会打扰到对方,一般尽量避开用餐和休息时间。

5. 回复时应表明态度,不要含糊不清

接收信息的一方应注意,当交谈对象私发信息或者在微信群发送文字后,应该及时正面地予以反馈。一般在回复他人的信息时不建议简单地回复"哦",因为这样传递出的态度是冷淡或冷漠的。如果认同对方的说法,那么可以回复"没问题",或者最常见的"好的""收到"等;如果不认同对方的说法,则可以说"我考虑一下""你说得有道理,我和 XXX 协商下"等。

6. 视频或语音电话应先征得对方同意

在拨打视频或者语音电话前,要事先征求对方的意见(除非有特别重要和紧急的事情),询问对方是否方便进行视频或语音沟通,经过允许后才可拨打。另外也需要注意,如果对方暂时不回复信息,不要冒昧地拨打视频或者语音电话。

7. 图片的使用要符合自己的职业特点

不发送低级趣味的图片,不爆粗口及发送恶俗表情包。

8. 收到广告时应礼貌回复

当收到别人发给你的广告信息时,不理睬是不礼貌的行为。礼仪中讲究互相尊重,因此不需要也应该给对方回复,可以回复"收到,谢谢,暂时不需要,有需要再联系你"。

9. 注意把握尺度

当对方已经明确表示不需要,或者告诉你当下比较忙时,应该及时结束对话,之后有合适的时间或机会可以再联络。不要纠缠不休,影响他人的工作和休息。

15.2 接待引领礼仪

15.2.1 日常接待礼仪

办公室工作人员经常接待客户,因此应将办公室布置得庄重得体,做到环境清洁卫生,桌面整齐有序,文件存放合理,物品放置得当,给人留下良好的第一印象,这也能代表该组织的形象。

办公室工作人员谈吐文雅,坐姿立姿标准,服饰简单大方,遵守时间,彬彬有礼,能够给

人一种信任感,有利于办公室接待工作的开展。

1. 办公室的布置

办公室的布置不是简单的设施摆放,要考虑工作人员办公的协调性,以及工作人员之间的沟通和监督,同时还要给来访的客人一个良好印象。

(1)客人来访,最好设有单独会客室,如不具备此条件,也应将会客处布置在办公室的入口附近。

(2)办公室应有良好的采光照明条件,室内光线过强或过弱都会增加人的疲劳感,降低工作人员的工作效率。

2. 工作人员的举止

工作人员注意保持良好的站姿和坐姿。此外,要尽量避免在办公室内吃东西,此举不仅可能产生异味、影响他人工作,还可能弄脏办公区域,破坏整洁有序的办公环境。在与同事交流谈话时,应保持大约 1 米的身体距离,这一距离既能保证交流的顺畅,又能维护彼此恰当的社交空间,避免因距离过近或过远而造成沟通不适,从而确保交流在舒适、得体的氛围中进行。

3. 接待工作中的礼仪

(1)接待地点整洁有序。客人来访,应告知有关部门,早做准备,做到窗户要明亮,桌椅要整洁,东西要有序,空气要清新,冬季要温暖,夏季要凉爽。

另外,茶水需要早备好,有时还可备些水果。如果来客较多或客人规格较高,来访的目的又比较严肃,也可以在专门的会议室接待,会议室也应早做准备。

(2)准备好有关材料。准备材料时需要了解客人来访的目的,客人是参观本单位某某部门,还是来了解、考察某项工作,或是商洽某方面问题,或是研究相互合作事宜,需做到心中有数。准备文字材料时,应根据双方商定的会谈事宜或客人的请求,让有关人员早做准备。

(3)热情接待。在办公室接待中,迎客、待客、送客是接待工作中的基本环节。

①迎客。接待人员看到来访的客人进来时,应立即放下手中工作起立,面带微笑,礼貌问候来访者。

如果客人进门时,办公人员正在接打电话或正在与其他客人交谈,应用眼神、手势等表示请进的肢体语言,表达自己看到对方,并请对方先就座稍候,不应不闻不问或面无表情。

如果手头正在处理紧急事情,可以先表示歉意,并告诉对方自己手头有点紧急事情,必须马上处理,请对方稍候,以免其觉得受到冷遇。

遇到有重要客人来访,接待人员需提前到单位大门口或车站、机场、码头迎接。当客人到来时,接待人员应主动迎上前去,有礼貌地询问和确认对方身份,并且做好自我介绍。

如果客人有较多的行李,应伸手帮助提拿。到达会客室时,要给客人指明座位,请其落座,迎接过程以客人落座而告终。

②待客。一般情况进入会客厅时,主人在前,客人在后,请客人在相应位置就座。客人落座后,应热情献茶或奉上糖果饮料。一般来说,茶水、饮料放在客人的右前方,点心和糖果放在客人的左前方。

接待人员在交谈时必须精神饱满,表情自然大方,语气和蔼亲切。与客人交谈时要保持适当距离,不要用手指人或拉拉扯扯,要善于聆听来访客人的话语,目视对方,以示专注。

③送客。"出迎三步,身送七步"是迎送宾客最基本的礼仪。当客人起身告辞时,应马上起身相送。一般性来访的客人送到楼梯口或电梯口即可,重要访客则应送到办公楼外或单位门口。

15.2.2　隆重接待礼仪

隆重接待和日常接待相比,接待规格更高,一般需要制订接待计划。当接待人员接到重要客人来访的通知后,就应开始进入准备工作阶段。

1)了解基本情况

首先要了解客人的姓名、性别、民族、单位、职业、人数等情况;其次要了解来访的目的和要求,如要与谁见面,要参观哪些地方等;再次要了解客人在食宿与日程上的安排与打算;最后要了解客人的到达日期,所乘车次、航班和到达时间。以上情况要及时向上级汇报,以便对接待工作进行下一步的安排。

2)制定接待方案

接待方案应包括:一是确定接待工作的人员分工,一般应确定一名主要负责人,另外安排若干名接待人员,其他工作也要分工到人,并明确工作要求;二是应做好食宿安排,食宿的地点及房间安排应考虑接待工作的便利及客人具体情况,伙食标准和用餐形式可根据客人的要求,尽量照顾大多数人的生活习惯;三是安排好交通工具,根据活动日程安排车辆;四是考虑费用预算。

接待方案制定完成,应上报主管领导批准,并及时传送给来访一方。

3)正式接待

在正式接待的阶段,除了按照接待方案逐项落实以外,还应根据临时情况的变化随机应变。

(1)迎接客人。重要客人应安排有关人员前往迎接,迎接人员应在客人所乘的车辆、航班、轮船到达以前在场等候。与客人见面后要主动问候,如"欢迎您的到来""一路辛苦了"等。到达目的地后,接待人员先下车,再请客人下车,并将客人引入接待大厅。

(2)安排食宿。客人到达后,应尽快安排好食宿。迎接人员征得客人同意后可帮助客人办理好住宿手续。应将就餐时间和地点告知客人,并向客人介绍宾馆的各项服务设施、宾馆附近的公共服务场所及交通情况等。待客人休整好后,陪客人用餐。

(3)协商日程。客人食宿安排好后,可委派相关人员与客人商议活动日程,将最后确定的活动时间、方式、内容等及时通知各部门,做好准备工作。

(4)组织活动。按照日程安排,精心组织好各项活动。如果接待对象是检查团,那么接待人员应该围绕检查内容,通知有关部门准备好文件和相关材料,按流程实事求是地汇报工作。如果接待对象是考察团,接待人员应该提前熟知相关情况,以便随时随地回答各种问题。

(5)听取意见。活动全部结束以后,相关人员与客人会面,听取客人意见,交换看法。

(6)安排返程。应提前预订客人返程的车、船、机票等,安排好送行车辆及送行人员,适时地将客人送到车站、机场、码头等,并友好话别,欢迎客人再次来访。

15.2.3　引领礼仪

接待过程中会带领客人进入办公室或进行参观,不同的场合,要使用正确的引领礼仪。

1. 门口的引领礼仪

门口接待引领正确的手势为五指并拢,手心向上与胸齐,以肘为轴向外转;正确的站位是引领者在客人左前方处。

2. 楼梯的引导礼仪

引导客人上楼时,一般应让客人走在前面,接待工作人员走在后面;若是下楼时,应该由接待工作人员走在前面,客人在后面。上下楼梯时,应注意客人的安全。女士引领男宾,客人走在前面;男士引领女宾,男士走在前面;男士引领男宾,上楼客人走前,下楼引领者走前;若客人不清楚线路,则引领者走前。

3. 途中的引领礼仪

拐弯或有楼梯台阶的地方应使用手势,并提醒客人"这边请"或"注意楼梯"等。

4. 电梯的引导礼仪

先按电梯让客人进,若客人不止一人,先进入电梯,一手按"开"按钮,一手按住电梯侧门,并说"请进";到达目的地后,一手按"开"按钮,一手做出"请"的手势,并说"到了,您先请",让客人先出。

5. 客厅的引领礼仪

客人走入客厅,接待工作人员用手指示,请客人坐下。客人坐下后,行点头礼后离开。

6.走廊的引领礼仪

接待人员在客人两三步之前引领客人的时候,需站在客人的左侧,遵循以右为尊的原则。与客人的距离保持在 1～1.5 米范围。引领时要与客人有目光的接触,行进中间应有话语指引。

15.3 乘车礼仪

正式商务交际场所中,上下车先后顺序不单是一种讲究,更是一种文明礼貌的体现,所以必需认真地遵守。

1.上车礼仪细节

(1)上车时,为客人打开车门的同时,左手固定车门,右手护住车门的上沿(左侧上车相反),防止客人碰到头部,确认客人身体平安进车后轻轻关上车门。

(2)如果外出同去的人较多,对方热情相送,这时候其他人员向对方表达谢意之后,先上车等待,只留下一人陪同主要人物与对方作别即可。

(3)环境允许的条件下,应当请女士、长辈等首先上车。若与女士、长辈等在双排座轿车的后排就座的话,应请他们先从右侧后门上车,在后排右座就座。随后,应从车后绕到左侧后门上车,落座于后排左座。

(4)由主人亲自开车时,出于对乘客的尊重与照顾,主人可最后上车,最先下车。

2.下车礼仪细节

(1)下车时,司机及陪同人员先下车,快速地为客人开启车门,同时一手固定在车门上方,一手护住车门。如果很多人同坐一辆车,那么也可谁最方便下车谁先下车。

(2)若无专人负责开启车门,陪同人员则应首先从左侧后门下车,从车后绕行至右侧后门,协助女士、长辈下车。

3.注意事项

(1)女士上车时需先站在座位边上,将身体重心降低,让臀部坐到位子上,再将双腿一起收进车里,双膝一般呈合并的姿势。

(2)车内若是有人在谈工作,当问到你或希望你介入时再说话,否则尽量不插话。

15.4 电梯礼仪

15.4.1 扶梯礼仪

自动扶梯已成为公共场所一种常见的公共工具,搭乘自动扶梯时应该遵循一定的搭乘礼仪与规范。乘坐自动扶梯时,若乘客见缝插针、毫无秩序地拥挤,一旦自动扶梯突发紧急状况停止,极易引发摔倒、碰撞等事故,给乘客带来伤害。所以,在搭乘自动扶梯时,务必遵守秩序,依次排队上下,站稳扶好,与他人保持适当距离,以保障自身与他人的安全。

1. 站立位置

搭乘自动扶梯时一般可遵循"右侧站立,左侧急行"原则。例如,搭乘车站、机场等公共交通场所的自动人行道时,看清"靠左行走,靠右站立"的提示,站立时尽量靠近梯级右侧,留出左侧急行通道,以备有急事的乘客通行。

2. 乘坐注意事项

1)搭乘自动扶梯前的注意事项

搭乘自动扶梯前需检查自己的随身衣物,系紧鞋带,要留心松散、拖曳的长裙、礼服等衣物,防止被梯级边缘、梳齿板等挂住或拖曳。

2)搭乘自动扶梯时的注意事项

在自动扶梯的入口处,要讲次序,不推挤,帮助老人、儿童先行站立。在自动扶梯上,不能将头部、四肢伸出扶手装置以外,以免受到障碍物、天花板、相邻的自动扶梯的撞击。也不能将拐杖、雨伞尖端或者高跟鞋尖等尖利硬物插入梯级边缘的缝隙中或者梯级踏板的凹槽中,以防损坏梯级并造成人身意外事故。

在扶梯缓缓上升中,不要蹲坐在梯级踏板上,不在梯级上乱扔烟头,或丢弃果皮、瓶盖、雪糕棒、口香糖、商品包装等杂物。

不能在梯级上蹦跳、嬉戏、奔跑,尽量不要运送笨重物品。成人带着孩子出行时,需要看管好自己的孩子,防止小孩子因好奇攀爬扶手带,阻止他们在扶手带或者内外盖板处玩耍。

乘梯结束时,要快速稳步跨出扶梯,离开扶梯出口区域,不要停下交谈或四处张望,主动为后面的乘梯者让行也是公共场合礼仪的要求。

15.4.2　厢式电梯礼仪

厢式电梯(以下简称"电梯")作为我们生活中必不可少的代步工具,是生活和工作中经常出入的一个小场所。

电梯门口处,如有很多人在等候,不要挤在一起挡住电梯口,以免妨碍电梯内的人出来。一般应先让电梯内的人出来之后方可进入,不可争先恐后。靠电梯最近的人先上电梯,然后为后面进来的人按住"开"按钮,当出去的时候,靠电梯最近的人先出。男士、晚辈应站在电梯开关处提供服务,并让女士、长辈先进入电梯,自己随后进入。在电梯里,尽量站成"凹"字形,腾出空间,以便让后进入者有地方可站。

厢式电梯中的接待礼仪

引导客人进电梯时,接待人员先进入并用手按住轿厢内的开门键,防止门突然关闭,同时做出"请进"的手势。让客人靠近厢式电梯的内部站立,接待人员站在电梯的内呼梯盒旁,主动按目标楼层按钮。在出电梯时,接待人员应按住开门键,做出"请出"手势。客人出电梯后,接待人员出电梯并再次引路。接待方不论是男士还是女士都要主动热情地为客人服务。

15.5 商务拜访礼仪

15.5.1 公司拜访礼仪

1. 拜访前的准备

拜访要事先和对方约定,不建议突然拜访。应主动与对方提前进行联系,约定的时间和地点应以对方方便为前提,通常在拜访前一周进行约定。约定好时间后一般不能失约,要按时到达,不宜过早或过晚。

如有特殊情况不能准时前往,要及时向对方说明情况再另约时间。如果是一周前定好的约会,应在前一天再次打电话确认。

2. 拜访中的礼节

(1)自报家门。到达对方公司时,应先向前台或接待人员进行自我介绍,如:"我是某某公司的职员,名叫什么,请帮忙找一下某某部的某某先生。"同时还要告诉对方是否事先约好。如果公司名称不易听清,或者名字较为少见,可向接待人员递上名片。

(2)寒暄。见面时,应简单寒暄以问候对方。初次见面应自我介绍并递上名片。

(3)谢座。对方让座,应谢座,然后大方稳重地坐下,座位由主人安排。尽量不要坐在办公人员办公座位上,以免影响别人的正常办公。

(4)交流。交流时应举止文雅、谈吐文明、不卑不亢、落落大方。到办公室拜访一般都是业务性拜访,见面后尽早将话题转入正题,少说客套话。

3. 告辞的礼节

拜访结束时,应礼貌地告辞,对对方的热情接待表示感谢,对进一步接触表示真诚的期待。起身告辞时,要向主人表示打扰之歉意,出门后主动伸手与主人握别,可说"请留步",走几步再回首挥手致意,可说"再见"。

15.5.2 居所拜访礼仪

1. 拜访时间的选择

去他人居所拜访时,应该事先与主人约好时间,以便主人做好安排。事先不联系就直接上门拜访是很失礼的，也会给对方带来困扰。拜访的时间最好以主人方便为宜，应尽量避开吃饭的时间、午休晚睡时间和早晨忙乱的时间。见到主人显出疲倦或是还有其他客人时，应适时告辞。

如果事先已与主人定了时间，就要守信，准时到达，以免主人久等。如因发生了特殊情况而不能前往，或者需要改变日期和时间，应提前通知对方并表示歉意。

2. 礼品的选择

当初次到别人家拜访时，最好适当带些小礼品或鲜花，礼品最好用礼品纸或盒包装起来。熟客一般不必带礼物，但遇有重要节日或特殊约会，则可以带些大家所欢迎的礼品。

（1）可选择适合他人需要的礼品。送给他人的礼品宜符合对方的某种实际需要，例如有助于对方的工作、学习或生活，或是可以满足对方的兴趣爱好。比如主人家里有老人或小孩，所带礼品可尽量适合他们的需要。

（2）可选择具有纪念意义的礼品。在商务活动中，往往讲究礼轻情意重。在绝大多数情况下，送人的礼品务必要突出纪念意义，而无需过分强调其价值。

（3）可选择独具特色的礼品。商务活动中选择礼品时应当独具匠心、富有创意，因为独具特色、与众不同的礼品会使收礼者有耳目一新的感觉。

（4）可选择鲜花作为礼品。居所拜访时赠送鲜花一般是人们最为欢迎的。送人以鲜花，既可以表达感情，也可以提升整个馈赠行为的品位，营造高雅温馨的气氛。

3. 送礼时的举止

赠送礼品通常是为了表达自己的心意，所以送礼时要神态自然、举止大方，千万不要因为不好意思，表现得态度可疑。

一般应在见面之后进行赠送，递交礼品时通常为站立姿态，双手将礼品递到对方的手中，不建议放下后由对方自取，也不建议把礼品乱塞在对方的居所之内。如果礼品体积过大可由他人帮助递交，但赠送者本人应当加入其中一起表达心意。

如果需要同时向多人赠送礼品，最好先长辈后晚辈，先女士后男士，按照次序有条不紊地进行赠送。

一般当面赠送礼品时，可简要说明赠送原因、礼品的寓意或礼品的用途等。对于较为新颖的礼品，还可向受赠者说明其具体的特点及使用方法。

4. 拜访中的礼节

（1）通报。进门前要按门铃或敲门。如门户是敞开的，也应在门口发出招呼声，不要贸然闯入。门打开后，应与主人做简短的问候，等对方说请进之后再进去。见面之初的寒暄应尽量简短。如初次见面，报出自己的姓名即可，正式的寒暄应在被引领至会客室之后再开始。

（2）物品存放。进门之后，访客应该换上拖鞋，除非主人执意制止。进门时如戴了帽子、手套，拿了雨衣或雨伞，要取下放在主人指定的地方。千万不要乱扔，避免引起主人的反感。

（3）称呼问候。对主人家的其他成员，应按长幼有序的原则亲切称呼问好。如果带了其他人来，要介绍给主人。

（4）入座。被主人请进客厅后，在主人未让座之前，自己不能随意坐下。如果拜访的主人是长辈，或者第一次去做客，更需彬彬有礼。落座时要轻，坐姿要讲究，不跷二郎腿。

（5）交谈。在与主人交谈时应注意礼貌，语气要温和亲切，认真倾听主人的谈话。如果遇到其他客人在场，可在旁边静坐等待。如果谈话中又有客人来访，应尽快结束谈话，避免他人久等。

（6）饮食。主人端上茶来，应从座位上欠身双手捧接，并表示感谢。如果主人招待的是饮料、水果、点心，饮料可以全喝完，水果点心建议稍作品尝即可。应主人之请，在主人家吃便饭时，应首先请主人与长辈一同进餐，待主人入座后一起进餐。用餐时要注意文明，饭后应向主人恰当地表达谢意。

（7）时间把控。和主人交谈时应注意把控时间，有要事必须要与主人商量或向对方请教时，应尽快表明来意，不要东拉西扯，浪费时间。

5. 告辞的礼节

告辞之前，不要表现出急于想走的样子，也不要在主人刚说完一段话或一件事后立即提出告辞。如果发现主人有急事要办，应及时结束谈话并告辞。告辞时可恭敬地对主人说："时候不早了，我要告辞了。"同时，注意向主人及其家庭成员招呼再见，并诚意邀约他们到自己家里做客。如果主人出门相送，应请主人留步并道谢，热情地说再见。

15.5.3 商务馈赠礼仪

在商务活动中，馈赠是不可缺少的交往内容。馈赠也是一种礼仪的表现，不仅能体现馈赠者的品质和诚意，还可增进彼此感情。

馈赠作为一种非语言的重要交际方式，是以物的形式出现的，即以物表情，礼载于物，起到寄情言意的"无声胜有声"的作用。

1. 馈赠的原则

交往活动中互相馈赠或接受礼物、礼品应以表达尊敬的意愿为主，以经济价值为辅，以创意为佳。礼不在轻重，只要可以加深彼此的情谊，促进具体活动的开展即可。因此掌握馈赠的礼仪非常重要。

1）轻重得当

礼品的贵贱厚薄与其物质价值并不是总成正比的。送礼物是为了表达情谊的，人情无价物有价，也就是说，礼物既有物质的价值含量，也有精神的价值含量。

2）因人而异

根据不同人的性别、年龄、职业、爱好、宗教信仰等选择不同的礼品，以达到表达友好情谊的目的。

3）美观实用

就商务礼品而言，它的价值不是以金钱的多少来衡量的，而是以礼品本身的意义来体现的。自己所送的礼品宜具有实用性，能给人留下深刻的印象。

2. 馈赠的时机

就馈赠的时机而言，及时与适宜是最重要的原则。因此，需注意把握好馈赠的时机，通常情况下，人们会选择在以下几种时机进行商务馈赠。

（1）传统节日。中国的传统节日主要包括春节、元宵节、中秋节、端午节等，人们习惯在这些重要日子里向亲朋好友表达美好祝愿，并馈赠礼品。

（2）喜庆之日。喜庆之日的喜庆事宜涵盖嫁娶、乔迁新居、生日祝寿等。遇到对方家中有此类喜庆事宜，一般应考虑准备礼品以示庆贺。此外，企业开业庆典也属此类时机，参加某企业的开业庆典活动时，可赠送花篮等以表祝贺。

（3）惜别送行。为表达惜别之情，可适当赠送礼品留作纪念。

（4）探视病人。前往医院或病人家中探望时，可携带适宜的礼品，以此表达祝愿对方早日康复的心意。

（5）回赠。当收到他人的礼品时，遵循礼尚往来的交际礼仪，应考虑适时回赠礼品。

15.6　商业演讲礼仪

商业演讲，又称商业演说或商业讲演，特指在公众场合以语言为主要手段，以体态为辅助手段，针对特定问题鲜明而完整地阐述自身见解和主张的语言交际活动。礼仪的本质在于尊重他人、与人为善、待人以诚。良好的商业演讲礼仪既能塑造优异的企业公众形象和个人形象，又能赢得客户好感，进而在竞争中赢得优势。

15.6.1　演讲前的准备

商业演讲常具临时性、广泛性、应酬性等特征，因而也被称作即席演讲。当众进行即席演讲，是对演讲者学识、口才、应变与表达能力的公开考验。商业演讲遵循一定礼仪规范。

声音：应抑扬顿挫，通过语调变化突出重点、传递情感、调动听众情绪。

语言：力求生动、形象、幽默、风趣，可多举例、打比方、引用名言警句，但需避免不当玩笑，杜绝使用低俗、粗鄙语言。

内容：要言之有物，摒弃陈词滥调与空洞无物。

结构：演讲内容通常由开场白、主体、结尾构成，演讲内容的主体是核心，需重点着力。

表情动作：表情应随演讲内容恰当变化，忌面无表情或表情失当；演讲宜站立进行，可辅以适度手势，不过要避免摇头晃脑或太过夸张的动作。

时间把控：应简洁精炼，若遇限时演讲，应精准规划内容，确保在规定时间内完整呈现核心观点,切勿超时。

15.6.2 演讲时的礼仪

1.演讲者应注意手势礼仪

手势的运用可分上位、中位、下位三种。上位,是指肩部以上,常在演讲者感情激越,或大声疾呼、发出号召、进行声讨,或强调内容、展示前景、规划未来的时候运用;中位,即从腹部至肩部,常在演讲者心绪平稳、叙述事实、说明情况、阐述理由的时候运用;下位,即在腹部以下,这个部位的手势常用于指示方位、例举数目。

演讲时手势所传递的信息要与演讲内容保持一致,手势的频率与幅度要适中。

2.演讲站姿要求

1)演讲时男士的站姿要求

演讲中男士应做到头正稍抬,下颌内收,挺胸、收腹。其站姿可选用以下三种形式:其一为双腿直立式,即双膝相靠,后脚跟并拢;其二为分腿站立式,即两腿分开约一肩宽,双膝直立;其三为单腿支点直立式,以单腿轮换为支点,另一腿往侧前方斜放。

2)演讲时女士的站姿要求

演讲中女士应做到头正稍抬,下颌内收,挺胸、收腹。其站姿可选用以下三种形式:其一为双腿直立式,即双膝相靠,后脚跟并拢;其二为分腿站立式,两腿分开约一肩宽,双膝直立;其三为单腿支点直立式,以单腿轮换为支点,另一腿往侧前方斜放,脚位呈小丁字形。

3.演讲时的话筒礼仪

演讲时应该正确使用话筒,注意"试、拿、关、忌"四个方面的要求。

1)试

避免拍打话筒头部或向其吹气来测试。正确的方法是采用正常说话的音量或发出轻柔的声音,例如简单说"你好"或"1,2,3"等,以此检测话筒是否正常工作。这种方式既能有效测试话筒的收音效果,又可避免因强烈冲击或气流对话筒造成损害。

对于有线话筒的引线,务必轻拿轻放,防止过度弯曲、扭转或频繁拉扯。移动话筒时,应手持话筒本身进行,切忌通过拉扯引线来移动;同时需确保引线在使用过程中不被其他物品挤压或缠绕,以防引线折断。

2)拿

话筒应与地面保持一定角度,并置于下巴附近位置,既不可遮挡面部,也不宜紧贴嘴唇。手持话筒的位置因人而异,一般位于其下段。需注意的是,多数话筒的拾音指向性为 45 度角的心形区域,因此正常说话时,话筒与身体的倾斜角度不宜超过 45 度。

3)关

在发言结束后,应将话筒自然持握于胸前,始终保持话筒头部向上,并及时关闭话筒开关。

4）忌

握持话筒时切勿用力过猛。在音箱前方站立或走动时，应避免使用话筒讲话。切忌随身体动作随意摆动话筒。此外，使用话筒讲话时不宜紧夹胳膊。

15.6.3　总结

从准备阶段至演讲结束全程，演讲者皆应恪守礼仪规范。演讲时需胸有成竹，保持自信。需特别注意的是，与听众进行眼神交流时，务必坚持"等距离"原则，避免只注视上司或熟人，致使其他听众产生被冷落之感。

演讲者是否使用演讲稿可视个人情况而定，但无论何种情况，均应保持姿态落落大方，充分展现良好的精神风貌。

新职员的欢迎词范例

各位女士、先生：

大家好！我是银河公司董事长潘力。非常高兴能在各位新同事加入本公司的第一天，就与大家相识。

首先，请允许我代表公司及全体员工，向各位新同事致以最热烈的欢迎！正如各位所知，我们公司在社会上享有良好的声誉与一定的影响力。然而，我们始终秉持进取精神，从未松懈。

今天，看到各位朝气蓬勃的新同事加入银河公司，我由衷地感到欣慰。凭借各位所具有的真才实学，必将助力公司更上一层楼。我深信，在座的都是有志之士，是真正来这里投身事业的同仁。

那么，就让我们携手并肩，友好合作，同舟共济，共同发愤图强！公司鼓励各位尽情施展才华，实现抱负，并将竭诚地为此提供各种便利条件。

再次向各位表示诚挚的欢迎！谢谢大家！

工作任务书

任务一：开学典礼中主席台的座次安排		
项目	任务描述：假如你是学校开学典礼流程的负责人，请安排出合适的主席台座次	教师打分
理论分析	可行性分析（学生课前填写）	

解决方案	（学生课前填写）	
优化方案	总结提升（学生课后填写）	
任务反思	比较研究（学生课后填写）	

任务二：撰写接待流程

项目	任务描述：合作企业的总经理一行三人从外省来你公司洽谈战略合作协议，请撰写接待流程	教师打分
理论分析	可行性分析（学生课前填写）	
解决方案	（学生课前填写）	
优化方案	总结提升（学生课后填写）	
任务反思	比较研究（学生课后填写）	

案例分析

　　某知名互联网公司 A，一直致力于拓展业务合作，提升公司影响力。一次，公司迎来了重要的潜在合作伙伴——某传统行业巨头 B 公司的高层考察团，此次接待对于双方能否达成合作起着关键作用。

　　接待前，A 公司的接待团队做了充足准备。通过与 B 公司沟通，详细了解了考察团的行程安排、人员构成,包括每位成员的职位、兴趣爱好等信息。根据这些信息,精心布置了接待室,准备了涵盖公司核心业务、创新成果的完整资料,还贴心地为考察团成员准备了符合个人口味的饮品。

接待当天,接待人员提前到达指定地点迎接。当考察团车辆抵达时,接待人员面带微笑,使用规范的手势引导考察团成员下车,并主动帮忙提拿行李。在引领考察团成员前往公司的途中,接待人员热情又适度地介绍着当地的风土人情和公司周边的特色。

进入公司后,接待人员以标准的引领礼仪带领考察团成员前往会议室。在会议过程中,全程专注服务,及时添茶倒水,确保会议资料的充足供应。讲解公司业务和合作方案时,讲解人员不仅思路清晰,还十分注重与考察团成员的眼神交流,尊重对方的提问和意见。

考察结束后,接待人员将考察团成员送至车辆旁,再次感谢并期待后续合作,目送车辆离开。

这次接待活动十分成功,给 B 公司考察团留下了深刻且良好的印象,为双方后续顺利达成合作奠定了坚实基础。

思考题:

(1)如果接待过程中,突然有一位考察团成员提出了一个超出准备范围的专业性问题,接待人员应如何应对?

(2)假设接待当天,由于交通拥堵,考察团比预计时间晚到了一个小时到达,接待人员应如何调整接待流程和安排?

第 16 章

餐饮文化尚礼仪

学习目标

知识目标：掌握中餐礼仪和西餐礼仪。

能力目标：具备在不同场合和情境下灵活运用餐饮礼仪的能力。

价值目标：以礼待人，以礼接物，继承和弘扬中华文明和礼仪。

工作情境

　　小蒋面试通过，和公司正式签约前，被邀请和老板一起用餐。他有些忐忑与不解。后来他才了解到，该公司在招聘新人，特别是高等专业人员所在的部门招聘时，最后一步面试环节就是和老板进餐，老板视进餐的礼仪来决定是否录用。

　　问题：小蒋和老板一起用餐时，应该注意哪些餐桌礼仪呢？

名人名言

　　共食不饱，共饭不泽手。

——《礼记·曲礼上》

内容导航

		中餐菜系和礼仪
餐饮文化尚礼仪	中餐礼仪	用筷礼仪
		上茶礼仪
	西餐礼仪	西餐座次与入座礼仪
		刀叉和餐巾礼仪
		餐点和酒的搭配礼仪

知识模块

16.1　中餐礼仪

中餐就是指中国风味的餐食和菜肴。中国自古为礼仪之邦,讲究民以食为天,饮食礼仪自然成为饮食文化的一个重要部分。饮食礼仪会因宴席的性质、目的的差异而有所不同,在不同地区,其表现形式也存在显著差别。

16.1.1　中餐菜系和礼仪

1. 中餐菜系

中国是餐饮文化大国。长期以来,受地理环境、气候物产、文化传统及民族习俗等因素影响,在特定地区形成了具有清晰风味谱系与技法传承、享有全国知名度的地方餐饮流派,统称菜系。其中,鲁菜、川菜、粤菜和苏菜为传统的"四大菜系",在此基础上,浙菜、闽菜、徽菜、湘菜的加入,构成了"八大菜系"。

1)鲁菜

鲁菜,即山东菜,是中国四大菜系之一,属历史原生型菜系。据古代文献考证,它是中国最早形成系统烹饪理论与技法框架的菜系,发展过程主体传承有序,兼具深厚文化底蕴,并在演化中融合齐鲁地域特色。

2)川菜

川菜源自四川地区,是中国四大菜系之一,以风味独特性与民间普及度著称,素有"百姓菜"之誉。其核心特色为麻、辣、鲜、香,主料多取家常食材,宴席偶用山珍江鲜。烹饪技法以小炒、干煸、干烧、泡、焙见长。川菜尤重味型创新,鱼香、红油、怪味、麻辣等风味突出,整体风格质朴鲜活,富有乡土气息。

3)粤菜

粤菜即广东菜,由广府菜(广州府菜)、潮州菜(潮汕菜)、东江菜(客家菜)三大分支构成,各具特色。虽系统化形成相对较晚,但影响力深远。因海外移民传播,粤菜成为国外中餐馆的主体菜系,被视为中国饮食文化的海外代表。

4)苏菜

苏菜又称淮扬菜,明清时期为宫廷膳食重要源流,现为国宴主要承袭体系。其技艺核心在于精妙刀工(尤以瓜雕闻名全国)与火候把控,擅长炖、焖、煨、蒸、烧、炒等技法。选材侧重江淮水产,讲究鲜活本味,成菜形态雅致,风味清鲜平和而微带甜韵。

2. 中餐具体礼仪

中国的饮宴礼仪经过千百年的演进形成了大家普遍接受的一套饮食进餐礼仪,其是古代饮食礼制的继承和发展。

1）中餐的餐具

中餐餐具主要包含杯、盘、碗、碟、筷、匙六种。在正式宴会上，餐具摆放有规范：水杯置于菜盘上方，酒杯位于右上方。筷子与汤匙可放置在专用座上，或收纳于纸套中，且餐具间应保持适宜间距，以便取用。

2）中餐上菜的顺序

中餐上菜通常遵循先冷盘、后热菜，最后上甜食与水果的顺序。用餐前，服务员会为每位宾客送上第一道湿毛巾，此毛巾主要用于擦手，而非擦脸。在宴席上，若供应鸡、龙虾、水果等菜品时，有时会配有一小水盂（材质多为铜盆、瓷碗或水晶玻璃缸），水面上漂浮着玫瑰花瓣或柠檬片，这是供宾客洗手用的。曾有宾客误将其当作饮料饮用而闹出笑话。洗手时，需两手轮流沾湿指头，轻轻刷洗，之后用餐巾或小毛巾擦干。

3）餐巾使用礼仪

餐巾主要防止弄脏衣服，兼用于擦嘴及擦去手上的油渍。餐巾摊开后，应放在双膝上端的大腿上，切勿系在腰间，或挂在西装领口。切忌用餐巾擦拭餐具。餐毕，要将餐巾折好，置放餐桌再离席。

商务中餐礼仪

1. 餐巾

中餐用餐前，一般会为每位用餐者上一块湿毛巾。这块湿毛巾的作用是擦手，擦手后，应该把它放回盘子里，由服务员拿走。而宴会结束前，服务员会再上一块湿毛巾，和前者不同的是，这块湿毛巾是用于擦嘴的，不宜用其擦脸或抹汗。

2. 筷子

中餐最主要的餐具就是筷子，筷子必须成双使用。筷子是用来夹取食物的。用来挠痒、剔牙或用来夹取食物之外的东西都是失礼的。与人交谈时，要暂时放下筷子，不能一边说话，一边像指挥棒似的挥舞筷子。

3. 碗

中餐的碗可以用来盛饭、盛汤，进餐时，可以手捧饭碗就餐。拿碗时，用左手的四个手指支撑碗的底部，拇指放在碗端。吃饭时，饭碗的高度大致和下巴保持一致，如果汤是单独由带盖的汤盅盛放的，表示汤已经喝完的方法是将汤勺取出放在垫盘上，把盅盖反转平放在汤盅上。

4. 盘子

中餐的盘子有很多种，稍小点的盘子叫碟子，主要用于盛放食物，使用方式和碗大致相同。用餐时，盘子在餐桌上一般要求保持原位，且不要堆在一起。

需要重点介绍的是一种用途比较特殊的盘子——食碟。在中餐中，食碟的使用有一些南北差异：偏南方地域，更偏向用于食物残渣的存放；偏北方地域，则更偏向用于暂放从菜盘里直接取来享用的菜。

食碟较为折中的用法是:既可以装将要吃的食物,也可以装残渣,只不过要分开放置。残渣应轻轻放在食碟的前端,不应直接从嘴里吐到食碟上,而应用筷子夹放到碟子前端。如食碟放满了,可示意让服务员换食碟。

5. 汤盅

汤盅是用来盛放汤类食物的。用餐时,使用汤盅有一点需注意:将汤勺取出放在垫盘上并把盅盖反转平放在汤盅上就表示汤已经喝完。

6. 水杯

中餐的水杯主要用于盛放清水或果汁、汽水等饮料。

16.1.2　用筷礼仪

筷子是我国的文化饮食标志,历史悠久。在日常饮食中使用筷子的频率是很高的,但在使用筷子时,我们也需要掌握一定的礼仪。

1. 筷子的用法

一般我们在使用筷子时,正确的使用方法讲究的是用右手执筷,大拇指和食指捏住筷子的上端,另外三个手指自然弯曲扶住筷子,并且筷子的两端一定要对齐。在使用过程中,用餐前筷子一定要整齐码放在饭碗的右侧,用餐后则一定要整齐地将筷子放回原位。

2. 用筷禁忌

筷子虽然用起来简单、方便,但也有很多规矩。在长期的生活实践中,人们对使用筷子也形成了一些礼仪上的忌讳。

一忌敲筷。即在等待就餐时,不能坐在桌边,一手拿一根筷子随意敲打,或用筷子敲打碗盏或茶杯。

二忌掷筷。在餐前发放筷子时,要把筷子一双双理顺,然后轻轻地放在每个人的餐桌前;距离较远时,可以请人递过去,不能随手掷在桌上。筷子应朝外摆放在碗边或碟边,不可将筷子插在饭里也不能放在碗上。饭店里会有放筷子的托架,可以放在那里。为表示礼貌,筷子应轻拿轻放。

三忌叉筷。筷子不能一横一竖交叉摆放,要摆放在碗的旁边,不能搁在碗上。

四忌插筷。在用餐中途因故需暂时离开时,要把筷子轻轻搁在托架上或餐碟边,不能插在饭碗里。

五忌挥筷。在夹菜时,不能把筷子在菜盘里挥来挥去,上下乱翻。遇到别人也来夹菜时,要有意避让,谨防“筷子打架”。碗盘杯筷都放在方便取用的地方,不能放得太挤,也不要放得太宽。

六忌舞筷。在说话时,不要把筷子当作道具,在餐桌上乱舞;也不要在请别人用菜时,把筷子戳到菜里。

16.1.3 上茶礼仪

1. 上茶之人

在家中待客时,通常可由家中的晚辈为客人上茶。在工作单位待客时,一般应由秘书、接待人员为来宾上茶。

2. 上茶顺序

若来访的客人较多时,上茶的先后要慎重对待。符合礼仪的做法应当是:

先为客人上茶,后为主人上茶;

先为女士上茶,后为男士上茶;

先为长辈上茶,后为晚辈上茶。

假设来宾较多,而且彼此之间职位区别不大之时,可采取以下四种方式依次上茶:以上茶者为起点,由近而远依次上茶;以进入客厅之门为起点,按顺时针方向依次上茶;以客人的先来后到为顺序依次上茶;不讲依次,由饮用者自己取用。

3. 上茶的方法

以茶待客时,一般应当事先将茶沏好,装入茶杯,然后放在茶盘之内端入客厅。假设来宾较多时,务必要多备上几杯茶,以防供不应求。在上茶时,应当,向客人表达自己的谦恭与敬意。标准的上茶步骤是:

(1)双手端着茶盘进入客厅,将茶盘放在邻近客人的茶几上或备用桌上;

(2)右手拿着茶杯的杯托,左手贴在杯托旁,从客人的右后侧双手将茶杯递上去;

(3)茶杯放置到位之后,杯耳应朝向外侧;

(4)若使用无杯托的茶杯上茶亦应双手奉上茶杯。

4. 上茶具体礼仪

(1)茶具要整洁。宾客进屋以后,先请坐,然后备茶。泡茶前,一定要把茶具细心地清洗干净,然后用开水烫一下。

(2)上茶仪态。上茶时一定要注意,茶不能太满,以八分满最好。水温也不宜太烫,以免客人被烫伤。用茶盘端出的茶,色要均匀,要用左手捧着茶盘的底部,右手扶着茶盘的边缘,上茶时应该以右手端茶,从客人的右方奉上,并面带微笑,眼睛注视对方。

(3)双手奉茶。请客人喝茶时,要将茶杯放在托盘上然后端出,并且双手奉上,以示尊敬。茶杯需要放在客人右手的前方。在谈话过程中,要及时给客人添茶水。

(4)茶具摆放。以咖啡或者是红茶待客时,杯耳和茶匙的握柄要朝着客人的右边,而且要替客人准备一包砂糖和奶精,放在杯子旁或小碟上,方便客人自行取用。如有茶点,应放在客人的右前方,茶杯应摆在点心右边。

5.喝茶禁忌

(1)忌饮浓茶解酒。喝酒大醉以后,有人常用浓茶来解酒,这种方法是不对的。茶叶中含有一种叫作咖啡碱的物质。咖啡碱与酒精结合后,会增强中枢神经的兴奋性,导致心跳加快、血压升高,并可能引起恶心、呕吐等不适症状。因此,饮酒后不宜饮用浓茶,以免加重醉酒后的不适感。

(2)饭后忌立刻喝茶。食物在进入胃中后,要经过各种酶和胃酸的作用,才能转化为人体可以吸收的养分物质,而胃酸中又含有低浓度的盐酸。因此,饭后如立刻喝茶,由于茶中含碱质,会与胃酸中和,水也会冲淡胃液,从而要延长食物的消化时间,增加了胃的负担。长此下去,会使胃受到损害,影响身体健康。一般来说,在饭后一小时内不宜喝茶。

(3)茶叶珍藏忌异味。茶叶中的高分子化合物性质活泼,当茶叶与香皂、樟脑、卷烟等接触后,会很快吸咐它们的气味,产生异味。因此,要严防茶叶与有异味的物质接触,贮茶容器也务必保持清洁无味。

(4)饮茶忌多。茶叶中含有微量元素氟,成人对氟的生理需要量一般为每天 1~1.5 毫克。不同种类和产地的茶叶含氟量有所不同,部分茶叶含氟量相对其他食品较高。过量摄入氟元素可能会使其在人体内蓄积,进而引发氟中毒等健康问题。因此,饮茶应适量,避免过量饮茶导致氟摄入超标。

(6)失眠者夜间忌饮茶。茶的兴奋作用可能会使失眠者更加无"眠"。

16.2　西餐礼仪

西餐和中餐礼仪的区别

1.入座座次不同

中餐用餐时的座次大都是按照长幼尊卑来定的,"尚东为尊"或"面朝大门为尊"。而西餐用餐时,面对门且离门最远的那个座位一般是女主人的,与女主人相对的是男主人的座位。女主人右手边的座位是第一主宾席,一般是位先生,男主人右边的座位是第二主宾席,一般是主宾的夫人。

2.餐具不同

中餐的餐具一般都比较简单,多以杯、盘、碗、碟、筷、匙等为主。而西餐的餐具则五花八门,享用不同的菜肴也会使用不同的刀叉。餐具用法讲究颇多,即使是喝酒的玻璃杯,也要同所喝的酒相对应。

3.上菜的顺序和摆放不同

大部分中餐上菜时一般按照冷盘、汤、主菜、主食、餐酒或水果的顺序进行。不过,在不同地区和餐饮场合,中餐上菜顺序也会有所差异。西餐则大都按照开胃菜、色拉、汤、餐酒、主食、甜点和咖啡的顺序上菜。西餐用餐时用完一道菜再上另外一道菜;而中餐在一些小型聚餐中可能会较快将菜品陆续上桌,在正式宴席中,也会分批次按序上菜。

4.着装要求不同

除非在正式场合,中餐对于就餐者的着装要求并不高,穿着可随意。而西餐对于就餐者的要求比较高,特别是在高档的西餐厅,男士要穿着整洁的西装和皮鞋,并且要打领带,女士要穿套装和有跟的鞋子。

16.2.1　西餐座次和入座礼仪

1. 座次安排

1)长形桌排列

男女主人分坐两头,门边男主人,另一端女主人,男主人右手边是女主宾,女主人右手边是男主宾,其余依序排列。

2)T形或门字形桌排列

横排中央位置是男女主人位,身旁两边分别为男女主宾座位,其余依序排列。西餐排座位,通常男女间隔而坐,用意是男士可以随时为身边的女士服务。

3)西餐座次安排的原则

西餐的座次安排可以参考以下原则进行:

(1)女士优先:女主人坐主位,男主人坐第二主位;

(2)恭敬主宾:男女主宾分别紧靠女主人和男主人,以便主人照顾;

(3)交叉排列:男女应当交叉排列,生人与熟人也应当交叉排列。

2. 入座礼仪

需要注意的是较大规模的宴会,可能有一两桌是属于主家的,位置多设于舞台或讲台下最前列,宾客不可贸然入座。入座时注意桌上座位卡是否写着自己的名字,不可随意乱坐。如邻座是年长者或妇女,应主动协助他们先坐下。入座时如果有主人或招待人员,那么座位应听候主人或招待人员指派,不要过于礼让。

坐下前,建议用手将椅子往后拉一些再坐下,避免用脚推开椅子,这种行为会显得较为粗鲁。如果有同行伴侣,无论男女,另一方主动帮忙拉椅子是礼貌的体现。

最得体的入座方式是从左侧入座。当椅子被拉开后,站在距离桌子较近但不会碰到的位置,待协助者将椅子推进,腿部碰到后面椅子时,即可坐下。入座后应保持端正的坐姿,不要用手托腮或将双臂肘部放在桌上。双脚应踏在本人座位下方,避免随意伸出妨碍他人。

不要玩弄桌上的酒杯、盘碗、刀叉、筷子等餐具,也不要用餐巾或口纸擦拭餐具,以免让人误以为餐具不干净。

16.2.2　刀叉和餐巾礼仪

1. 刀叉使用礼仪

在正式的餐饮场合,刀叉礼仪是一种体现个人修养和餐桌礼仪的重要方式。通过了解并掌握正确的使用方法及注意事项,可以在任何正式场合展现出得体的举止和优雅的风度,也要注意避免禁忌行为,以免给人留下不良印象。特殊情况下的刀叉礼仪也需要提前了解并做好准备,以便更好地应对各种用餐场景。

1)刀叉礼仪注意事项

(1)准备。使用刀叉前,确保餐盘下面有足够的餐巾纸,当使用刀时,可以避免食物溅出。

(2)顺序。进餐时,先用刀切割食物,再用叉子叉起食物,切割后可以直接用叉子送入口中。

(3)姿势。使用刀叉时,身体要挺直,不要弯腰驼背。右手拿刀,左手拿叉,刀口朝内,不要刺到盘中的食物。

(4)配合。使用刀叉时,要与嘴巴的动作相配合,当咀嚼食物时,应放下刀叉,避免发出声响。

(5)休息。进餐过程中,如果需要暂时离开座位,应将刀叉呈十字形或交叉放好,这样可以表示"我还没有吃完",以防止服务员收走餐盘。

2)刀叉礼仪禁忌

(1)不要将刀叉竖放在餐盘上,这种放置方式不仅不雅观,而且容易造成餐具损坏。

(2)不要将刀口对着他人或自己,无论是说话还是思考,都应避免将注意力集中在刀叉上,以免给人留下不礼貌的印象。

(3)不要将刀叉挥舞得过于猛烈,这不仅不美观,还可能引起他人的不适。

(4)不要将未吃完的食物随意放置在餐盘中或扔在桌子上,这不仅不卫生,也浪费了食物。

(5)不要在餐桌上剔牙、玩食物或进行其他不雅行为,这些行为不仅不礼貌,还可能影响他人的用餐体验。

2. 餐巾使用礼仪

"餐桌礼仪从餐巾开始",这是西方用餐礼仪中的一句俗语。

1)用餐前

入座后,不要急于打开餐巾。第一个打开餐巾的人应该是主人,这个动作意在宣布宴会正式开始。但自助餐除外,开始吃自助餐时便可展开餐巾。注意不要拿错其他人的餐巾。

在较正式的宴会中,餐巾常见的放置方式有多种。通常会折叠好放在位子中间的装饰盘上;有时也会放在餐盘左侧;部分场合还可能会将餐巾放在杯子中。当您不确定哪条餐巾属于自己时,可以观察周围布置或向服务人员询问。

用柔和的动作展开餐巾,不要太用力或摇晃餐巾。以餐巾的大小决定展开餐巾的幅度。对于较正式宴会所提供的较大块的餐巾,可将其对半展开放在大腿上。如果是较小块的餐巾,可以完全展开覆盖在大腿上。

如果不是小孩或用餐不方便的人,最好不要将餐巾挂在胸前。也不要将餐巾折到衣扣或者腰带的位置。但在端上一些零碎的零食时,如果主人将餐巾放在下巴下方或者围在脖子上时,也可以跟随着主人一起这样做。

2)用餐中

餐巾是为了预防食物汤汁滴落弄脏衣物而设置的。但是,最主要的用途还是擦拭嘴巴。进餐过程中不小心弄得满嘴油渍时,需要用餐巾擦干净嘴巴。喝酒时会把油渍留在玻璃杯上,很不雅观,因此喝酒前一定要用餐巾擦拭嘴巴。涂了口红的女士需在喝酒前用餐巾略擦一擦,避免唇印沾在酒杯上。

用餐巾擦嘴时避免动作过大,正确而优雅的使用方法是轻轻沾擦。餐巾是用来擦嘴的,所以不要用它来擦脸或擦餐具。如果需要擦汗或擦餐具,可以用纸巾。

餐巾是可以弄脏的,如不想将餐巾弄脏而取出自己的手帕或面纸使用,这是违反用餐礼仪的。将鱼骨头或水果的籽吐出时,可利用餐巾遮住嘴,直接吐在餐巾内,再将餐巾向内侧折起。

3)离席

宴席中最好避免中途离席,如非要暂时离席,一般做法有两种,可以用盘子或刀子压住餐巾的一角,让它从桌沿垂下,当然脏的那一面朝内侧才雅观。或者把餐巾叠好放在椅子上,若椅子装有软垫,餐巾有油渍的一面应朝上。

4)用餐毕

用餐完毕时,把餐巾放回桌上的动作也是由主人先做的,这表示宴会结束。餐毕先将腿上的餐巾拿起,随意叠好(不用叠得整齐,但也不能将餐巾弄得皱巴巴的),再把餐巾放在餐盘的左侧,然后起身离座。如果站起来后才甩动或折叠餐巾,就不合乎礼节了。如果餐后还有咖啡供应,餐巾可继续留在大腿上,直到用完再把餐巾放回桌上。

16.2.3　餐点和酒的搭配礼仪

西式宴席用餐尤其讲究情调,在西餐礼仪中十分注重以酒配菜,并在长期的饮食实践中总结出了一套相配的规律。

1. 餐前酒

餐前酒也称开胃酒,是指在餐前饮用的,喝了后可以刺激人的胃口、增加人食欲的饮料。开胃酒通常由药材浸制而成,主要品种有味美思、比特酒、茴香酒等。

2. 佐餐酒

佐餐酒是在进餐时饮的酒,一般为葡萄酒。佐餐酒包括红葡萄酒、白葡萄酒、玫瑰露酒、葡萄汽酒等。白葡萄酒、玫瑰露酒和葡萄汽酒宜冰镇后饮用,红葡萄酒通常装于酒篮中。

3. 甜食酒

甜食酒一般是在佐助甜食时饮用的酒品。其口味较甜,常以葡萄酒为基酒,加葡萄蒸馏酒配制而成,主要品种有雪莉酒、波特酒等。

4. 餐后甜酒

餐后甜酒又叫利口酒,是餐后饮用的,人喝了之后有帮助消化的作用。这类酒有很多种口味,原材料有两种类型:果料类和植物类。制作时用烈性酒加入各种配料(果料和植物)和糖配制而成。主要品种有本尼狄克丁、谢托利斯、乔利梳、金万利、君度、薄荷酒等。

5. 混合饮料

混合饮料(如鸡尾酒)是指由两种及以上的酒水、软饮或其他配料混合而形成的饮品,通常在餐前饮用或在酒吧饮用。

6. 西餐菜肴与酒水搭配

海鲜类食物搭配无甜味的干白葡萄酒;小牛肉、猪肉和鸡肉等肉类最好搭配度数不高的干红葡萄酒;牛肉、羊肉和火鸡等肉类最好搭配度数较高的红葡萄酒。

工作任务书

任务一:年会座次安排		
项目	任务描述:公司在年底要举行年会,会议地点选择在一个大型中餐宴会厅。请你按照公司的组织结构,安排中餐座次	教师打分
理论分析	可行性分析(学生课前填写)	
解决方案	(学生课前填写)	
优化方案	总结提升(学生课后填写)	
任务反思	比较研究(学生课后填写)	

任务二:西餐点餐		
项目	任务描述:有外国友人来中国旅游,你负责接待。请你安排就餐事项,根据西餐礼仪完成西餐点餐	教师打分
理论分析	可行性分析(学生课前填写)	
解决方案	(学生课前填写)	
优化方案	总结提升(学生课后填写)	
任务反思	比较研究(学生课后填写)	

案例分析

周末,小李一家举办家庭聚餐,庆祝爷爷的生日。餐厅里,一家人围坐在圆桌旁。

就餐前,小李主动帮着父母摆放餐具,将长辈的碗筷放置整齐。爷爷入座后,大家才依次落座。

上菜了,小李没有立刻动筷,而是等爷爷先夹菜,之后才开始用餐。用餐过程中,小李安静进食,不发出过大的声响,夹菜时也只夹自己面前的菜,避免在盘中随意翻搅。

吃饭时,小李的手机突然响了,他迅速将手机调至静音,等用餐结束后才去查看。其间,小李还适时地给长辈们添茶倒水,展现出良好的礼貌。

聚餐结束后,小李帮忙收拾餐桌,将餐具送到厨房,才和大家一起去客厅聊天。

思考题:

(1)在现代快节奏生活中,很多人习惯边吃饭边看手机,这与用餐礼仪相悖。你认为应该如何平衡现代生活习惯与传统用餐礼仪呢?

(2)如果在聚餐时,遇到有人不遵守用餐礼仪,比如大声喧哗、随意翻菜,你会用什么方式去提醒他们,且能避免尴尬呢?

第 17 章

汽车销售遵礼仪

学习目标

知识目标:了解汽车销售流程每个环节的内容和特点。

能力目标:具备在不同场合和情境下灵活运用汽车销售相关话术的能力。

价值目标:1.了解国产汽车的发展历史,培养爱国主义精神;

           2.建立大数据时代公众隐私的保护理念。

工作情境

    王茗是华丰 4S 店的销售顾问,她打电话给宸光公司的刘琦先生洽谈购车事宜,并希望能邀约刘琦先生来店。

    问题:王茗需要怎么做呢?

名人名言

    推销的要点是,你不是在推销商品,而是在推销你自己。

——世界上最伟大的销售员乔·吉拉德(Joe.Girard)

内容导航

	汽车销售流程简介	—
汽车销售遵礼仪	汽车销售礼仪	汽车销售礼仪的特点
		汽车销售礼仪的原则
		邀约礼仪
		接待礼仪
		试乘试驾礼仪
		成交后的回访礼仪

知识模块

17.1　汽车销售流程简介

汽车销售是指在客户选购汽车产品的过程中,汽车销售顾问为协助客户达成购买行为所开展的一系列服务性工作。在整个销售流程中,销售顾问需严格遵循服务规范,为客户提供涵盖售前、售中、售后阶段的全方位、全过程专业服务,精准满足客户购车及用车需求。该岗位被称为"汽车销售顾问",其称谓源于工作要求:在销售流程中,需以顾问式服务为客户提供专业的汽车消费咨询与导购。汽车销售顾问虽以实现销售为目标,但始终以客户需求和利益为核心出发点,提供契合其需求与利益的产品服务,彰显以客为尊、专业负责的职业精神。

汽车销售并非单纯的商品售卖行为,而是一个包含多环节的复杂专业过程。其标准流程涵盖客户开发、客户接待、需求咨询、产品推介、试乘试驾、报价协商、签约成交、交车服务、售后跟踪等九大关键环节。这些环节环环相扣,共同保障为客户提供专业、全面的服务,传递规范、专业的行业价值导向。

1. 客户开发

客户开发是销售的前期活动,而找准客户是销售活动成功的关键之一,是开展销售活动的前提和基础。对于汽车销售人员来说,要想有效地开展销售工作,与各类推销对象最终达成交易,满足供需双方的利益需求,首先就要运用恰当的方法筛选最有成交希望的推销对象,聚焦高潜力客户。

对汽车销售人员来说,如何寻找适合自己产品的目标客户是汽车整车销售流程的第一步,汽车销售人员应该根据自己的产品特征,明确目标客户群,分析他们的特征,然后根据这些条件去寻找和开发客户。

2. 客户接待

通常,客户在购车前可能对购车体验存在负面预期,而专业周到的接待能有效消除其负面情绪,从而为其整个购车体验奠定愉悦满意的基调。

客户到店进入销售现场,汽车销售人员需主动热情上前迎接,迈出客户接待的第一步。随后,与客户进行有效沟通,激发客户兴趣,提升其购买意愿。销售能否成功,第一印象至关重要。客户会根据销售人员的声音、语调等判断其友好度、专业性与自信度,还会通过其举止考察其是否符合心目中理想汽车销售人员的形象。

3. 需求咨询

需求咨询,亦称需求分析。不同客户有着不同的消费需求,汽车销售人员应清晰把握其购车动机,从而有针对性地推荐最适配的车辆。否则,即便销售人员准备充分、讲解细致,也难以触动客户。

需求咨询过程中,汽车销售人员不仅要了解客户的显性需求,而且要尽量多了解其隐性需求。对客户的疑问逐一解答,耐心倾听客户意见,有助于了解其隐性需求。此环节以客户为核心,以客户需求为导向,通过分析客户需求,为客户推介契合其实际需求的汽车产品。

这一阶段的关键在于建立和加强客户对销售人员及经销商的信赖。客户产生信赖后,会更放松地表达需求。

4. 产品推介

在明确客户具体需求后,可依据其经济状况与预算推介合适车型,同时也可着重介绍当季新款及畅销车型,以便为客户提供更丰富的选择空间。

此阶段的核心在于围绕客户需求展开产品介绍,以此建立客户信任。销售人员需精准传递与客户需求及购买动机直接相关的产品特性,帮助客户清晰理解车辆如何契合其实际需求。唯有如此,客户方能充分认识到产品价值。此环节需持续进行,直至客户明确认可所选车型符合其心意。

在整个介绍过程中,汽车销售人员应紧扣车型特点,结合客户的日常出行需求与潜在需求,采用互动方式引导客户全面了解车辆各部位及性能。另外,可以通过恰当的方法与技巧突出产品亮点,向客户清晰展示该款汽车能为其带来的实际利益,从而为顺利推进至下一环节奠定基础。

5. 试乘试驾

试乘试驾是产品推介环节的自然延伸。客户通过亲身体验,可对感兴趣的产品特性进行逐一验证,从而充分了解汽车的实际性能,进而增强购买意愿。

在试乘试驾过程中,销售人员应引导客户专注于车辆体验,并适度给予客户私人空间,避免过度交谈,以提升其体验感受。同时,需针对客户的具体需求与购买动机进行必要说明,以此进一步巩固客户的信任感。

6. 报价协商

若客户在试乘试驾后感到满意,销售人员可适时提出销售议案。

为避免在协商阶段引发客户疑虑,销售人员应使客户感到其已了解所有必要信息并主导这一关键步骤。当销售人员在清晰地掌握了客户在价格及其他条件上的要求后提出议案,客户将感受到在与一位诚实、值得信赖的销售人员合作,该销售人员会全面考量其财务需求和关切点。

报价协商的核心在于有效解决客户异议,而客户异议是销售活动中的必然现象。从接近客户、推销面谈直至成交签约的每一阶段,客户均可能提出异议。汽车销售人员唯有正确认知并把握这些异议,针对不同类型的异议采取相应策略,方能妥善处理,最终促成交易。

7. 签约成交

汽车销售人员需提前备妥购车合同等相关文件，并细致地为客户讲解各项规章协议条款，以此建立充分信任。同时，应通过阐述所选车型与客户需求的契合度及性价比优势，强化客户的购买信心。

签约作为服务流程的重要节点，既是前期需求分析、方案推荐等环节的成果体现，也为后续服务奠定了坚实基础。

因此，优秀的销售人员应确立以客户为中心的服务目标，通过系统化的服务流程，自然达成符合双方利益的协议。

8. 交车服务

交车服务指在成交后安排将新车交付给客户。在此环节，汽车销售人员须遵循规范的服务行为：按照约定日期和时间交付车况完好、外观洁净的车辆；热情为客户再次讲解用车注意事项；向客户提供售后联系方式，确保交易圆满达成。

交车是客户情绪最为兴奋的时刻。一次愉快的交车体验，能为双方建立长期积极关系奠定坚实基础。此环节的核心目标是严格履约——按时交付洁净完好的车辆，此举是提升客户满意度并增强其对经销商信任的关键。

此外，需充分尊重客户的时间安排：在有限的交车时段内，高效解答客户疑问，塑造专业的服务形象。此举亦能为未来的客户转介创造良好条件。

9. 售后跟踪

交车环节并非服务流程的终点。服务闭环的完成不仅在于合约签署与交车，更核心的是通过专业服务为持续的客户关系奠定基础。销售人员应运用规范化的维系技巧对保有客户进行长期管理，以实现通过客户推介吸引新意向客户到店看车、购车的目标。

因此，售后服务是至关重要的环节，可视为新一轮客户开发的起点。鉴于维护老客户比开发新客户更具效率，此阶段的核心要点在于：在客户购买新车至首次维保服务期间，持续深化双方关系，确保客户返店进行首次维护保养。

17.2 汽车销售礼仪

汽车销售礼仪是指在汽车销售活动中，销售人员向客户表达尊敬、善意与友好的一系列道德规范、行为准则。它是汽车销售人员在仪表、仪容、仪态、言谈举止及待人接物方面所遵循的规范，更是其个人道德品质、内在素养、文化底蕴和精神风貌的外在综合体现。

17.2.1 汽车销售礼仪的特点

汽车销售礼仪作为特定环境下的专业行业规范，具有鲜明的特征，即规范性、限定性、可操作性、传承性。

第一，规范性。汽车销售礼仪是销售人员在从事销售活动中待人接物时应该遵守的行为规范。这种规范，约束着销售人员的仪容、仪表、仪态和行为举止，使其符合汽车销售职场的礼仪规范。

第二，限定性。限定性作为汽车销售礼仪的重要特征，其内涵在于：礼仪虽普遍适用于一般人际交往与应酬，但生活中的诸多礼仪表现形式常受场景、个人身份及具体事件的制约而存在差异。汽车销售礼仪更是如此，它要求在销售过程中，销售人员必须遵循特定的行为约束，以满足汽车品牌形象及生产企业经营理念的要求。不同汽车品牌文化及业务流程，赋予其销售礼仪独特的品牌内涵，这种受多重因素制约的特性，即汽车销售礼仪的限定性所在。

第三，可操作性。可操作性是汽车销售礼仪的显著特征。其规则须切实有效、实用可行，并力求简明扼要，确保从业者易学易会、便于操作。汽车销售礼仪绝非纸上谈兵、空洞无物，既不会脱离实际、不着边际，也不会故弄玄虚、夸夸其谈。在其实践体系中，既包含总体层面的原则与规范，又通过一系列详尽的方式方法，将这些准则精准贯彻到销售活动的每个环节。从接待问候、引导看车的仪态，到车型介绍的话术、处理异议的沟通技巧等，均有细致实用的礼仪指导，使汽车销售人员真正做到言之有物、行之有礼。

第四，传承性。任何国家的礼仪都具有鲜明的民族特色，其当代礼仪均是在历史传统基础上继承与发展起来的。当然，随着社会的进步与文明的积累，礼仪的成果是在批判性继承（扬弃糟粕）之上的传承与发展，此即礼仪传承性的特定含义。汽车销售礼仪亦体现了此特性。以奥迪汽车为例，拥有百年深厚文化积淀的奥迪，其品牌服务标准不会因国籍或地域文化差异而改变；融入全球各地文化礼俗元素的奥迪销售礼仪，有效促进了品牌自身发展。同时，在国产自主品牌开拓海外市场的进程中，东风汽车凭借独特的文化营销策略，将中国礼仪文化融入品牌传播，成功地在国际市场崭露头角，成为传承中国礼仪文化的典型案例。

17.2.2　汽车销售礼仪的原则

在汽车销售工作中，销售人员要学习、应用销售礼仪，必须要掌握具有普遍性、共性、指导性的礼仪规律，这些礼仪规律，即汽车销售礼仪的原则。掌握这些原则，将有助于更好地学习、应用汽车销售礼仪。汽车销售礼仪的原则包括以下几点。

第一，遵守的原则。在汽车销售中，每一位销售人员都必须自觉、自愿地遵守销售礼仪，以礼仪去规范自己在销售活动中的一言一行，一举一动。

第二，自律的原则。从总体上来看，汽车销售礼仪规范是由对待自身的要求与对待他人的做法这两大部分构成的。对待自身的要求，需要自我要求、自我约束、自我控制、自我对照、自我反省，这就是所谓的自律的原则，也是汽车销售礼仪的基础和出发点。

第三，敬人的原则。所谓敬人的原则，即要求汽车销售人员在销售活动中，不仅要谦让、尊重客户，更须将对客户的重视与友好置于首位。这是"客户至上"理念的具体体现。相较于个人要求原则,此原则更为重要,是汽车销售礼仪的重点与核心所在。

第四,宽容的原则。宽容的原则要求销售人员在运用销售礼仪时,既要严于律己,也要宽以待人。应多体谅、理解他人,避免斤斤计较、咄咄逼人。在销售活动中,需体谅客户可能出现的情绪化表达(如发脾气、使性子),理解其强烈自我意识的流露;更要以同理心对待不同于己、不同于众的行为,始终以耐心、包容、理解的态度面对客户。

第五,平等的原则。平等的原则是强调销售人员在汽车销售活动中,不能因客户在年龄、性别、种族、文化、职业、财富及与自己关系的亲疏远近等方面的差异,厚此薄彼,区别对待。

第六,从俗的原则。汽车销售人员因工作流动性较大,常需面对来自不同民族、拥有不同文化背景的客户。因此,面对这一类客户时,首要是坚持从俗的原则。遵循此原则,将使汽车销售礼仪的应用更为得心应手,并能有效促进销售交易的达成。

第七,真诚的原则。在汽车销售交往礼仪中,真诚原则是贯穿始终的核心准则。销售人员需以诚恳态度面对客户,使关切与善意自然流露于言行。相较于言语表达,实际行动往往更能直观体现诚意。唯有秉持真诚之心,方能使礼仪举止自然得体、恰到好处。反之,若将礼仪视为功利工具,表现出表里不一、趋利避害的行为(如对客户"需要时热情周到,事成后态度冷淡"),则完全背离了礼仪的本质内涵。因此,坚守真诚待人的信念,以真实诚恳的态度服务客户,不仅是构建长期信任关系的基础,更是汽车销售人员践行职业操守、传递正确价值观的必然要求。

第八,适度的原则。讲究礼仪本质上是基于对他人的一种尊重。然而,凡事过犹不及,在汽车销售交往中尤需注意。销售人员应充分考虑时间、地点、环境等具体条件,针对不同客户因人而异地把握礼仪分寸。施礼过度或不足,均属失礼之举,例如:见面握手时间过长;告别时反复多次鞠躬、不停致谢等。礼仪的施行,贵在将内心的真挚情感自然地传达给对方,使其感受到真诚即可。

17.2.3　邀约礼仪

电话邀约是汽车销售工作中的关键环节,通过电话与客户进行有效沟通,旨在激发其到店意向,从而提高邀约成功率。

1. 当被邀约人不在场时

根据本章开篇中的情境,华丰 4S 店的销售顾问王茗打电话给宸光公司的刘琦先生洽谈购车事宜。当被邀约人不在场时,销售人员要体现出良好的职业素养和文明风范。在此种情况下,销售人员在打电话时应该注意的礼仪参见以下对话。

宸光公司电话接听人员:宸光公司,您好!请问有什么可以为您服务的?

王茗:请问刘琦先生在吗?

宸光公司电话接听人员:请问您是哪位?

王茗：我是华丰 4S 店的销售顾问王茗。

宸光公司电话接听人员：麻烦您稍等，我帮您转接，看他在不在。

王茗：谢谢您！

宸光公司电话接听人员：王小姐，很抱歉！刘琦先生出去了，还没回来，请问您有什么事需要我转告他吗？

王茗：麻烦您帮我转告刘琦先生，他需要的车型资料我已经发到他的电子邮箱中，请他回来看看有没有需要补充的地方。

宸光公司电话接听人员：好的，我会转告刘琦先生您已经把车型资料发过来了。

王茗：谢谢您！

宸光公司电话接听人员：不用客气！

王茗：再见！

根据上述对话情境可知，当被邀约人不在场时，通话内容应简洁利落。首先需正确介绍自身信息，包括所属单位、姓名及职务。通话应以"您好"起始，过程中恰当使用"请"字，并以"谢谢"结束。全程保持用语得体、态度礼貌，使双方通话文明有序，充分体现良好的职业素养。

2. 当被邀约人接听电话时

汽车销售人员进行电话邀约时，须遵循基本电话礼仪。当被邀约人接听电话时，销售人员语气应主动热情，并巧妙融合销售技巧与礼仪规范，精准对接客户需求。

1）营造氛围，感性渲染

通过传递积极信息激发客户兴趣。

【话术示例】"张先生，有个好消息要告诉您！您特别关注的……现在已经……"

2）限时激励（车辆资源、促销礼品、名额限定等）

强调稀缺性与时间压力，促使客户行动。

【话术示例】"考虑到与您十分投缘，特意致电告知！当前……仅有……！以我的权限，最多能为您保留两天，建议您尽快把握机会！……"

3）建立长期伙伴关系（客户关怀、产品更新、增值服务等）

基于客户历史关注点，提供专属价值与服务。

【话术示例】"刘先生，根据您之前关注的车型配置，我们特别为您准备了专属服务方案。本周内签约可享受定制化交车仪式，这是基于您长期关注的特别权益。如果您方便，我可为您详细说明方案细节……"

4）设定多重目标（运用拒绝-退让策略，提升目标达成概率）

预设多个沟通切入点，灵活应对。

【话术示例】"张先生，注意到您对这款车十分关注，今天致电是想了解您在车辆方面是否还有疑问，我可以再为您详细介绍……"

（目标话题一）"张先生，关于车辆颜色，您是否有心仪之选？……"

（目标话题二）"张先生，上次您看车时提及置换需求，恰巧公司从今日起推出二手车置换新政策……"

17.2.4 接待礼仪

1. 客户进店前

值班人员须身着标准制服。当客户来店时，应主动问候致意，并开门迎接。若客户驾车前来，值班人员需主动问候、保持微笑，引导客户驶入指定停车场，并以标准指引手势示意客户将车辆停入车位。如遇雨天客户驾车到访，值班人员应主动持伞出门迎接。

2. 客户进店时

值班人员应主动迎至展厅入口处，微笑问候客户，并为其开启展厅大门。同时，亲切询问客户来意以提供针对性服务。若客户有同行人员，需主动向同行人员致意。

销售人员须随身携带名片夹。在适当时机（通常为初步接触后）进行自我介绍，随即递上名片并请教客户称谓。4S 店所有员工在接近客户至 3 米范围内时，均须主动问候"您好"。若因接待其他客户无法立即迎接，应第一时间点头示意，礼貌请客户稍候，并尽快安排接待。

3. 客户看车时

销售人员应依照客户意愿进行引导，并请客户自由参观。同时，需清晰说明自身服务意愿及待命位置，例如："如有需要，请随时告知，我就在此处。"

销售人员应在客户附近保持适度关注，留意其动向与兴趣点，并与客户保持恰当距离，避免让客户感到压力。当客户表现出咨询意向时，销售人员应主动上前询问并提供服务。

1）客户主动召唤时的响应话术

【场景】客户招手示意、出声询问或走近销售人员。

【话术示例】"您好！请问您是想了解这款车的动力参数，还是想体验一下智能车机系统？（主动列举高频需求）我手边正好有刚整理的'试驾对比表'，包含了同级别车型的加速性能和油耗数据，您看现在方便为您讲解吗？"

2）客户表现出明确需求信号时的介入话术

【场景】客户长时间驻足于某款车前，反复查看参数配置牌、仔细查看或触摸内饰。

【话术示例】"看来您对这款车的'星空环抱式座舱'设计很感兴趣（基于观察确认需求），其所用内饰材质为进口的 XXX 真皮，经耐磨损测试可承受多达 10 万次摩擦（提供技术参数支撑）。此外，您刚才关注的中控屏搭载了最新 AI 语音交互系统，我为您演示一下'连续对话不唤醒'功能如何？（将客户需求进行关联并引导至动态演示）"

3）客户突发问题时的应急响应话术

【场景】客户就具体细节进行询问，例如，"这款车配备几个安全气囊？""常规保养费用是多少？"等。

【话术示例】"您询问的安全气囊配置情况，我立即为您查阅产品资料库确认（展现即时响应态度）。根据最新配置表，该车型标配 7 个安全气囊，涵盖主副驾驶位气囊、前后排侧气囊及贯穿式侧气帘（确保数据透明化）。此外，关于保养费用，我准备了详细的'6 万公里养车成本清单'，列明了基础保养及主要零部件更换的具体价格，需要现在为您展示吗？（延伸服务以主动解决潜在需求）"

4）客户携带家人或同伴时的群体服务话术

【场景】客户与家人讨论车辆空间、安全性等核心问题。

【话术示例】"这位女士/先生（称呼同伴），您刚才和先生讨论后排空间时，提到家里有两个孩子（复述关键对话）。这款车不仅有儿童安全座椅接口，还特别设计了'儿童安全观察镜'（需求落地）。来，我带您体验一下——您看，坐在驾驶位通过这个观察镜，不用转头就能看清孩子的状态（动态演示），这对独自带娃出行的家长特别实用（场景化价值）。"

4. 与客户交谈时

销售人员主动邀请客户就近入座，确保客户入座座位可观赏到感兴趣的车辆。向客户主动提供可选择的免费饮品，征得客户同意后入座于客户侧面或对面，保持适当的身体距离。

销售人员可先从礼貌的寒暄开始，寒暄属于非正式交谈，原则应是热情、贴心、消除陌生感，目的是打破彼此陌生的界限，创造和谐的气氛，引导对话方向，以利于正式话题的开展。销售人员应随时回应客户提出的话题，认真倾听、不打断客户。与客户交谈的同时，还应随时关注客户的同伴。

5. 客户离去时

销售人员提醒客户清点随身携带的物品，一般应放下手中的其他事务，主动拉开展厅大门，送客户至展厅门外，感谢客户惠顾，欢迎再次来访。注意面带微笑，目送客户离去。

若客户开车前来，陪同客户到车辆跟前，感谢客户惠顾并送别，目送客户车辆驶出停车位并离去。

17.2.5　试乘试驾礼仪

1. 试乘试驾的含义

所谓试乘，是指由销售人员或专门的试驾员来驾驶指定的汽车供客户乘坐。但是一般情况下购车者都会开车，单纯的试乘通常很少出现，大多数情况下都是试驾。所谓试驾，是指客户在销售人员或专门的试驾员的陪同下，沿着指定的路线驾驶指定的车辆，从而了解这款汽车的行驶性能和操控性能。

试乘试驾车辆通常是经销商提供试乘试驾的专用车辆,而暂未售出的库存车辆是不应让客户试乘试驾的。

2. 试乘试驾的具体礼仪

有购买意向的客户,销售人员应主动邀请试乘试驾,以便于推销产品和服务,增加接触客户了解客户的机会,建立客户对品牌的信任。需要注意的是,试乘试驾时销售人员应该主动向客户说明需要注意的安全事项和路线。

17.2.6 成交后的回访礼仪

1. 回访时间

一般成交回访有以下几个时间节点:交车当天(24 小时内)、交车后 3 天、交车后 7 天、交车后 30 天。

2. 话术礼仪

1)交车 24 小时内的第一次回访

这个时间节点回访的主要目的是关心客户是否安全到家,操作有无疑问,并且进行客服部回访提醒。

常见的话术有:

先生/女士,您好!我是您的汽车销售顾问 XXX,现在方便接听电话吗?

现在耽误您几分钟,对您进行第一次的电话回访,您安全到家了吗?

这次电话回访,是想了解一下您对新车的操作基本熟悉了吗?

另外,还有什么需要我为您服务的吗?

如果您有任何的问题可以与我电话联系。

之后的一到两天内我们客服部也会致关心电话给您,主要是为了核对您的购车信息,节约您后期来我店做保养维修的时间。

感谢您对我工作的支持,再见。

2)交车后 3 天的第二次回访

这个时间节点回访的主要目的是关心客户车辆的使用情况,并且进行总部回访提醒。

常见的话术有:

先生/女士,您好!我是您的汽车销售顾问 XXX,现在方便接听电话吗?

现在耽误您几分钟,对您进行第二次的电话回访,关心一下您这几天新车的使用情况,一切都还满意吧?

随后 20 天内我们总部会致电给您,主要是总部核对您的购车信息,麻烦您一定要接听电话,电话区号是 021、028,方便后期总部能有效给您发送相关爱车保养优惠政策。这个电话可能会占用您 3～5 分钟时间,请您注意接听,十分感谢您。

如果有什么需要我服务的,您可以与我电话联系。

感谢您对我工作的支持,再见。

3)交车后 7 天的第三次回访

这个时间节点回访的主要目的是关心客户车辆使用情况,询问有无潜在客户可以转介,并且进行总部回访提醒。

常见的话术有:

先生/女士,您好! 我是您的汽车销售顾问 XXX,现在方便接听电话吗?

现在耽误您几分钟,对您进行第三次的电话回访,关心一下您这一个星期,新车的使用情况,一切都满意吧?

上次您说,有一位朋友/亲戚/同事准备买车,最近有新的消息吗?

随后 15 天内我们总部会致电给您,请您对我的服务进行评价,可能会占用您 3～5 分钟时间,请您注意接听。

如果有什么需要我服务的,您可以与我电话联系。

感谢您对我工作的支持,再见。

4)交车后 30 天的第四次回访

这个时间节点回访的主要目的是询问有无转介及提醒首保。

常见的话术有:

先生/女士,您好! 我是您的汽车销售顾问 XXX,现在方便接听电话吗?

现在耽误您几分钟,对您进行第四次的电话回访,关心一下您近期的用车情况。(建议谈谈客户的家庭情况、工作情况、生意情况及最近活动,邀请客户带朋友过来参观等。)

提醒一下,请您在购车后 3 个月内或行驶里程达到 5000 千米时(以先到者为准),进行新车首次保养。您可以提前给我打电话或致电服务顾问进行预约,这样能减少您的等待时间。

如果有朋友要买车的话,请您帮我推荐一下。有需要我服务的,您可以随时给我打电话。

感谢您对我工作的支持,再见。

成交后的回访礼仪要做到回访及时有效,销售人员只有不断地加强与客户的友好关系,才能真正地提升客户满意度,将礼仪润物细无声地融入每个细节。

工作任务书

任务一:邀约客户来店		
项目	任务描述:致电客户,邀约客户来店参加试乘试驾活动	教师打分
理论分析	可行性分析(学生课前填写)	
解决方案	(学生课前填写)	
优化方案	总结提升(学生课后填写)	
任务反思	比较研究(学生课后填写)	

任务二:客户到店接待		
项目	任务描述:接待来店客户,了解其购车需求,并向其推荐符合其需求的某款车型	教师打分
理论分析	可行性分析(学生课前填写)	
解决方案	(学生课前填写)	
优化方案	总结提升(学生课后填写)	

任务反思	比较研究(学生课后填写)	

案例分析

东风汽车秉持"国际化的东风"这一长期战略目标,将讲好中国故事作为海外传播的核心策略,深度融合中国传统文化与产品特性,致力于向海外用户全方位传递中国东风汽车的品牌形象及中国文化的深厚底蕴。

内容营销是东风海外传播的关键支柱。东风团队精心策划并制作了融合中国传统文化元素的主题内容。例如,围绕"中国二十四节气"这一独特文化符号,东风创作了系列传播素材,巧妙地将节气文化融入产品宣传。在介绍新能源车型时,结合不同节气的气候特点,阐释车辆如何为用户提供舒适、环保且高效的全季候出行体验。这种方式不仅展示了产品优势,更体现了中国传统智慧与现代科技的融合,让海外用户在了解产品功能的同时,感知中国文化中对自然规律的尊重与顺应,持续塑造东风品牌蕴含东方智慧的价值观,引发用户的文化共鸣。

在海外传播实践中,东风汽车高度重视与全球用户的互动沟通,通过线上线下多元化活动,实现与用户的双向交流。这一过程也处处体现着尊重与关怀的礼仪文化内核。例如,在与海外关键意见领袖(key opinion leader,KOL)的合作中,东风团队精心策划传播节奏,实现 KOL 个人账号与东风品牌账号的协同联动。该合作不仅体现了品牌对合作伙伴的重视,更传递了品牌融入用户生活的诚意。这种注重情感连接与尊重的策略,秉承了中国传统待客之道的真诚,有效拉近了东风品牌与用户日常生活的距离,深化了品牌的文化认同。

此外,东风汽车通过发布"中外车主故事"系列内容,生动呈现了不同国家和地区车主与东风汽车共创的美好回忆,体现了品牌对每一位用户的尊重。对于用户自主创作的内容,例如以"商用车的美好回忆"为主题的作品,东风汽车积极回应并予以展示,有效实现了用户对品牌的反馈循环。这一做法也深刻体现了中国礼仪文化中对他人付出给予认可与感激的核心价值。通过线上线下联动的形式,东风汽车积极响应用户需求,策划如"幸福婚车"等主题活动,精准满足用户在特殊场景下的用车需求,充分展现了品牌对用户细致入微的关怀,传递出家人般的温暖。

通过一系列系统化的文化传播与互动举措,东风汽车在海外市场取得了优异成绩。相关数据分析表明,融入中国文化元素的传播内容在用户互动方面表现突出,其运营的猛士海外社交媒体账号粉丝互动率显著高于行业同类账号平均水平。

在开拓国际市场的过程中,东风汽车将中国礼仪文化深度融入品牌传播与用户互动实践中。这一策略不仅有效提升了品牌在海外的知名度与美誉度,也成功促进了中国文化在全球范围的传播,为其他中国自主品牌汽车出海提供了可借鉴的跨文化传播与用户运营经验,树立了在全球化语境下传承与创新中国礼仪文化的优秀典范。

思考题:

(1)在东风汽车海外传播的案例中,线上线下与粉丝互动环节体现了哪些汽车销售礼仪中的沟通原则?这些原则如何帮助品牌与用户建立良好关系?

(2)东风汽车在海外通过内容营销展示产品与文化融合,从销售礼仪角度看,这一方式在初次接触海外潜在客户时,对于塑造专业、亲和的品牌形象有哪些关键作用?

参考文献

[1]周三多,陈传明.管理学:原理与方法[M].上海:复旦大学出版社,2024.

[2]黄津孚.管理学精读文选与管理案例[M].北京:首都经济贸易大学出版社,2022.

[3]杨娟,郭梅.人力资源管理[M].北京:化学工业出版社,2022.

[4]管理学编写组.管理学[M].北京:高等教育出版社,2019.

[5]彼得·德鲁克.管理的实践[M].齐若兰,译.北京:机械工业出版社,2022.

[6]弗雷德里克·泰勒.科学管理原理[M].马风才,译.北京:机械工业出版社,2024.

[7]亨利·法约尔.工业管理与一般管理[M].迟力耕,译.北京:机械工业出版社,2021.

[8]范围、白永亮.人力资源管理理论与实务[M].2版.北京:首都经济贸易大学出版社,2023.

[9]王重鸣.管理心理学[M].精要版.上海:华东师范大学出版社,2023.

[10]王晓欣.管理学原理与实践[M],北京:人民邮电出版社,2024.

[11]杜慕群,朱仁宏.管理沟通[M].4版.北京:清华大学出版社,2023.

[12]张振刚,李云健.管理沟通:理念、方法与实践[M].北京:清华大学出版社,2022.

[13]莫林虎.商务沟通与交流[M].4版.北京:中国人民大学出版社,2023.

[14]王光华.人际沟通与礼仪[M].北京:中国人民大学出版社,2021.

[15]康青.管理沟通[M].6版.北京:中国人民大学出版社,2022.

[16]阿德勒,罗森菲尔德,普罗科特.沟通的本质[M].河南:河南文艺出版社,2023.

[17]奥伯.当代商务沟通[M].北京:中国市场出版社,2025.

[18]钱尼,马丁,张莉,等.跨文化商务沟通[M].6版.北京:中国人民大学出版社,2021.

[19]艾进兰,毕惠萍.商务沟通与谈判[M].3版.北京:中国财政经济出版社,2024.

[20]谢红霞.沟通技巧[M].4版.北京:中国人民大学出版社,2022.

[21]蔡少惠.中国人的礼仪规矩[M].北京:中国纺织出版社,2023.

[22]金正昆.政务礼仪教程[M].北京:中国人民大学出版社,2023.

[23]杨金波.政务礼仪[M].北京:中华工商联合出版社,2021.

[24]金正昆.职场礼仪[M].北京:北京联合出版公司,2019.

[25]王晔,郭宗娟.礼仪与职业形象[M].北京:机械工业出版社,2023.

[26]鲁琳雯.现代社交礼仪[M].北京:清华大学出版社,2024.

[27]罗静.汽车商务礼仪与销售技巧[M].北京:机械工业出版社,2019.

[28]王丽,徐竞.应聘求职与就业创业能力提升[M].北京:中国水利水电出版社,2024.

[29]李妍.中西方餐饮礼仪[M].苏州:苏州大学出版社,2023.

[30]蔡元培.中国人的修养[M].北京:中国华侨出版社,2023.